현대와 불교사상

불교에서 본 인간·자연·생명

현대와 불교사상

불교에서 본 인간·자연·생명

이 중 표 지음

전남대학교출판부

머리말

1997년 2월 영국의 로절린 연구소에서 양의 복제에 성공했다는 소식이 전해졌을 때 세계는 경악했다. 한 달 후 미국에서 '천국의 문(Heaven's Gate)' 신도 30 여명이 천국에 가기 위해 집단 자살했다는 소식에 세상 사람들은 또 한번 놀랐다. 나는 이 두 사건을 접하면서 우리가 살고 있는 이 시대가 큰 혼란에 빠져 있음을 실감했다. 과학자들은 생명을 복제할 수 있다고 이야기하는데, 어떤 종교인들은 영생의 삶을 찾아 그 생명을 버린다. 과연 생명이란 무엇인가? 과학자들이 복제한 것이 생명인가? 죽음을 통해 천국에서 영생하는 것이 생명인가?

나 스스로도 불교적 관점에서 생명을 어떻게 이해해야 할 것인가를 고심하던 차에, 동국대학교 불교연구원으로부터 그 해 '부처님오신날'을 기념하는 세미나에 '불교의 생명관'이라는 주제로 발표해 줄 것을 청탁 받았다. 나는 기꺼이 그 청을 받아들여 불교의 생명관을 나름대로 정리하는 기회로 삼았다. 그 동안 불교의 근본 사상을 규명하는데 천착했던 나는 이 일을 계기로 불교학자로서 현대의 여러 문제들에 대해 명확한 불교적 관점을 규명하여 제시해야 할 책임을 느꼈다.

현대는 여러 문제를 안고 있는 시대이다. 서구의 과학문명은 우리에게 편리하고 풍요로운 삶을 주었지만, 그 대가는 생태계의 파괴, 자원의 고갈, 환경의 오염, 인간성의 상실 같은 인류의 생존을 위협하는 무서운 것이었다. 문제는 과학이 만들었지만 해결은 과학만의 몫이 아니다. "인간이 살아가기 위한 사상은 과학으로부터는 생겨나지 않는다. 과학 자체에 오류가 있는 것이 아니라 과학에 대해 말하는 철학에 오류가 있다. 우리의 병은 형이상학적인 것이므로, 치료법도 형이상학적일 수밖에 없다."는 슈마허(E. F. Schumacher)의 지적과 같이, 현대의 여러 문제를 해결하기 위해서는 자연과 인간 그리고 생명에 대한 우리의 철학적 관점을 재고하지 않으면 안 된다.

과학문명이 안겨준 문제들을 개별적으로 열거한다면 셀 수가 없겠지만, 크게 환경/자연과 인간의 문제로 대별할 수 있을 것 같다. 그리고 이들 문제에 대한 인간의 관점이나 태도를 우리는 윤리라고 부를 수 있을 것이다. 불교를 연구하는 사람은 이제 이들 문제에 대하여 불교의 관점을 명확하게 밝혀야 할 시대적 책임이 있다. 이 책은 불교를 연구하는 사람으로서 이러한 시대적 요구에 응하고자 그 동안 연구 발표했던 글들을 모아 엮은 것이다.

말미의 「현대인의 삶과 선」은 선을 수행하고자 하는 사람들을 위하여 구마라집(鳩摩羅什) 삼장(三藏)의 『선법요해(禪法要解)』를 필자가 간단한 설명을 붙여 번역한 것이다. 현대는 불안한 시대이다. 현대를 살아가는 사람에게 가장 필요한 것은 자신의 마음을 다스려 마음의 평화를 찾는 일이다. 이와 같은 현대인에게 선(禪)은 가장 훌륭한 수행법이다. 마음속에서 일어나는 모든 번뇌는 망상(妄想)에서 비롯된 것이다. 망상을 버리고 실상(實相)을 깨닫게 되면 번뇌는 일어나지 않는다. 불교의 선(禪)은 이와 같이 헛된 망상을 없애고, 나와 세계의 실상을 깨달아 괴로움에서 벗어나는 길이다. 부처님께서는 실상을 깨닫는 수행법으로 구차제정(九次第定)을 가르치셨다. 간화선, 묵조선, 염불선, 위빠싸나 등 여러 가지 수행법이 있지만, 필자는 구차제정을 바르게 이해하고 실천하는 것을 권하고 싶다. 구차제정은 근본경전에 자주 이야기되지만, 자세하고 구체적인 수행법은 나타나지 않는다. 다행히 구마라집 삼장이 구차제정 수행법을 적은 『선법요해(禪法要解)』를 한역해 놓았기에 이를 번역하여 소개했다.

2010년 11월

장주 이중표 합장

차례

I 현대사회와 불교

II 현대사조와 불교

Ⅲ 불교와 일반시스템이론

Ⅳ 진화론과 창조론의 문제

Ⅴ 불교의 자연관

VI 불교의 인간관

VII 불교의 생명관

VIII 자비의 윤리

IX

현대인의 삶과 선(禪)

I

현대사회와 불교

1. 현대의 위기와 그 원인

현대는 위기의 시대다. 환경오염, 자원고갈, 생태계 파괴, 인간성 상실 등 인류는 총체적 위기에 직면해 있다. 위기의 원인은 무엇인가? 박노해 시인이 실상사의 도법 스님에게 『인간만이 희망이다』라는 시집을 건네주었을 때, 스님은 혼잣말로 "인간만이 문제이지."라고 했다고 한다. 위기의 원인은 인간이고, 이 위기를 극복 할 주체도 인간이다. 따라서 인간은 문제이며 동시에 희망이다.

인간이 변하지 않으면 재난을 피할 수 없다. 에리히 프롬(Erich Fromm)은 다음과 같이 이야기한다.

> 심오한 인간 변화에 대한 필요성은 윤리적 · 종교적 요구와 또는 우리의 현사회적 성격의 병원적 본질에서 유발되는 심리적 요구뿐만 아니라, 바로 인류의 생존을 위한 조건으로서도 나타나고 있다. 올바른 삶은 이제 윤리

> 적·종교적 요구의 충족만은 아니다.
>
> 역사상 최초로 인류의 육체적 생존이 인간 심성의 근본적인 변화에 의존하게 되었다.[1)]

인간은 이제 도덕적 존재가 되기 위해서가 아니라, 생존을 위해서 삶을 변혁하지 않으면 안 되는 시점에 이르렀다. 인간의 삶의 방식은 자연적으로 주어진 것이 아니다. 인간은 세계와 인간에 대한 이해를 바탕으로 삶을 영위하기 때문에, 인간의 삶은 그들이 갖는 세계관/인간관에 따라 각기 다른 모습을 갖는다. 세계관/인간관은 어떤 시대와 사회의 문화를 형성하는 바탕이 된다. 현대의 위기는 현대인이 이룩한 현대문명에 기인하는 것이고, 현대문명은 현대인의 세계관/인간관에 바탕을 두고 이루어진 것이다. 따라서 위기의 보다 구체적인 원인은 현대인에게 내재화되어 있는, 그래서 당연한 것으로 받아들이는 세계관과 마치 인간의 본성인 것처럼 느끼고 있는 현대인의 인간관이라 할 수 있다. 인간이 변해야 한다는 것은 바로 이러한 세계관/인간관이 변해야 한다는 것을 의미한다.

그렇다면 현대인의 세계관과 인간관은 어떤 것인가? 제레미 리프킨(Jeremmy Rifkin)은 다음과 같이 말한다.

> 미국 사람들 대부분은 끊임없는 지식과 기술 축적의 결과 때문에 세계가 보다 나은 상태로 발전하고 있다고 믿는다. 개개인은 자립적인 실체이고, 자연은 질서 정연하며, 과학적인 관찰은 객관성이 있으며, 사람들은 항상 사유재산을 갈망하고, 따라서 사람 사이에는 경쟁이 존재한다는 것을 믿는

1) 에리히 프롬, 『소유냐 삶이냐』, 김제 옮김(서울: 두풍, 1995), p. 32.

다. 실제로 이런 모든 믿음을 '인간의 본성(human nature)이기 때문에 불변하는 것이라고 간주한다.

〈중략〉

현재 우리들의 세계관은 약 400년 전에 형성되어 끊임없이 수정되고 발전되어 왔다. 그러나 그것은 초기의 개념을 다분히 유지하고 있다. 우리는 17세기 뉴턴주의의 '세계 기계라는 패러다임(world machine paradigm)'의 영향력 아래 살고 있다.[2)]

리프킨에 의하면 현대인은 17세기 뉴턴이 이루어 놓은 '우주의 기계적 체계' 아래서 여전히 살아가고 있다. 서양에서 기계적 세계관의 토대를 마련한 사람들은 베이컨, 데카르트, 뉴턴이다. 목적론적이고 유기체적인 고대 그리스의 세계관을 배척하고 기계적 체계를 위한 원리를 수립한 사람은 베이컨(France Bacon, 1561-1626)이다. 여기에 '수학'으로 기계적 세계관의 기반을 수립한 사람은 데카르트(René Descartes, 1596-1650)인데, 뉴턴(Isac Newton, 1642-1727)이 세계의 기계적 운동을 설명하기 위한 수학적 방법을 발견함으로써 기계적 세계관이 확고하게 성립한 것이다.

뉴턴이 수립한 우주의 법칙과 사회의 기능과의 관계를 탐색한 사람은 계몽사상가인 로크(John Lock, 1632-1704)와 경제학자인 아담 스미스(Adam Smith, 1723-1790)이다. 로크는 정부와 사회의 기능을 뉴턴의 기계 체계와 동일 선상에 올려놓았고, 아담 스미스는 경제를 로크와 같은 방법으로 다루었다.[3)]

---

2) 제레미 리프킨, 『엔트로피』, 김명자 · 김건 옮김(서울: 동아출판사, 1995), p. 14.

로크는 이성(理性)의 도움을 받아 사회의 '자연적' 기초를 결정하려고 했다. 그리고 신은 불가지(不可知)한 것이므로, 종교에 의해 사회 기반을 형성하려는 것은 그릇된 것이라는 결론에 도달했다. 베이컨이 자연으로부터 신을 추방한 것처럼, 로크는 인간 사회의 표면으로부터 신을 몰아냈으며, 그 결과 인간은 냉엄한 기계적 우주론 속에 짜 넣어져 다른 물질과 서로 작용하는 단순한 물리적 존재가 되어버렸다. 로크는 인간을 개인적으로 물질적 부를 추구하는 존재로 이해함으로써, 사회로부터 도덕을 분리시키고, 사회를 유물주의적이며 개인주의적으로 만드는 사상적 기반을 마련한 것이다. 리프킨은 "로크에 의해서 현대의 남자와 여자의 운명은 결정되었다. 계몽주의시대 이후로부터 개개인은 삶의 의미와 목적을 찾기 위해서 생산과 소비의 쾌락주의적 행동을 지향하게 되었다. 인간의 필요와 포부, 그들의 꿈과 소망, 그 모든 것은 물질적인 자기 이익을 추구하는 것으로 국한되었다."[4]고 이야기한다.

로크가 사회로부터 도덕을 분리시켰던 것처럼, 스미스는 경제로부터 도덕을 확연히 분리시켰다. 『국부론』에서 "천체의 운행이 일정한 자연 법칙을 따르듯이, 경제도 마찬가지로 자연 법칙을 따른다."[5]고 주장한 스미스는 "각 개인들은 임금에 있어서 가장 유리한 직업을 찾으려고 끊임없이 노력할 것이다. 그가 고려하는 것은 사회 전체의 이

3) 위의 책, p. 34 참조.
4) 위의 책, p. 38.
5) 같은 책에서 재인용.

익보다는 자기 자신을 위한 이득이다. 그러나 자연스럽게 자신에게 유리하도록 또는 필요에 의해서 노력한 결과, 결국 개인은 사회에도 가장 유익한 일을 선호하게 되는 것이다."[6]라고 주장했다. 이와 같은 스미스의 주장은, 경제에 도덕을 도입하는 일은 '보이지 않는 손'을 부정하는 결과를 가져올 뿐으로서, 이 '보이지 않는 손'이야말로 경제 과정을 지배하는 자연 법칙이며, 인간은 '인력의 법칙'을 지배할 수 없는 것과 마찬가지로, 이 '보이지 않는 손'을 개선할 수 없다는 것이다.[7]

이와 같은 기계적 세계관에 기초한 스미스의 경제이론은 다윈(Charles Robert Darwin, 1809-1882)의 진화론에 의해 더욱 정당화되었다. 스펜서(Herbert Spencer) 같은 사회철학자는 '종(種)의 진화론'을 사회의 진화 존속의 실증적인 증거로 원용하였고, 사회적 다윈주의자들은 자연선택의 개념을 적자생존 개념으로 바꾸어 버렸다. 그리하여 이기심이 물질적인 복지의 증대로 이어지고, 그 결과 사회 질서도 더불어 증가된다는 기계적 세계관을 옹호하는 이론적 바탕이 강화되었다.[8]

기계적 세계관에 진화론이 맞물리면서 모든 것은 진보한다는 생각을 갖게 했다. 생물만 진화하는 것이 아니라, 우주도 진화하고, 사회도 진보하며, 경제도 성장한다는 것이다. 모든 것이 진화하고 진보한다는 것은 자연의 법칙이기 때문에, 진화하지 못하고 진보하지 못하

6) 위의 책, p. 39에서 재인용.
7) 같은 책 참조.
8) 위의 책, pp. 41-42 참조.

는 것은 도태하고 멸망한다고 생각하게 됨으로써, 사람들은 맹목적으로 진보와 성장을 추구하게 되었다. 그러나 이와 같은 생각의 결과는 자연의 파괴와 인간성의 상실이라는 인류 생존을 위협하는 결과를 초래했다.

기계적 세계관이 인류에게 끼친 가장 큰 영향은 자연에 대한 인간의 태도라고 할 수 있다. 인간은 자연의 일부이다. 따라서 인간은 자연과 조화하지 않으면 안 된다. 그럼에도 불구하고, 기계적 세계관은 인간으로 하여금 자연과 대립하고, 자연을 정복하는 것이 진보라고 믿게 만들었다. 근대의 기계적 세계관의 토대를 마련한 베이컨은 인간이 자연의 기계적 체계를 이해하는 것을 진정한 '앎'이라고 생각하고, '아는 것이 힘'이라고 주장했다. 여기에서 '안다'는 것은 '이성의 힘으로 자연을 합리적으로 이해하면, 자연을 이용할 수 있는 기술을 안다'는 것을 의미한다. 기술을 알면, 그 기술을 이용해서 자연으로부터 우리가 원하는 것을 얻을 수 있다는 것이다. 이와 같은 베이컨의 생각은 뉴턴의 이론물리학에 의해 현실화되었고, 그것이 서구의 산업혁명이다.

과학기술로 산업혁명에 성공한 서구인들은 과학기술의 힘을 자신들의 탐욕을 충족시키는 도구로 삼아 자연을 지배하고 자연을 파괴했다. 서구인들은 자연을 지배하고 파괴하는데 그치지 않고, 기술의 힘이 없는 다른 민족들까지 지배했다. 산업혁명 이후 서구인들은 약소국들을 침략하여 식민지로 만들고, 지배하면서 착취했던 것이다. 과학기술의 힘은 이렇게 자연을 지배하여 도구로 삼을 뿐만 아니라, 힘

없는 사람을 지배하여 도구로 삼는다. 그 결과 자연의 파괴와 환경의 오염을 야기했고, 지구상에 끊임없는 전쟁과 투쟁과 갈등을 불러일으켰다. 오늘도 지구상에는 전쟁이 그치지 않고, 인종과 사회계층 사이의 갈등과 투쟁이 계속되고 있으며, 자연의 파괴와 환경의 오염은 나날이 심해지고 있다. 과학기술을 터득함으로써, 인류는 힘을 얻은 것이 아니라, 갈등과 투쟁과 위기를 자초한 것이다.

2. 비판받는 서구문명

현대문명의 토대가 되는 과학기술은 모든 존재를 지배하고 있다. 자연만을 지배하는 것이 아니라, 인간존재까지도 지배하게 됨으로써, 현대는 인간의 인간다움, 즉 인격이 상실된 시대가 되었다. 인격이 상실된 시대에는 물질이 인격을 대신하게 된다. 인생의 목적은 인격을 도야하는 데 있는 것이 아니라, 물질적인 부를 많이 소유하는 데 있게 된다. 따라서 물질적인 부의 생산과 소유 그리고 향락적인 소비가 최고의 미덕이 되고, 가난은 멸시의 대상이 된다. 현대사회의 특징이 되고 있는 범죄, 마약, 폭력행위, 정신장애, 반항 등은 기술이 모든 것을 지배하고, 인간성이 상실됨으로써 나타난 필연적인 결과다.

자연이 파괴되고, 인간성이 상실되는 위기에 처해 있지만, 대다수의 사람들은 이것을 알지 못하고 있다. 슈마허(E.F. Schumacher)는 다음과 같이 이야기한다.

> 오늘의 생산 방법이 공업 사회에 살고 있는 인간의 인간성을 침식하고 있음은 명백하지 않은가. 하지만 대다수의 사람들은 이를 전혀 알지 못하고 있다. 그 까닭은 생산의 문제를 해결해 버린 현재, 생활은 이제 최고라고들 말하고 있기 때문이다. 이토록 풍족한 식사, 훌륭한 의복, 쾌적한 주거, 훌륭한 교육 등이 주어진 시대가 있었는가. 풍족한 나라에서는 국민의 전부는 아니더라도 대다수의 사람들이 그처럼 풍요로운 생활을 향유하고 있다. 하지만 내가 말하는 '인간성'이라는 것은 그게 아니다. 그것은 국민총생산(GNP)으로는 측정할 수 없다. 아마 그것은 원래 측정할 수 없는 것이며, 측정할 수 있는 것은 그것이 상실되었을 때에 나타나는 징후뿐일 것이다.[9)]

우리는 인간성이 상실되고, 자연이 파괴되고 있다는 징후들을 수없이 목도하면서도, 여전히 우리가 가지고 있는 세계관이 근본적으로 잘못된 것이라고는 생각하지 않는다. 정책이나 제도가 잘못된 것이지, 현대의 과학사상이나 자본주의 경제원리에 잘못이 있는 것은 아니라고들 생각하고 있는 것이다. 그러나 대부분의 사람들이 진리라고 믿고 있는 뉴턴의 고전물리학이나 진화론 그리고 모든 인류를 가난에서 구제할 것으로 알고 있는 자본주의 경제원리는 현대의 학자들에 의해 비판받고 있다.

(1) 뉴턴의 고전물리학에 대한 비판

자연의 신비를 파헤쳐서 자연을 정복한 기술 문명의 출발점인 뉴턴의 고전물리학이 현대물리학에 의해 부정되고 있다는 것은 주지의 사

---

9) E. F. 슈마허, 『작은 것이 아름답다』, 김진욱 옮김(서울: 범우사, 1995), p. 18.

실이다. 20세기 초엽에 과학자들은 뉴턴의 기계적 우주론에 의거하여, 우주를 구성하고 있는 가장 기본적인 입자의 위치를 탐구하고 분리하여 측정하려고 했다. 그런데 이때 과학자들이 깨달은 것은, 미세한 입자를 발견하면 발견할수록 더욱 미세한 것이 발견되어, 그러한 발견의 과정이 끝이 없다는 점이었다. 우주는 기계의 부속품과 같은 기본적인 입자에 의해 구성되어 있다는 기계적 우주관이 잘못된 것임을 깨달은 것이다.

독일의 물리학자 하이젠베르크(Werner Karl Heisenberg)는 이러한 생각에 결정적인 공헌을 했다. 그는 "원자 입자의 본성에서 볼 때, 관측이라는 바로 그 행위가 관찰대상을 고정시키고 보존하는 것이 아니라, 간섭하고 변동을 가하는 것이라서, 원자를 이루는 입자들을 객관적으로 관측한다는 것은 불가능하다. …… 과학자는 전자가 빛을 발산할 때에만 그것을 볼 수 있고, 전자는 활동할 때에만 빛을 발산하게 된다. 그러므로 전자가 어디에 있는가를 보려면 '당신'은 '전자'가 활동하도록 해 주어야만 한다. 그러므로 전자에 대해 위치와 속도 두 가지를 모두 알 수 있는 길이 없다. 당신은 전자의 위치나 속도를 측정할 수는 있으되, 동시에 양쪽을 다 측정할 수는 없다."는 '불확정성의 원리'를 발견한 것이다. 이 '불확정성의 원리'는 뉴턴 이후 300여 년 동안 물리학을 지배하고 있던 결정론을 타파하고, 뉴턴 물리학의 위력과 이에 의해 구축된 기계적 세계관을 뿌리째 뽑아 버린 것으로 평가받고 있다.[10)]

---

10) 제레미 리프킨, 앞의 책, pp.258-259 참조.

(2) 다윈의 진화론에 대한 비판

현대인들의 삶에 큰 영향을 주고 있는 진화론에 대하여 제레미 리프킨은 『엔트로피 Ⅱ』에서 다음과 같이 이야기한다.

> 다윈의 진화론은 역사상 되풀이되어 경제적 및 정치적 이데올로기나 이익의 추구에 이용되어 왔다는 것은 널리 알려져 있는 사실이다. 즉 이것은 '사회진화론'이라는 것이고, 1백여 년 이상에 걸쳐 연구, 논의, 분석이 행해져 왔다. 그리고 지금까지의 사회진화론에 대한 기본적인 고찰은, "다윈의 이론 그 자체는 객관적이고 정확한 자연 관찰 위에 성립된 것으로써 사회나 문화의 영역에서 독립된 것이다."라는 것이다. 요컨대 다윈은 자연의 법칙을 발견한 것뿐이고, 사회가 그의 생각을 정치적으로 이용해 온 것뿐이라는 이야기가 된다. 그러나 최근에 와서 젊은 학자들 가운데서 다윈의 이론 자체가 사회적 편견에 근거를 두고 만들어진 것이 아닌가 하는 의문이 나오기 시작했다.[11]

대부분의 사람들은 진화론이 진리라는 것을 굳게 믿고 있지만, 다윈의 진화론이 의심받고 있다는 것이 리프킨의 주장이다. 리프킨에 의하면, 다윈이 생존했던 빅토리아 시대에 봉건적 농업경제로부터 자본주의 경제로 이행해 가는 전환기에 있었던 영국은 산업혁명의 최전선에서 경제 혁명이 불러일으킨 혼란을 정리하고, 정당화할 수 있는 새로운 세계관을 필요로 하고 있었는데, 진화론은 이와 같은 시대적 산물이라고 한다.[12]

---

11) 제레미 리프킨, 『엔트로피 Ⅱ』, 김용정 역(서울: 원음사, 1984) p.103.
12) 위의 책, pp. 104-105 참조.

(3) 성장위주의 산업자본주의에 대한 비판

현대의 산업자본주의는 기계적 세계관에 토대를 두고, 과학 기술을 도구로 삼아, 물질적 풍요를 추구하는 경제체제이다. 산업자본주의 사회에서 사람들은 부를 생산하고, 축적하는 일에 열중해 왔다. 그 결과 생활수준이 향상되고, 풍족한 생활을 하게 되었다. 그러나 생활이 풍족해지면 풍요롭고 자유로운 평화가 올 것이라던 기대와는 달리, 미치광이 같은 경제제일주의가 횡행하고 있고, 가장 풍요로운 사회가 가장 사정없이 경제적 이익만을 추구하고 있다. 탐욕과 질투심을 조장하여 물질적 부를 추구한 산업자본주의는 자연을 파괴하고, 인간성을 파괴하는, 인류 최대의 위기를 초래하고 만 것이다.

에리히 프롬은 다음과 같이 이야기하고 있다.

> 무한한 발전의 저 위대한 약속 — 자연을 지배하고 물질적 풍요를 가져오며, 최대다수의 최대행복과 함께 방해되지 않는 개인적 자유가 보장되리라는 약속이 산업시대의 개막이래 여러 세대의 희망과 믿음을 지탱해 왔다. ……
>
> 산업시대는 결국, 이 위대한 약속을 이행하는 데 실패했고, 점점 많은 사람들이 다음과 같은 사실을 인식하고 있다.
>
> 1. 모든 욕망에 대한 충족이 안녕을 가져다주는 것은 아니며, 그것은 또한 행복의 길도 아니며, 최대의 쾌락으로 가는 길조차도 못된다.
>
> 2. 우리가 삶의 독립적 주인이 된다는 꿈은 우리의 사상, 감정, 취미가 정부와 산업, 그리고 이들이 지배하는 매스커뮤니케이션에 의해 조종되며, 우리는 모두 관료적 기계장치 속의 톱니바퀴가 되어 버렸다는 사실을 인식하기 시작하면서 끝나 버렸다.

3. 경제적 발전은 한 국가의 부에만 국한되어 왔고, 따라서 부국과 빈국 사이의 간격은 더욱 극심해졌다.

4. 기술적 발전은 생태학적 위기와 핵전쟁의 위험을 만들어 냈으며, 이 중 어느 하나, 혹은 이들이 합세하여 모든 문명과 모든 생명에 종지부를 찍게 할지도 모른다.[13]

산업시대 이후 서구를 중심으로 추구해 온 기술 산업에 의한 유토피아의 건설은 환상으로 끝나버렸고, 인류뿐만 아니라 모든 생명의 생존을 위협하는 결과를 낳았다는 것이다.

3. 주목받는 불교사상

위기에 처한 인류의 미래를 걱정하고 탈출구를 찾으려는 선각자들은 동양사상, 특히 불교를 인류의 희망으로 인식하고 있다. 과학기술에 의한 산업사회의 위기가 한 번 사용한 에너지는 다시 사용할 수 없는 에너지로 변한다는 열역학 제2의 법칙인 '엔트로피의 법칙'을 무시한 결과라고 지적하고, '엔트로피'를 증가시키는 기계적 세계관에서 탈피하여, 새로운 세계관을 확립해야 한다고 역설하는 리프킨은 다음과 같이 이야기한다.

동양종교의 옹호자들, 특히 불교도들은 에너지 유동량을 극소화하는 것의 중요함을 옛날부터 이해하고 있었다. 묵상의 습관은 어느 면으로는 에너지의 낭비 소모를 늦추려는 의도에서 나온 것이라 해석된다. 개체가 그의

13) 에리히 프롬, 앞의 책, pp.21-23.

육체적 생존을 유지하는 데 필요한 최소한의 에너지를 소모하고 있을 때 비로소 열반 또는 진리의 상태에 몰입할 수 있다.[14)]

우리 각자가 더 많은 에너지를 소모할수록 우리 뒤에 오는 모든 생물들이 이용 가능한 양은 그만큼 더 줄어든다. 그렇다면 궁극적인 도덕적 지상과제는 가능한 한 적은 에너지를 낭비하는 것이다. 그렇게 함으로써 우리는 생명에 대한 사랑을 표하고, 모든 생물이 존속해 나가도록 애정 어린 책임감을 표명하는 것이다.

그러므로 우주적 의미에서 사랑이라고 말할 때 각자가 생명 자체의 생성과정이 되는 전체 흐름에서 뗄 수 없는 한 부분임을 인정하는 길은 일체감에 대하여 말하는 것이 된다. … 이런 이유로 하여 가장 고귀한 형태의 사랑은 자기희생이라는 것이다. 가진 것 없지만 필요하다면 자신의 생명이라도 바치고 생명 자체를 북돋아 줄 수 있는 용의를 말한다.[15)]

리프킨은 인간이 물질적 쾌락을 추구하는 데서 정신적인 열반을 추구하는 방향으로 행복을 추구해야 한다고 말하고 있으며, 다른 생명을 위해 자신의 생명을 버리는 보살의 자비가 인류를 구원하고 인간을 행복하게 할 수 있다고 이야기하고 있는 것이다.

그는 『엔트로피 Ⅱ』에서도 다음과 같이 이야기하고 있다.

오늘날 우리 서양인은 기술적인 지식을 얻는 방법에 관해서는 매우 조예가 깊다. 그러나 자기 이외의 존재에 대해 깊은 경의를 표하는 마음, 즉 '자애의 마음'이라는 것이 어떻게 길러지는가 하는 문제에 관해서는 전혀 무지의 지경에 있다.

… 일단 자애의 마음을 깨닫게 되면, 주위의 생물과 어떻게 공존해 갈 것

---

14) 제레미 리프킨, 『엔트로피』, p. 269.

15) 위의 책, pp. 298-299.

인가를 바라지 않을 수가 없게 되는 것이다.

기술적 지식은 어떻게 자연을 정복하는가, 어떻게 자연과 적대하는가를 가르쳐주고 있지만, 자연과 한 몸이 되는 즐거움은 전혀 가르쳐주지 않는다. 이 문제를 우리들 구미인은 하루 빨리 깨닫지 않으면 안 된다. 그리고 거기에 대해서는 역시 '자애의 마음'을 자각하는 것 이외의 방법이 없다.[16)]

리프킨은 자비야말로 인간과 자연이 하나 되어 행복을 영위할 수 있는 유일한 길임을 역설하고 있다.

에리히 프롬은 인간의 성격이 근본적으로 변해야 위기에서 벗어날 수 있다고 전제하고, 그것을 가능케 하는 조건을 다음과 같이 이야기한다.

1. 우리는 우리가 고통 받고 있다는 사실을 스스로 인식하도록 한다.
2. 우리는 우리의 불행의 원인을 인식하도록 한다.
3. 우리는 우리의 불행이 극복될 수 있다는 사실을 인정하도록 한다.
4. 우리는 우리의 불행을 극복하기 위해서는 어떤 일정한 생활 규범을 따라야 하며, 우리의 현재의 생활 습관을 변화시켜야 한다는 것을 받아들이도록 한다.

이상의 네 가지 조건은 특정의 개인적 혹은 사회적 환경에 기인하는 인간의 불행은 아닐지라도, 인간 실존의 일반적인 조건을 다루고 있는 부처의 가르침의 기초를 이루고 있는 '네 가지 진리(四聖諦)'와 일치한다.[17)]

프롬은 이와 같이 인류는 '사성제'에 의해 구원될 수 있다고 주장한다. 나아가 새롭게 출현해야 할 새로운 인간의 성격구조를 열거하고

---

16) 제레미 리프킨, 『엔트로피 Ⅱ』, pp. 293-294.
17) 에리히 프롬, 앞의 책, pp. 241-242.

있는데, 이 가운데 핵심적인 것을 정리하면 다음과 같다.

- 완전한 '존재'가 되기 위하여 모든 형태의 소유를 기꺼이 포기할 것.
- 지금 존재하고 있는 곳에 완전히 존재하도록 할 것.
- 탐욕과 증오, 환상을 될 수 있는 한 줄이도록 노력할 것.
- 비판적이고 냉철한 사고 능력과 더불어 사랑할 수 있는 능력을 발전시킬 것.
- 이러한 목표에 도달하기 위해서는 자신의 수양과 현실에 대한 존중이 필요하다는 것을 인식할 것.
- 자기 자신을 알 것. 알고 있는 자아뿐만 아니라, 자기 자신이 알지 못하고 있는 자아까지도 알려고 노력할 것.
- 모든 생명체와 자신은 일체라는 것을 인식하고, 그렇게 함으로써 자연을 정복하고 지배하고 착취하고 약탈하며 파괴하려는 계획을 포기하여 오히려 자연을 이해하고 자연과 협력하도록 노력할 것.[18]

프롬이 기대하는 인간은 불교에서 지향하는 인간과 다를 바가 없다. 무소유의 삶을 살아가는, 임제(臨濟) 선사가 설파한 바 있는, 어느 곳에서나 주인으로 존재하는(隨處作主), 탐(貪)・진(瞋)・치(癡)를 여인, 지혜와 자비를 성취해 가는, 끊임없이 정진하는, 참된 자기를 찾는, 자타불이(自他不二)를 인식하고 있는 인간이 프롬이 기대하고 있는 새로운 인간인 것이다.

『작은 것이 아름답다』는 책을 써서 성장위주의 경제가 몰고 온 파국을 벗어날 수 있는 대안을 제시한 영국의 경제사상가 슈마허는, 서구 유물사상의 토대를 이루는 초경제학을 버리고, 그 대신 불교의 가

---

18) 위의 책, pp. 244-246.

르침을 받아들여 「불교경제학」을 썼다. 그는 「불교경제학」에서 다음과 같은 결론을 맺고 있다.

> 정신이나 종교의 가치보다 경제 성장 쪽이 더 중요하다고 믿고 있는 사람들에게도 불교경제학의 연구를 권하고 싶은 것은, 현재 우리가 경험하고 있는 어려움과 장래의 예상을 고려해서이다. 문제는 '근대적 성장'과 '전통적 정체(停滯)' 가운데 어느 하나를 선택하는 일이 아니기 때문이다. 올바른 경제 성장의 길, 유물주의자의 무관심과 전통주의자의 침체 사이의 중도(中道), 즉 팔정도(八正道)의 하나인 '올바른 생활(正命)'을 발견하는 일이 문제인 것이다.[19]

이상에서 살펴본 바와 같이 직접적이든 간접적이든 많은 선각자들이 인류가 위기에서 벗어나는 길이 불교에 있음을 역설하고 있다. 이제 불교는 인류 생존의 희망으로 요청되고 있는 것이다.

인간은 행복하기를 원한다. 인류의 위기를 초래한 서구의 기술문명도 본래의 목적은 인간의 행복한 삶이었다. 그러나 전술한 바와 같이, 결과는 자연과 인성의 파괴로 귀착되고 말았으며, 그 원인은 근본적으로 잘못된 세계관에 있다. 기계론적 유물주의는 부를 추구하는 일을 인생의 목적으로 삼는 생활태도를 낳았고, 유물주의에 바탕을 둔 성장 위주의 경제학은, 탐욕이나 질투심과 같은 인간의 악을 의식적으로 조장함으로써, 사람들로 하여금 사물을 있는 그대로 완전한 형태의 전체로서 바라볼 힘을 잃게 한 것이다.

실로 이 세계는 탐욕과 질투와 어리석음의 불길에 휩싸인 문자 그

19) E. F. 슈마허, 앞의 책, p. 64.

대로 고해(苦海)이다. 부처님께서 염려하고 경계했던 탐(貪)・진(瞋)・치(癡) 삼독(三毒)의 불길이 온 세상을 불태우고 있다. 이제 인류는 자연과 인간을 모조리 불태우고 있는 무서운 삼독의 불길에서 벗어나는 생존의 길을 찾지 않으면 안 된다.

우리는 이 길을 어디서 찾을 것인가? 슈마허는 다음과 같이 말한다.

> 인간이 살아가기 위한 사상은 과학으로부터는 생겨나지 않는다. 가장 위대한 과학 사상이라도 작업가설에 지나지 않으므로, 특정한 연구 목적에는 유용해도, 인간이 어떻게 살아가야 할 것이냐 하는 — 그리고 세계를 어떻게 해석해야 할 것이냐 하는 — 문제에는 도움을 줄 수 없는 것이다. … 과학은 자연계나 공학적 환경 속에서 사물이 어떻게 움직이며 작용하느냐에 관해서는 많은 것을 가르쳐 준다. 하지만 삶의 의미에 대해서는 아무것도 가르쳐 주지 않으며, 인간의 소외감이나 내면의 절망을 치유해 줄 수는 없다.[20)]
>
> 마음과 영혼이 결여된 19세기의 형이상학 대신 무엇을 가져와야 할 것인가? 우리 세대의 임무는 형이상학을 다시 구축하는 일이라고 나는 확신하고 있다. … 우리의 병은 형이상학적인 성질의 것이므로, 치료법도 형이상학적일 수밖에 없다.[21)]

슈마허의 지적과 같이, 인류 생존의 길은 과학에 있지 않다. 마음과 영혼의 형이상학이 인류 구원의 길이다. 이 점에서 우리는 '일체유심조(一切唯心造)'의 형이상학을 가르치는 불교에 주목할 필요가 있다.

---

20) 위의 책, pp. 92-93.

21) 위의 책, p. 109.

4. 불교에서 추구하는 행복

어떤 것이 진정한 행복인가? 유물론의 입장에서 보면 행복은 육체적으로 쾌락을 누리는 것이다. 서구의 물질문명은 이와 같은 행복을 추구했다. 그러나 쾌락의 추구는 인간을 좌절과 소외와 불안에 빠트렸을 뿐만 아니라, 행복감과 평정심을 손상시키고, 끝내는 갈등과 투쟁을 야기했다. 이제 쾌락이 행복이 아니라는 것은 분명하게 밝혀졌다.

행복은 탐욕과 질투심을 버릴 때 나타나는 마음의 평정에서 느낄 수 있다. 불교에서 추구하는 행복은 이와 같은 행복이다. 감각적 쾌락을 추구하지 않고, 선정(禪定)에서 생기는 즐거움을 추구하는 것이 불교의 수행이다. 불교수행의 핵심이 되는 선정은 신비한 체험을 목적으로 하는 고행(苦行)이 아니라, 진정한 행복을 얻기 위해 마음의 평정을 목적으로 하는 수행이다.

이와 같은 수행을 통해 얻게 되는 지극히 평정한 마음을 불교에서는 '열반(涅槃)'이라고 부른다. 불교에서는 열반에 이르는 길을 '팔정도(八正道)'라고 가르친다. 바른 세계관(正見)을 가지고, 바른 생각(正思惟), 바른 말(正語), 바른 행동(正業)으로 바른 생활(正命)을 꾸준히 이어가면서(正精進), 바른 마음으로 성찰할 때(正念) 진정한 마음의 평정(正定)을 얻을 수 있다는 것이다. 이와 같은 팔정도의 실천에서 가장 중요한 것은 '정견' 즉 바른 사상이다. 세계관/인간관이 올바를 때, 생각과 말과 행동이 올바르게 될 수 있으며, 그 결과 진정한 행복에 이를 수 있기 때문이다.

II

현대사조와 불교

1. 부분에서 전체로

프리초프 카프라(Fritjof Capra)는 우리 시대의 여러 문제들은 단일한 위기의 여러 다른 측면이며, 단일한 위기란 인식의 위기라고 진단한다.

> 궁극적으로 이러한 문제들은 단일한 위기의 여러 다른 측면으로 파악되어야만 한다. 단일한 위기란 바로 인식의 위기이다. 그것은 우리들 대부분이, 그리고 특히 우리의 대규모 사회기구들이 낡고 고루한 세계관의 여러 개념들에 찬동하고 있으며, 오늘날 전지구가 하나로 상호 연결된 인구과밀의 세계를 다루는 데 실재에 대한 전혀 부적합한 인식을 받아들이고 있기 때문이다.[1)]

---

1) 프리초프 카프라, 『생명의 그물』, 김용정 · 김동광 옮김(서울: 범양사출판부, 1998), p. 18.

카프라가 이야기하는 낡고 고루한 세계관은 데카르트와 뉴턴의 기계론적 세계관이다. 기계론적 세계관에 바탕을 둔 서구의 과학은 인류에게 전대미문의 과학기술 문명을 안겨주었지만 "과학이 우리에게 남겨준 것은 물질과 에너지로 구성된 비인간적인 우주이며, 그 안에서는 생명과 의식이 우연히 일어날 뿐이다."[2] 17세기 과학혁명의 과정에서 가치는 사실과 분리되었고, 그 이후 우리는 과학적 사실이 우리가 하고 있는 일과 무관하며, 따라서 우리의 가치와 독립적인 그 무엇이라는 식의 믿음을 갖게 되었다.[3] 그리고 자연과학의 성과에 압도된 인문사회학자(실증주의자)들은 자연과학이 인문사회학에 적합한 모델을 제공해 준다는 가정을 의심 없이 받아들였다. 그리하여 인문학은 인문과학이 되고, 사회학은 사회과학이 되었다.

이렇게 인문사회학이 과학을 모델로 삼으면서, 인문사회학에서도 가치가 실종되었다. 학문은, 인문과학이든 자연과학이든, 객관적 사실을 밝히는 것으로 인식되었다. 전대의 인문사회 이론은 하찮은 낙서로 취급되었고, 과학적이고 가치중립적인 과업을 계속해 나가기 위해서는 기술적(記述的) 요소와 가치평가적(價値評價的) 요소가 뒤섞인 철학체계에 대한 연구는 포기되어야 한다고 생각되었다.[4] "사회과학자들은 규칙성을 사회현상의 설명에 필수적인 토대로 간주했으며, 인간

---

2) 앨런 월리스, 『과학과 불교의 실재인식』, 홍동선 옮김(서울: 범양사출판부, 1991), p. 12.

3) 프리초프 카프라, 앞의 책, p. 28.

4) 퀜틴 스키너 편, 『현대사상의 대이동』, 이광래 · 신중섭 · 이종흡 역(강원대학교 출판부) p. 10 참조.

의 행위란 적어도 원리에 있어서는 자연현상과 동일한 방식으로 조명되고 설명될 수 있는 것이라고 믿게 되었다. 그 결과 사회과학 분야가 추구해야 할 가능하고도 유일한 목적은 '과학의 한 주제로서의 인간'이 되었던 것이다."[5)]

과학이론은 객관적이고 독립적인 물리적 실재를 대표한다고 믿어져 왔다. 그러나 이 가설은 과학자 자신들에 의해 의심을 받고 있다. 하이젠베르크(Werner Karl Heisenberg)는 '우리가 관찰하는 것은 자연 그 자체가 아니라 우리의 탐구법에 노출된 자연'이라는 명제를 내놓았다.[6)] 그는 "원자란 물체가 아니다."라고 말했고, 닐스 보어(Niels. H. D. Bohr, 1885-1962)는 "양자의 세계란 없고, 단지 추상적인 양자의 묘사만 있다."고 했다.[7)] 슈뢰딩거(Erwin Schrödinger 1887-1961)의 다음과 같은 견해는 이들의 생각을 단적으로 표현한 것이다.

> 이 세계는 사실상 '인간의 감각 · 지각 · 기억 작용의 구조물'이다.[8)]

17세기 과학혁명에 의해 분리된 사실의 세계와 가치의 세계, 자연과 인간이 현대원자물리학과 철학에 의해 다시 조화의 길로 나서고 있는 것이 현대의 사조이다. 기계적 세계관은 데카르트에 의해 고안된 분석적 사고 방법에서 비롯된 것이다. 분석적 방법은 복잡한 현상을 부분으로 분석하여 그 부분들의 특성을 통해 전체를 이해하려는

---

5) 위의 책, pp. 11-12.
6) 앨런 월리스, 앞의 책, p. 128.
7) 위의 책, p. 68 참조.
8) 위의 책, p. 136.

시도이다. 데카르트의 자연관은 정신과 물질이라는 두 개의 독립적인 영역들 사이의 근본적인 구분을 기초로 삼고 있었다. 데카르트의 입장에서 생물을 포함한 물질적 우주 전체는 하나의 기계였고, 이론상 그 기계는 가장 작은 부분으로 완전히 분해시킴으로써 이해될 수 있었다.[9] 그에게는 인간도 사유하는 기계였다. 그러나 데카르트의 자연관에 따라 충실하게 분석을 해가던 과학자들은 원자의 세계에 이르러, 자연은 기계가 아니고, 물질과 정신은 분리될 수 없으며, 소립자는 기계의 부속품이 아님을 깨달았다. 미국의 물리학자 헨리 스텝(Henry Step)은 "하나의 소립자는 독립적으로 존재하는 분할 가능한 실체가 아니다. 요컨데 그것은 다른 사물들을 향해 뻗어 나가는 일련의 관계다."고 주장한다.[10] 이런 상황에서 기계론적 세계관은 더 이상 과학의 패러다임이 될 수 없게 되었다. 우리는 패러다임 전환의 시기에 있는 것이다.

카프라는 현대 물리학의 새로운 개념들이 우리의 세계관에 심오한 변화를 초래했으며, 그것은 데카르트와 뉴턴의 기계론적 세계관에서 전체론적, 생태적 세계관으로의 전환이라고 주장한다.[11] 그는 다음과 같이 이야기한다.

> 이러한 새로운 패러다임은 이 세계를 서로 분리된 부분들의 집합이 아니라, 하나로 통합되어 있는 전체로 보는 전체론적 세계관(holistic worldview)이

9) 프리초프 카프라, 앞의 책, p. 37 참조.

10) 앨런 월리스, 앞의 책, p. 68 참조.

11) 프리초프 카프라, 앞의 책, pp. 19-20 참조.

> 라고 불릴 수 있을 것이다. 그리고 '생태적'이라는 말을 일반적 용법보다 훨씬 폭넓고 깊게 사용한다면, 생태적 관점(ecological view)이라고 불릴 수도 있을 것이다. 깊은 생태적 자각은 모든 현상들의 근본적인 상호의존성을 인식하며, 개인과 사회로 구성되는 우리들이 모두 자연의 순환적 과정들 속에 깊숙이 묻혀 있다는 (그리고 궁극적으로는 거기에 의존하고 있다는) 사실을 인식한다.[12]

그는 "이러한 패러다임 전환은 인식과 사고방식의 확장뿐만 아니라 가치의 확장까지 요구한다."고 주장한다. 즉 과거의 패러다임이 인간 중심적인 가치들에 기반하는 반면, 새로운 패러다임은 생태중심적인 가치들을 토대로 삼고 있는, 모든 생물의 고유한 가치를 인정하는 세계관이기 때문에, 혁명적으로 새로운 윤리체계가 출현하게 될 것이라는 것이다.[13]

이와 같은 새로운 사조를 한마디로 말한다면 부분에서 전체로 — 분석에서 통합으로 — 의 전환이라고 할 수 있을 것이다. 이러한 새로운 사조에서는 인간과 자연, 사실과 가치, 인식과 존재, 주관과 객관, 과학과 철학의 구별이 의미를 상실하게 될 것이다. 이러한 구별은 서양 근세의 산물이다. 이제 새로운 시대는 이 모든 구별과 분석을 넘어서 모든 것이 상호의존적으로 깊게 연결되어 있음을 확인하는 시대가 될 것이다. 그리고 이렇게 상호 연결되어 있음의 인식은 인간의 의식과 삶을 변화시킬 것이다.

포스트모더니즘은 서양 근세의 사고를 넘어서 이러한 새로운 시

12) 위의 책, pp. 21-22.

13) 위의 책, pp. 26-28 참조.

대를 열어 가는 길목의 철학이라고 생각된다.[14] 일례로 데리다(J. Derrida)의 해체는 서구문명의 해체요, 텍스트이론은 모든 것이 마치 직물처럼 상호 의존적으로 연결되어 있음을 이야기한 것이다.

현대의 과학과 철학은 이와 같이 서양 근세의 세계관을 넘어서 새로운 세계를 지향하고 있으며, 그 방향은 '부분에서 전체로' 라고 할 수 있다. 그리고 전체론적 사고는 모든 것을 상호의존적으로 연결된 관계구조로 보는 것이다. 이것은 불교의 연기설(緣起說)과 일치한다. 이러한 관점에서 현대의 과학과 철학의 새로운 사조를 불교의 연기론적 입장과 비교하면서 새 시대를 지향하는 현대사조에 불교가 어떤 의미와 위상을 가질 수 있는가를 살펴보기로 한다.

2. 재평가되는 과학적 실재론과 불교

인간 정신과는 독립되어 있으면서도 인식될 수 있는 객관적 자연계가 실재한다는 믿음이 모든 자연과학의 기초에 자리 잡고 있는 신념이다. 자연과학을 객관적 학문이라고 주장할 수 있는 근거는 바로 이러한 실재론적 신념이다. 그러나 이 신념은 논리적으로 모순이다. 우

---

14) 리오타르(Jean François Lyotard)는 포스트모더니즘이 '근대적 거대서사에 대한 불신과 회의'에서 출발한다고 말함으로써 포스트모더니즘이 근대적 사고의 극복을 목표로 하고 있음을 시사한다. 〈장 프랑수아 리오타르, 『포스트모던의 조건』, 유정완 · 이삼출 · 민승기 옮김(서울: 민음사, 1992), p. 34 참조.〉 『포스트모던의 조건』을 번역한 사람은 "포스트모더니즘은 새로운 세계를 위한 모색의 하나이고 근대 비판의 한 갈래이며 변화하고 있는 세계에 대한 기술과 분석의 한 종류에 지나지 않는다."고 이야기한다.

리는 개념을 통해 인식한다. 그리고 개념은 인간 정신의 산물이다. 그런데 어떻게 개념으로 인식된 자연계가 인간 정신과는 독립된 객관적 실재라고 할 수 있을 것인가? 여기에서 칸트(I. Kant, 1724-1804)는 인간 정신과 독립된 실재의 세계[물자체 ; Ding an Sich]는 있으나 인간의 인식 구조상 인간은 그것을 인식할 수 없다고 생각했다. 그러나 칸트의 생각도 정당성을 가질 수 없다. 어떻게 인식할 수 없는 것을 '있다'고 할 수 있는가?

과학적 실재론은 이와 같이 논리적으로도 문제가 있지만, 그보다도 현대의 물리학자들에 의해 크게 도전을 받고 있다. 월리스(B. Alan Wallace)는 다음과 같이 이야기한다.

> 20세기에 들어와 양자역학을 꿰뚫어보게 되면서, 과학적 실재론의 형이상학적 가설 몇 가지에 의문을 제기하게 되었다. 고전 물리학이 주장하는 것처럼, 이 세계는 원자의 수준에서도 엄격한 인과 관계의 지배를 받고 있는가? 소립자들은 측정체계와는 관계없이 독자적으로 존재하는가?[15]

과학적 실재론에 대한 회의는 양자역학의 실험 결과들이 일으켰다. 월리스는 다음과 같이 이야기한다.

> 미시적 실체의 파동/입자라는 성질이 경이와 함께 의혹을 자아내는 중대한 원인이 되고 있다. 당초에 전자의 개념을 구성했을 때에는 그것이 입자라는 명백한 경험적 증거가 나왔다. 그러나 이 결론 뒤이어 오래지 않아 거기에는 파동의 성질이 있다는 이론적이고 실험적인 근거가 나왔다. ……
>
> 요컨데 단 하나의 물체가 총알이면서 동시에 잔물결일 수 없듯이, 어떤

15) 앨런 월리스, 앞의 책, p. 87.

물체도 입자이면서 동시에 파동일 수는 없다. 그럼에도 불구하고, 전자는 다른 아원자 입자들과 마찬가지로 입자이면서 동시에 파동의 성질을 보여주고 있으니, 양자역학의 핵심적인 수수께끼의 하나로 손꼽힌다.

이 현상이 지니고 있는 수수께끼와 같은 성질은 인간 정신의 내재적인 성향이라고 할 구체화에 그 원인이 있지 않을까 생각된다. 전자를 발견한 당초의 탐지법은 점과 같은 물체의 속성을 지닌 결과를 내놓았다. 물리학자들은 일상적인 경험을 바탕으로 전자를 입자라고 단정하게 되었다. …… 다시 말하면, 그것이 실험 및 이론과는 독립하여 존재하는 실재적인 물체라고 보게 되었다. 그것이 전자의 본질이라고 보았다. 그러나 측정 방법을 달리하면, 전자와 그 기구의 상호 작용으로 인해서 파동 현상이 일어난다. 전자의 파동성을 구체화하려고 할 때, 하나의 역리에 부딪치게 된다. 이렇게 될 때 전자는 본질적으로 입자인 동시에 파동이어야 하고, 따라서 있을 수 없는 결론에 도달하기 때문이다.[16)]

하이젠베르크(Werner Karl Heisenberg)가 "우리가 관찰하는 것은, 자연 자체가 아니라, 우리의 탐구법에 노출된 자연이다."라고 이야기한 것은 이런 이유에서다. 우리는 전자와 같은 아원자로 설명되는 물질의 개념을 가지고 세계를 이해하고 있다. 그런데 그 아원자들이 인간의 측정체계에 의해 구체화된 개념이라면, 우리가 알고 있는 우주는 인간의 측정 체계와는 독립된 존재라고 할 수 없다. 이런 맥락에서 쥘 앙리 푸앵카레는 "생각하고 보며 느끼는 정신과는 완전히 독립된 실재란 불가능하다."고 단정한다.[17)]

실재론에 대한 회의는 단순히 측정체계에 따라 달리 관찰되는 현상

16) 위의 책, p. 87-88.

17) 위의 책, p. 128 참조.

에서 비롯된 것이 아니다. 하이젠베르크는 다음과 같이 이야기한다.

> 나는 도대체 자연과학에서 이해라는 말이 무엇을 의미하는지가 분명치 않았기 때문에 알지 못한다고 대답할 수밖에 없었다. 상대성이론의 수학적 구조는 나에게 그다지 어려움을 주지 않았으나, 어째서 운동하고 있는 관찰자는 '시간'이라는 말을 정지하고 있는 관찰자와는 다르게 생각하는지를 아직도 이해하지 못하고 있었다. 이 시간 개념의 혼란은 아직도 불분명한 것으로 남아 있다.
>
> …… 나는 수학적 구조를 움직이는 그 논리에 내가 기만당하고 있다고 느낀다. …… 우리의 모든 사고와 행위는 항상 이같이 소박한 시간개념을 이미 전제하고 있는 것이다. …… 따라서 우리가 지금 이 시간개념이 변해야 된다고 주장한다면, 우리가 사용하고 있는 언어와 사고도 바른 길을 찾는 데 필요한 작업 도구가 될 수 있느냐 없느냐 하는 문제에 봉착하게 되는데, 나는 이 문제를 이해하지 못하고 있다. …… 나는 다만 그렇게 기초적인 개념을 변화시킬 때, 우리의 사고도 언어도 불확실한 것이 되고 만다는 점을 강조하고 싶을 뿐이다.[18)]

이러한 회의는 보다 근원적인 인식론적 회의이다. 자연을 탐구하는 인간의 사고와 언어가 인간의 정신과는 독립된 자연의 모습을 기술할 수 없다면, 우리가 객관적 진리로 알고 있는 자연과학의 지식은 모두가 허구인 셈이다.

그렇다면 우리는 세계와 자연에 대하여 탐구와 이해를 포기해야 하는가? 과학적 실재론을 거부할 때, 도구주의가 실용적이고, 논리적이며, 허점이 없는 과학관으로 등장하게 된다.[19)] 도구주의적 관점에서

18) 하이젠베르크, 『부분과 전체』, 김용준 옮김(서울: 지식산업사, 1995), p. 52.

본다면, 물리학 이론은 예측 작업을 조직하는 데 가치가 있을 뿐, 참이나 거짓으로 판단할 대상은 아니다. 하나의 이론은 다른 도구와 마찬가지로 어느 정도 쓸모만 있으면 되는 것이다. 도구주의에 따르면, 어느 한 이론이 다른 이론보다 훨씬 포괄적인 연구를 하는데 있어 효과적인 지도 원리(leading principle) 역할을 하고, 한층 더 정확하고 자세한 추리를 할 수 있는 분석 및 표현법을 제공하면, 그 이론이 우월한 것이다. 간단히 말해서, 좋은 이론이란 예측이라는 차원에서 폭넓게 대상을 수용하고, 간단하며 정확한 것을 가리킬 뿐, 실재와의 근접성은 문제가 되지 않는다.[20] 도구주의적 관점은 이와 같이 실용주의의 입장을 대변하는 것인데, 이 관점은 결국 불가지론으로 귀착된다.

윌리스는 과학적 실재론과 도구주의의 양극단을 피할 중도관(中道觀)이 필요함을 지적한다. 그는 하이젠베르크의 '우리가 관찰하는 것은 자연 그 자체가 아니라 우리의 탐구법에 노출된 자연'이라는 말에 주목하면서, 인간의 탐구법과 상관관계를 갖는 지식을 인정하는 데서 문제해결의 실마리를 찾는다.[21]

과학적 실재론이 문제된 것은 인간의 정신과 독립된 물리적 세계가 실재한다는 가설에 근거하고 있기 때문이다. 즉 데카르트적인 분석적 — 먼저 인간과 자연, 정신과 물질을 구별하고, 다시 모든 것을 분석하여 가장 작은 부분을 찾는 — 방법으로 세계를 이해하려 할 때, 이미 그 속에 과학

---

19) 앨런 월리스, 앞의 책, p. 121.

20) 위의 책, p. 120 참조.

21) 위의 책, p. 128.

적 실재론의 모순이 내재하고 있었던 것이다. 정신과 물질을 독립된 실체로 보는 생각 속에 이미 인간(정신)은 자연(물질)을 알 수 없다는 사실이 내재되어 있는 것이다. 여기에서 필자는 슈뢰딩거의 '세계는 인간의 감각, 지각, 기억의 구조물'이라는 생각에 주목한다. 과학적 실재론이 부정된다고 해서 세계가 사라지는 것은 아니다. 다만 인간과 독립적으로 실재한다고 생각했던 세계가 사라질 뿐이다. 세계는 인간이 보고, 느끼고, 생각하는 삶과 함께 있다. 모든 생물에게는 그들의 삶과 함께 그들의 세계가 있다. 세계는 이렇게 있다.

붓다는 이 세계의 근원에 대하여 묻는 사람에게 다음과 같이 대답한다.

> 일체(一切)란 12입처(入處)를 말한다. 안(眼)과 색(色), 이(耳)와 성(聲), 비(鼻)와 향(香), 설(舌)과 미(味), 신(身)과 촉(觸), 의(意)와 법(法), 이것을 일체라고 부른다. 만약 이것을 일체라고 하지 않고 …… 다른 일체를 세운다면, 그것은 단지 언설(言說)만 있기 때문에 물어도 알지 못하고 의혹만 늘어갈 것이다. 그 까닭은 그것은 경계(境界)가 아니기 때문이다.[22)]

여기에서 일체는 세계의 근원을 의미한다. 데카르트는 세계를 정신적 실체와 물질적 실체로 되어있다고 생각했다. 즉 일체는 정신과 물질이라는 것이다. 붓다는 이러한 일체에 대하여 그것은 우리의 인지구조/삶의 구조(眼耳鼻舌身意)와 그 구조에 의해 경험되는 것(色聲香味觸法)이라고 이야기한다. 우리는 인지구조의 핵심에 정신적 실체가 있다

22) 『雜阿含經』, 권 13(『大正新脩大藏經』 2, p. 91ab)의 필자 번역.

고 생각하고, 경험되는 것은 물질적 실체라고 생각한다. 그러나 붓다의 생각에 따르면, 물질과 정신은 단지 언어일 뿐이다. 그래서 물질이 무엇인가, 정신이 무엇인가를 알려고 한다면 의혹만 증대할 뿐 결국 알 수 없게 된다는 것이다. 왜 그러한가? 붓다는 그것이 우리의 인지구조(삶의 구조)에 의해 경험되는 영역(境界)이 아니기 때문이라고 이야기한다.

과학자는 물질이 무엇인가를 탐구해 왔다. 그 결과 물질이 무엇인가는 알 수 없다는 결론에 도달했다. 물질의 본질을 추구하여 원자나 소립자 도달했는데, 이제 그것이 물질이라는 개념으로 이해될 수 없는 그 무엇이라는 결론에 도달한 것이다. 하이젠베르크와 보어(Niels H. D. Bohr)의 대화를 들어보자.

(보어) "…… 그러나 원자물리학에서는 우리가 지금까지 알고 있는 개념으로는 결코 충분치 않다는 것을 알고 있습니다. …… 그러나 이 현상은 이미 그와 같은 개념으로 설명할 수가 없게 되었습니다. 우리가 본래 불가능한 것을 시도하고 있다는 것을 학생은 잘 알 것입니다. 왜냐하면, 우리가 원자의 구조에 대해서 어떤 것을 서술한다고 하지만, 그것을 이해할 수 있는 언어를 가지고 있지 않기 때문입니다. …… 그러한 상태에서는 이 이론을 다른 과학에서 일반적으로 사용하고 있는 의미로는 설명할 수가 없는 것입니다. 그렇기 때문에, 경험들 사이의 관련성을 제시하고, 신중하게 손으로 더듬어 가는 수밖에는 별 도리가 없습니다." ……

"그렇다면 선생님이 지난 며칠동안 강의에서 설명하시고, 더 나아가서 그렇게 생각하시게 된 이유를 말씀하신, 바로 그 原子의 像은 도대체 무엇을 뜻합니까? ……"

(보어) "이 像은 확실히 경험에서부터 나온 것이며, 학생이 원한다면 추

측된 것이라고 말해도 좋지만, 여하튼 이론적 계산에서부터 얻어진 것은 아닙니다. 나는 이 像이 원자의 구조를 잘 서술할 수 있기를 바랍니다."

보어의 사고의 줄거리는 …… '원자는 사물이 아니다.'는 견해와 일맥상통하는 데가 있는 것 같이 생각되었다. …… 여하튼 유보조건 없이 위치, 속도, 에너지 그리고 연장과 같은 개념들로써 기술할 수 있는 지금까지의 물리학적 의미에서의 사물은 아니라는 것은 확실하기 때문이다. 그러므로 나는 보어에게 물었다.

"만약에 원자의 내부구조가 직관적 서술로써는 접근하기 어렵고, 또 우리가 이 구조에 관해서 말할 수 있는 언어를 소유하지 못하고 있다면, 우리는 도대체 언제나 원자를 이해할 수 있단 말입니까?"

(보어) "그러나 우리는 바로 그때 동시에 '이해'라는 말이 무엇을 의미하는 지도 배우게 될 것입니다."[23]

이 대화에서 우리는 보어의 생각이 붓다의 생각에 접근하고 있음을 볼 수 있다. 보어는 원자가 물질을 설명하는 개념인 위치, 속도, 에너지, 그리고 연장과 같은 언어로는 기술할 수 없음을 토로하고 있다. 그는 원자를 사물이라고 생각하지 않고 있다. 그는 원자의 상(像)이 경험에서 나온 것이라고 이야기하고, 원자를 이해하기 위해서는 "경험들 사이의 관련성을 제시하고, 신중하게 손으로 더듬어 가는 수밖에는 별 도리가 없다."고 토로한다. 이러한 보어의 생각은, 세계는 언어에 의해 설명되고 이해될 수 있는 것이 아니라, 인지구조를 통해 경험될 뿐이라는 붓다의 생각과 일치한다.

불교에서 이야기하는 세계는 이렇게 삶의 구조를 통해 그 구조와

---

23) 하이젠베르크, 앞의 책, pp. 66-68.

함께 드러난다. 따라서 불교에서는 삶의 구조를 세계라고 부른다. 『쌍윳따 니까야』에서 아난(阿難)은 다음과 같이 이야기한다.

> 세간(世間)에 세계가 존재한다는 생각과 신념이 있게 하는 것, 그것을 거룩한 가르침에서는 세계라고 부른다. …… 법우들이여, 안(眼)에 의해서, 이(耳), 비(鼻), 설(舌), 신(身), 의(意)에 의해서 세간에 세계가 존재한다는 생각과 신념이 있다. 이것을 거룩한 가르침에서는 세계라고 부른다.[24]

이러한 불교의 세계관은 실재론이 아니지만, 그렇다고 관념론도 아니다. 실재론과 관념론의 구별은 물질과 정신을 실체로 생각하는, 즉 세계를 언어로 이해하는 태도에서 비롯된 것이며, 정신을 실체로 인정하는 관념론은 또 하나의 실재론일 뿐이다. 서구의 실재론과 관념론은 사실은 모습만 다를 뿐, 물질, 정신이라는 언어를 실체시하여 나타난 동질의 실재론인 것이다.

우리는 언어로 이해하기 전에 이미 삶을 통해 세계를 느끼고 있다. 이렇게 삶과 얽힌 세계를 토대로 언어도 나오고, 이론도 나온다. 따라서 언어와 이론은 인간의 삶의 과정이 달라지면 그에 따라 변화한다. 원자를 보지 못한 삶에서 물질이라는 언어와 이에 대한 이론이 나왔지만, 원자를 통해 새로운 경험을 함으로써, 우리는 새로운 언어와 이론을 만들지 않을 수 없게 되었다. 그리고 새로운 언어와 이론은 우리에게 새로운 세계의 모습으로 나타날 것이다.

이러한 관계는 원자를 설명할 이론과 언어가 만들어진다고 해서 끝

24) *Saṃyutta Nikāya*, ed. M. Leon Feer, vol. 4(London: P.T.S., 1973), p. 95의 필자 번역.

나지는 않는다. 왜냐하면 원자는 세계의 궁극적 근거가 아니라 인간의 새로운 인지 과정에 의해 경험된 내용으로서 인간이 만든 하나의 상(像)일 뿐이기 때문이다. "양자의 세계란 없고, 단지 추상적인 양자의 묘사만 있다."[25]고 한 보어의 이야기는 세계가 실재론에 근거한 언어나 이론에 의해 설명될 수 없음을 명백히 한 것이다.

앨런 월리스는 인류 원리(anthropic principle)를 소개하면서 그 핵심적 요소를 "인간의 존재가 우주의 설계를 결정하고, 반대로 우주의 설계가 인류의 생존을 가능케 한다."[26]는 것이라고 규정한다. 천문학자 에드워드 헤리슨은 "인류원리는 우리 인류가 이곳에 있기 때문에, 우주가 지금과 같은 방식으로 존재한다는 것을 강조하고 있다."[27]고 말한다. 이러한 우주원리는 인간이 경험하는 우주 내부에서 인간이 차지하는 핵심적인 역할을 강조하는 것으로서, 인류뿐만이 아니라 모든 생물은 그들이 살고 있는 세계에 참여하는 역할을 한다는 것을 이야기하고 있는 것이다.[28]

이러한 인류 원리는 연기설에 근거한 불교의 '일체유심조(一切唯心造)'를 연상케 한다. 세계는 항상 삶의 구조[心]에 의해 드러나고, 그 세계에서의 삶이 다시 새로운 삶의 구조를 형성한다는 것이 연기설에 근거한 불교의 업보(業報) 이론이며, 유심(唯心) 사상이다. 이와 같은 세계관은 세계에 대한 모든 논의를 삶의 주체인 생명으로 환원시킨다.

---

25) 앨런 월리스, 앞의 책, p. 68 참조.
26) 위의 책, p. 132.
27) 같은 책.
28) 위의 책, p. 133 참조.

3. 데리다의 철학과 불교

(1) 무기(無記)와 해체

붓다는 당시 인도의 형이상학적 논의에 대하여 침묵한다. 붓다가 침묵했던 논의의 내용은 소박한 실재론에 근거한 형이상학적 문제들이다. '이 세계는 시간적으로 그리고 공간적으로 무한한가, 유한한가?', '육신과는 독립된 영혼/정신은 실재하는가, 실재하지 않는가?', '진리를 깨달은 여래(如來)는 사후(死後)에도 존재하는가, 그렇지 않은가?' 붓다는 이런 문제들은 무의미한 말장난[戱論]이며, 우리에게 진실도, 바른 삶도 제시하지 못할 뿐만 아니라, 독화살과 같이 고통과 죽음을 가져오는 것이기 때문에, 거론조차 해서도 안 된다고 비판한다.[29] 붓다의 이러한 대응을 무기(無記; avyākata)라고 한다.

붓다의 무기는 그의 제자들을 포함하여 많은 사람들로 하여금 놀라고 의심하게 했다. 『앙굿따라 니까야』에서 붓다는 무기에 대해 의심하는 것은 사견(邪見; diṭṭhi)에 집착하고 있기 때문이며, 사견이 이루어지는 과정을 알아서 사견을 멸하면, 무기에 대하여 놀라지 않을 뿐만 아니라, 생로병사(生老病死)에서 해탈하게 된다고 이야기한다.[30] 이어서 붓다는 다음과 같이 이야기한다.

> 이런 문제를 거론하는 것은 愛(taṇhā)에 빠져 있기 때문이며, 想(saññā)

29) 『中阿含經』, 권 60, 「箭喩經」(『大正新脩大藏經』 1, pp. 804a-805c) 참조.

30) *Aṅguttara Nikāya*, ed. E. Hardy, vol. 4(London: P.T.S., 1958), pp. 68-69 참조.

> 에 빠져 있기 때문이며, 착각이며, 환상이며, 取(upādāna)에 빠져 있기 때문이다.[31)]

사견은 붓다가 침묵했던 문제들에 대하여 당시의 사상가들이 제시한 해답, 즉 당시의 모든 철학 사상을 지칭한다. 붓다는 이들 사상이 허구로 가득 찬 착각이며 환상이라는 판단에서 무기의 태도를 취한 것이다. 이와 같은 붓다의 무기는 데리다의 해체(解體)와 상통한다. 김형효는 다음과 같이 이야기한다.

> 데리다의 해체적 사유는 빼기의 방향으로 철학을 짜나간다. 어쩌면 철학을 없애나간다고 보는 것이 더 정확하리라. …… 그렇다고 이것이 허무주의는 아니다. 허무주의란 더하기의 철학, 모으기의 철학이 옳은데, 무엇을 위하여 비축, 저장하고, 모을 것을 찾지 못할 때 생기는 안타까움의 심리와 멀지 않다. …… 빼기의 철학은 의미의 쌓아둠을 하나하나씩 제거시켜 나간다. 모음의 진리, 의미의 쌓기는 모두 환상이고, 그것은 인간을 진리와 의미의 범주 속에 제한시키고 가두는 속박에 불과하다.[32)]

붓다는 사견의 멸을 통해 생로병사의 세간에서 해탈하여 세간을 벗어나야 한다고 이야기한다. 붓다가 이야기하는 출세간(出世間)은 공간적인 이동이 아니라 허위의 세계에서 진실의 세계로의 복귀이다. 이러한 진실의 세계는 '공(空)의 세계'로 표현된다. 데리다도 이와 유사한 면을 보여준다. 김형효는 다음과 같이 이야기한다.

---

31) 같은 책의 필자 번역.

32) 김형효, 『데리다의 해체철학』 (민음사, 1993), p. 10.

> 데리다는 의미 가득 찬 질식할 것 같은 〈세계의 바깥〉으로 탈출을 시도한다. 〈세계의 바깥〉이라고 해서 그것이 천국이나 이데아세계와 같은 이 세상과 다른 또 하나의 세계는 아니다. …… 그런 이상한 곳은 의미로 가득 찬 체계의 세계를 벗어난 〈초과〉의 세계이며, 의미의 세계가 존재의 세계라면, 그 초과의 세계, 벗어난 일탈의 세계는 〈아무 것도 아닌 세계〉이다. 아무 것도 아닌 세계이기에 그것은 의미들이 충일한 〈현존〉의 전체적 체계성에 비추어보면 〈순수한 부재〉에 불과하다.[33)]

이와 같이 붓다의 '해탈'과 데리다의 '초과'는 많은 유사성이 있다. 이러한 유사성은 붓다의 '연기설'과 데리다의 '텍스트이론'에서도 나타난다.

(2) 연기설과 텍스트이론

붓다는 기존의 철학 사상을 비판하고 연기설로 세계를 설명한다. 붓다에 의하면 이 세계는, 개념과 의미로 실체화 된 존재가 모여 있는 것이 아니라, 연기(緣起)하고 — 상호 의존적으로 나타나고 — 있다. 붓다는 이렇게 연기하고 있는 세계를 표현하기 위하여 달마(dharma), 즉 법(法)이라는 말을 사용한다. 연기하는 달마[法]는 시간적으로나 공간적으로 일정한 위치를 갖지 않는다. 즉 달마[法]는 무상(無常)하고 무아(無我)이며 공(空)이다. 모든 달마[法]는 상호 의존하고 있다. 이것을 "此有故彼有, 此起故彼起, 此無故彼無, 此滅故彼滅(이것이 있는 곳에 저것이 있고, 이것이 생길 때 저것이 생긴다. 이것이 없는 곳에 저것도 없고, 이것이 사라

---

33) 위의 책, p. 17.

지면 저것도 사라진다.)"라고 표현한다. 우리가 있다고 하는 모든 것은 이렇게 연기하는 달마[法]로 있는 것이지, 시간과 공간 속에 독자적으로 존재하고 있는 것이 아니다.

데리다의 '텍스트'는 붓다의 '달마[法]'와 매우 유사하다.

> 텍스트는 책과 전혀 다른 지대에 속한다. 데리다의 말처럼 텍스트에는 〈신화적 또는 신화학적 진술이 고정적으로 지니고 있는 현실적 중심이 없다. (중략) 중심의 부재는 주체의 부재[空], 저자의 부재[無我]이다. ……
>
> 하여튼 시간과 공간의 복합체 속에 존재하는 것이 무엇이든지, 데리다의 사유에서는 텍스트로 간주된다. 그러므로 쉽게 말해서, 인생이나 자연, 사회나 우주 그리고 역사도 텍스트요 문자인 셈이고, 그런 텍스트보다 앞선 단계란 있을 수 없게 된다.[34)]
>
> 〈순수한 소기(所記)는 없다 하여도, 결코 소기가 될 수 없는 지층으로서 능기(能記)로부터 주어지는 것에 대하여 여러 가지 관계들이 있다.〉 …… 책은 소기, 즉 기호의 내용을 중시한다. 그러나 텍스트는 능기학은 아니라도, 어떤 것의 최종적, 궁극적 의미가 있을 수 없다고 주장한다. 예의 고향을 생각하더라도, 고향의 궁극적 의미결정은 불가능하고, 뒷산과 앞개울과 같은 것의 능기로서, 그 능기가 다른 능기들과 연쇄적 연관의 짜깁기를 하는 여러 가지 관계들만이 있을 뿐이다. …… 뒷산과 앞개울만 홀로 서 있는 그런 능기란 불가능하다. 그것들도 뒷산의 소나무 언덕이나 앞개울의 유영하고 있는 물고기들과의 연관에서 맺어진 관계일 뿐이다.[35)]

붓다는 무상(無常)하고 무아(無我)이며 공(空)인 달마가 상호의존적으로 나타나는 것을 연기(緣起)라고 표현하고 있는데, 데리다는 텍스트

---

34) 위의 책, p. 20.

35) 위의 책, p. 23.

들이 나타나는 모습을 차연(差延)이라고 표현한다.

> 텍스트는 시공(時空)의 텍스트들 사이에서 부유하고 있다. 텍스트가 자기 속에서 또 다른 텍스트와 접목되어 떠도는 부유의 모습을 보이기에 이를 데리다는 차연(差延)이라고 불렀다.[36]

이와 같이 데리다의 차연과 불교의 연기는 매우 유사한 구조를 갖는다.

4. 현대사조에서 불교의 의의

오늘날 인류가 처한 위기는 크게 두 가지로 요약할 수 있다. 하나는 인간이 과학기술을 이용하여 탐욕을 추구한 결과 나타난 '자연 파괴', 즉 환경문제이고, 다른 하나는 현대산업사회가 빚어낸 '인간 파괴', 즉 인륜(人倫)문제이다. 이러한 위기의 상황에서 과학과 철학이 기존의 세계관에서 벗어나 같은 방향에서 새로운 세계관을 지향하고 있다는 것은 실로 다행스러운 일이라고 생각된다.

현대의 과학과 철학은 자연과 인간을 함께 되살려서, 아름답고 깨끗한 자연 속에서 사람다운 사람이 사람답게 살아갈 수 있는 길을 제시해야 할 과제를 갖는다. 불교사상은 과학과 철학이 이러한 시대적 과제를 풀어 가는데 상당한 기여를 할 수 있을 것으로 기대된다. 카프라의 생각처럼, 과학이 시스템적 관점에서 생명을 중심으로 하는

---

36) 위의 책, p. 25.

생명과학으로 전환한다면, 불교사상은 더욱 큰 역할을 할 수 있을 것이다.

현대철학은 아직은 기존의 세계관을 해체하는 단계에 있는 것 같다. 그러나 해체[破邪]는 건설[顯正]을 위한 것이어야 한다. 그런 의미에서 불교의 연기설과 업설은 현대철학의 진로에 많은 참고가 될 수 있을 것이다. 현대철학이 풀어야 할 과제는 새로운 세계관의 확립뿐만이 아니라, 그에 기초한 새로운 윤리학의 수립이다. 불교사상은 특히 새로운 윤리학의 수립에 많은 점을 시사할 수 있다고 생각된다.

기존의 윤리체계에서는 도덕의 핵심이 '정의(正義)'지만, 불교의 윤리체계에서는 '자비(慈悲)'다. 정의는, 기계적 세계관에 근거하는, 인간이 개별적 존재라는 전제에서 나온 것이다. 개별적 존재로서의 인간은 이익을 놓고 서로 대립한다. 자신의 이익과 타인의 이익이 대립할 때, 공정한 분배의 원리가 요청된다. 이때 공정한 분배의 원리가 정의이다. 그러나 불교는 연기설에 근거하여 '나와 남', '인간과 자연'은 하나라는 '자타불이(自他不二)'의 의식을 강조한다. '자타불이'의 의식을 통해 '나'에서 '남'으로, '인간'에서 '자연'으로 자아가 확장된다.[無我] '자아'를 확장하여 '자아'가 '타아'를 포용하면, 인간 상호간의, 인간과 자연간의 대립은 사라진다. 이러한 자아의 확장은 생명에 대한 바른 이해[般若; 지혜]를 통해 이루어지고, 자비를 통해 실현된다.

자아가 확장되어 다른 존재를 포용한다면, 우리는 자비로운 마음으로 타인에 봉사하고 자연과 조화하는 윤리적 삶을 살아가게 될 것이다. 이와 같은 '자아의 확장'은 현대의 심층생태학과 맥을 함께 하는 것으로서, 윤리학에 새로운 장을 열어줄 것이다. 즉 자연과 인간이 생명의 구조 속에서 통일적으로 이해될 때, 우리는 인간중심의 윤리에서 보다 확장된 생태중심적, 생명중심적 윤리체계를 구상할 수 있을 것이다.

현재, 서양문명은 자연과학에 상응하는 인지과학(cognitive science)을 갖추지 못했다. 지금까지 논의한 바를 바탕으로 하면, 인간과 인간 의식의 본질을 탐구하는 불교를 통해, 우리는 자연세계의 새로운 면을 탐구할 수 있을 것이다. 그리고 우주가 정신과 물질(또는 물질이라는 한 가지만)이라는 자율적인 실체로 구성되지 않고, 상호의존하고 — 연기하고 — 있다고 한다면, 과학과 철학의 통합은 필연적으로 일어나게 될 것이다. 이러한 통합에 불교사상은 철학적 토대를 제공할 수 있을 것이다.

III

불교와 일반시스템이론

1. 머리말

현대는 새로운 패러다임을 요청하고 있고, 과학의 여러 분야에서는 이미 패러다임의 전환이 이루어지고 있다. 새로운 패러다임이 요청되는 까닭은 두 가지이다. 하나는 인류가 위기에 처해있기 때문이며, 다른 하나는 다양한 과학 분야에서 기존의 기계론적 패러다임이 한계를 드러냈기 때문이다.

기계론적 패러다임과 현대의 위기는 깊은 연관이 있다. 제레미 리프킨(Jeremy Rifkin)은 우리가 처한 위기의 원인은 우리의 세계관이라고 진단한다. 우리 모두가 현존하는 기계론적 세계관에 얽매여 있기 때문에 위기가 증가하고 있으며, "이 세계관이야말로 병들어 시들어가고 있으며 모든 것을 오염시키는 원흉"[1]이라는 것이다. 현대의 위기

---

1) 제레미 리프킨, 『엔트로피』, 김명자 · 김건 역(서울: 동아출판사, 1992), p. 13.

의 원인이 세계관에 있다는 것은 대부분의 미래학자들의 공통된 생각이다. 한마디로 말하면 인간의 생각이 바뀌지 않으면 인류는 위기에서 벗어날 수 없다는 것이다.

우리시대가 요청하는 새로운 패러다임으로 불교와 일반시스템이론이 주목받고 있다. 불교와 일반시스템이론은 시기적, 문화적으로 그리고 자료와 방법 등에서 서로 거리가 먼 사상체계이다. 뿐만 아니라 불교는 인간의 삶의 문제를 다루는 종교사상이고, 일반시스템이론은 과학에서 비롯된 하나의 학제적 접근방식이다.

이렇게 모든 점에서 외견상 상이한 두 사상이지만, 조애너 메이시(Joanna Macy)는 그의 저서 『불교와 일반시스템이론』(*Mutual Causality in Buddhism and General Systems Theory*)[2]에서 불교와 일반시스템이론은 동질의 사상적 구조를 지니고 있으며, 그 동질적인 구조가 바로 우리시대가 요청하는 패러다임이라고 주장한다. 그는 불교와 일반시스템이론의 동질성을 인과율에 대한 관점의 일치에서 찾는다. 우리는 지금까지 원인과 결과 사이의 관계를 일방적, 단일방향적인 관계로 생각해 왔는데, 불교와 일반시스템이론에서는 인과관계를 상호의존적인 관계로 본다는 것이다.

메이시는 인과율을 인간의 삶과 세계관의 토대로 본다. 인과율, 즉 원인과 결과에 대한 가설은 우리의 삶 전반에 깊이 스며들어 있으며, 우리들의 세계관에도 내재하고 있고, 우리의 모든 기획에도 작용한다

---

2) 이 책은 필자에 의해 『불교와 일반시스템이론』이라는 재목으로 번역되어 2004년에 불교시대사에서 출간되었다.

는 것이다. 그는 이러한 인과율을 쿤((Thomas S. Khun)이 이야기한 패러다임으로 이해한다. 그리고 현대는 선형인과율에서 상호인과율로의 인과 패러다임의 전환이 일어나고 있으며, 이러한 인과율에 대한 새로운 관점이 우리의 생각과 행동을 변화시키는 핵심이 될 것이라고 전망한다.[3)]

메이시는 인과율에 주목하여 패러다임 전환의 방향을 선형인과율에서 상호인과율로의 전환이라고 이야기하는데, 새로운 패러다임으로서의 불교와 일반시스템이론이 기존의 기계론적 패러다임과 구별되는 공통된 특징들은 인과율을 중심으로 다양한 측면에서 이야기될 수 있다. 따라서 인과율을 중심으로 불교와 일반시스템이론의 다양한 특징들을 살펴보고, 현대의 위기를 극복하기 위해 불교와 일반시스템이론이 지향하는 윤리를 전망하고자 한다.

2. 일반시스템이론과 인공두뇌학(cybernetics)

17세기 서양 근세철학자 데카르트(René Descartes)는 분석적 사고방법을 창안했다. 그 방법은 복잡한 현상을 부분으로 잘게 나누어, 그 부분들의 특성을 통해 전체의 움직임을 이해하려는 시도였다. 데카르트의 자연관은 정신과 물질이라는 두 개의 독립적인 영역들 사이의 근본적인 구분을 기초로 삼고 있었다. 데카르트의 입장에서 생물을

3) 조애너 메이시, 『불교와 일반시스템이론』, 이중표 역(서울: 불교시대사, 2004), pp. 30-32 참조.

포함하는 물질적 우주 전체는 하나의 기계였고, 이론상 그 기계는 가장 작은 부분으로 완전히 분해시킴으로써 이해될 수 있었다.[4] 이러한 기계론적 우주관은 그 후 20세기에 이르기까지 서구의 과학과 철학을 지배하는 패러다임이 되었다.

19세기 후반 들어 새로 개발된 정확한 현미경과 생화학이라는 새로운 과학의 발전은 생물학자들에게 생명의 모든 특성과 기능은 궁극적으로 화학법칙과 물리법칙에 의해 설명될 수 있다는 확신을 주었다. 19세기 생물학이 이룩한 세포이론, 발생학, 미생물학 등은 생물학자들 사이에서 기계론적 개념을 확고한 도그마로 정립시켰다. 그러나 이러한 성과는 그 내부에 반동의 물결을 몰고 올 씨앗을 잉태하고 있었다. 세포생물학이 수많은 세포의 하부 단위들의 구조와 기능에 대한 이해에서 큰 진전을 이루었지만, 그 세포들이 전체로 어떤 기능으로 통합되어 들어가는지에 대해서는 거의 무지한 상태를 벗어나지 못했기 때문이다.[5]

20세기 초에 생물학에서 기계론에 반대하는 유기체설 생물학이 등장하였다. 유기체설은 생물학을 물리학과 화학으로 환원하는 데 반대했다. 유기체설 생물학자들은 물리와 화학법칙들이 유기체에 적용 가능하지만, 그런 법칙만으로는 생명이라는 현상을 이해하는 데 불충분하다고 생각했다. 유기체, 즉 생물의 움직임은 그 부분에 대한 연구만

---

4) 프리초프 카프라, 『생명의 그물』, 김용정 · 김동관 역(서울: 범양사출판부, 1998), pp. 36-37.

5) 위의 책, pp. 41-43 참조.

으로는 올바로 이해될 수 없으며, '전체는 부분의 합 이상의 그 무엇'이라는 것이다.[6)]

유기체설의 초기 주창자 중 한 사람인 로스 해리슨(Ross Harrison)은 조직이라는 개념을 탐구했고, 그 후 이 개념은 생리학의 기능(function)이라는 개념을 대체하게 되었다. 기능에서 조직으로의 전환은 기계론에서 시스템적 사고로의 전환을 나타낸다. 해리슨은 구성(configuration)과 관계(relationsship)를 조직의 두 가지 중요한 측면으로 간주했다. 생화학자인 로렌스 헨더슨(Lawrence Henderson)은 생물체계와 사회체계 모두를 나타내는 데 '시스템'이라는 개념을 처음 사용했다. 그 후 시스템이라는 말은 그 부분들 사이의 관계에서 본질적인 특성이 발생하는 통합된 전체를 뜻하게 되었으며, '시스템적 사고'는 어떤 현상을 보다 큰 전체라는 맥락 속에서 이해하는 것을 가리키게 되었다.[7)]

20세기 전반부에 유기체설 생물학자들에 의해 개진되었던 개념들은 연결성, 연관성, 맥락 등의 측면에서 '시스템적 사고'라는 새로운 사고방식을 낳았다. 이러한 시스템적 관점에서 볼 때, 유기체, 즉 생물시스템의 가장 본질적인 특성들은 그 부분들이 가지고 있지 않은 전체의 특성들이다. 이 특성들은 부분들 사이의 상호작용과 연관성에서 발생한다. 이 시스템이 물리적으로나 이론적으로 분리되어 고립된 요소로 나뉘어 질 때 이러한 특성들은 사라진다. 우리는 모든 시스템에서 그 개별부분들을 식별할 수 있지만, 이 부분들은 고립되어 있는

6) 위의 책. pp. 43-44.

7) 위의 책, p. 46.

것이 아니다. 그리고 전체의 성질은 항상 그 부분들의 단순합과는 다르다.[8)]

시스템적 사고의 출현은 서구의 과학적 사고의 역사에서 일대 혁명이었다. 모든 복잡계에서 전체의 움직임이 그 부분들의 특성을 통해 완전히 이해될 수 있다는 믿음이 데카르트적인 패러다임의 핵심이었다. 이러한 데카르트의 분석적 사고방식은 근대 과학적 사고의 가장 본질적인 특성으로 기능해왔다. 20세기 과학의 가장 큰 충격은 시스템이 분석에 의해 이해될 수 없다는 것이었다. 시스템을 이루는 부분들의 특성은, 부분이 지닌 고유한 특성이 아니라, 보다 큰 전체의 맥락 속에서만 이해될 수 있는 것이다. 부분과 전체 사이의 관계가 역전된 것이다. 시스템적 접근방식에서 부분들의 특성은 전체의 조직이라는 측면에서만 이해될 수 있다. 따라서 시스템적 사고는 기본적인 '구성재료'에 초점을 맞추는 것이 아니라, 기본적인 '조직원리'에 강조점을 둔다. 시스템적 사고는 분석적 사고에 반대된다는 점에서 '맥락적(contextual)'이다. 분석이란 어떤 대상을 이해하기 위해 잘게 나눈다는 뜻인데, 시스템적 사고는 어떤 대상을 이해하기 위해 그 대상을 보다 큰 전체라는 맥락 속으로 통합시킨다.[9)]

시스템이 분석에 의해 이해될 수 없으며, 전체 속으로 통합된다는 깨달음은 생물학보다 물리학에 훨씬 큰 충격을 주었다. 뉴턴 이래로 물리학자들은 모든 물리현상이 분명하고 확실한 물질입자들의 특성

8) 위의 책, pp. 48-49.

9) 위의 책, p. 49.

으로 환원될 수 있다고 믿어왔다. 그러나 1920년에 양자론이 수립되자, 물리학자들은 고전물리학의 확실한 물질이 원자 이하의 수준에서는 확률의 패턴으로 해체될 수 있음을 받아들이지 않을 수 없게 되었다. 게다가 이 패턴들은 물질의 확률이 아니라 상호연관성의 확률을 나타낼 뿐이다. 원자 이하 수준의 소립자들은 개별적인 실체로는 아무런 의미도 갖지 않으며, 여러 가지 관찰과 측정과정에서의 상호연관성 또는 상호관계로만 이해될 수 있을 뿐이다. 다시 말하면, 소립자들은 '물질'이 아니라 물질들 사이의 상호관계이며, 이 상호관계는 다시 다른 물질들 사이에서 일어나는 상호관계이고, …… 이런 식으로 계속되는 것이다. 양자론에서는 어떤 물질도 찾아낼 수 없다. 우리는 항상 상호관계를 다루고 있는 것이다.[10)]

양자론의 형식론에서 이러한 관계들은 확률로 표현된다. 그리고 이 확률은 전체적인 시스템의 동역학에 의해 결정된다. 고전역학에서는 부분의 특성과 움직임이 전체를 결정하지만, 양자역학에서는 상황이 역전되어 전체가 부분의 움직임을 결정한다.[11)]

생물학과 물리학뿐만 아니라, 심리학을 비롯한 여타의 분야에서도 기계론적 사고에서 시스템적 사고로의 전환이 일어났으며, '시스템'과 '시스템적 사고'라는 말은 여러 과학자들에 의해 사용되었다. 이러한 시스템적 사고를 중요한 과학적 운동으로 수립한 것은 베르탈란피(Ludvig von Bertalanffy)의 열린 시스템(open system)과 일반시스템이론이

10) 위의 책, p. 50.

11) 위의 책, p. 51.

었다. 오스트리아의 생물학자 베르탈란피는 다른 유기체설 생물학자들과 마찬가지로, 그 역시 생물학적 현상이 기존의 물리과학의 방법을 넘어서는 새로운 사고방식을 필요로 한다고 굳게 믿고 있었다. 그는 그동안 과학을 떠받쳐 왔던 기계론적 토대를 전체론적 시각으로 바꾸어 내는 작업을 시작했다.[12)]

그에 의하면 일반시스템이론은 '전체성(wholeness)'의 보편과학이다.

> 일반시스템이론은 오늘에 이르기까지 애매모호한 준형이상학적(準形而上學的)인 개념으로 받아들여져 온 '전체성(wholeness)'의 보편과학이다. 그 정교한 형태에서 일반시스템이론은 수학분야에 속하며, 그 자체로는 순수하게 형식적이지만 여러 경험과학의 분야들에 적용할 수 있다.[13)]

베르탈란피의 '전체성의 보편과학'에 대한 관점은 시스템이라는 개념과 원리를 다른 연구 분야에도 적용할 수 있다는 그의 관찰에 기반을 두고 있다. 그는 이렇게 설명했다. "여러 다른 분야들 속에서, 일반개념들, 심지어는 특수한 법칙들까지도 유사하게 나타난다는 사실은 그것들이 시스템과 연관되어 있고, 그 특정한 일반원리들을 그 성질과는 무관하게 시스템에 적용할 수 있다는 사실의 결과이다." 살아있는 시스템이 생물개체에서 그 부분, 사회적 시스템, 생태계에 이르기까지 매우 폭넓은 현상들의 범위에 걸쳐있기 때문에, 베르탈란피는 일반시스템이론이 지금까지 고립되고 단편화되어왔던 여러 과학들을

12) 위의 책, p. 2.

13) 위의 책, p. 72.

하나로 통합시키는 이상적인 개념적 틀을 제공할 것이라고 확신했다. 베르탈란피는 자신의 예상이 실현되는 것을 보지 못하고 1972년 세상을 떠났지만, 그의 사후에 지금까지 생명, 정신, 그리고 의식에 대한 시스템적 개념들이 등장하여, 분야간의 경계를 뛰어넘어, 형식적으로 분리되어왔던 여러 연구 분야들을 하나로 통합시킬 수 있다는 가능성을 높여주었다.[14)]

베르탈란피가 일반시스템이론을 연구하는 동안, 자동조절기계를 개발하기 위한 시도는 전혀 다른 연구 분야에 도달하게 되었다. 이 분야는 이후 생명에 대한 시스템적 관점의 발전에 중요한 기여를 했다. 여러 분야에서 이끌어 낸 이 새로운 과학은 의사소통과 제어라는 문제에 대한 새로운 통합적인 접근을 대표하는 것으로서 위너(Norbert Wiener)에 의해 촉발되어 '인공두뇌학(cybernetics)'란 이름을 얻게 되었다.[15)]

인공두뇌학은 등장하자마자 강력한 지적 운동이 되었다. 그것은 독자적으로 유기체설생물학과 일반시스템이론을 수립했다. 인공두뇌학자들은 생물학자도 생태학자도 아닌 수학자, 신경과학자, 공학자들이었다. 그들은 서로 다른 수준의 기술에 관여하면서 의사소통의 패턴들에 관심을 집중하고 있었다.[16)]

유기체생물학의 두드러진 특징이었던 조직에 대한 주의의 집중은

14) 위의 책, pp. 75-76.
15) 위의 책, p. 77.
16) 위의 책, p. 78.

인공두뇌학에서도 관심의 초점이 되었다. 특히 위너는 생명을 과학적으로 기술하는 데 결정적으로 중요한 조직의 패턴을 설명하는 데 사용되는 '메시지', '제어' '피드백(feedback)' 등과 같은 새로운 개념들을 인식하고 있었으며, 동물과 기계에서 공통적으로 나타나는 의사소통과 제어의 패턴(pattern)에서 생명의 핵심적인 특성인 일반적인 패턴의 개념으로 패턴이라는 개념을 확장시켰다. 그는 생명을 사물이 아니라 패턴으로 인식했다. 그는 1950년에 "우리는 끝없이 흘러가는 강물 속의 소용돌이에 불과하다. 우리는 지속되는 물질이 아니라 스스로 영속하는 패턴이다."라고 말했다.[17]

최초의 인공두뇌학자들은 정신현상의 배후에 깔려있는 신경 메커니즘을 발견하고, 그것을 명확한 수학적 언어로 표현하는 것을 목표로 삼았다. 유기체생물학자들이 데카르트의 이분법에서 물질적 측면을 다루면서 기계론에 반기를 들고 생물학적 형태를 탐구해 나간 반면, 인공두뇌학자들은 정신적인 측면에 관심을 기울였다. 그들은 처음부터 엄밀한 마음의 과학(science of mind)을 창조하려는 의도를 가지고 있었다. 이러한 접근방식이 동물과 기계에 공통된 패턴들에 관심을 집중시킨다는 측면에서 매우 기계적인 것이었음에도 불구하고, 이후 밝혀진 정신현상의 시스템 개념에 엄청난 영향을 미친 수많은 새로운 관점들을 포함하고 있었다. 실제로 뇌와 마음에 대한 통일된 과학적 개념을 제공하는 오늘날의 인지과학의 뿌리는 인공두뇌학의 초기까지 곧장 거슬러 올라갈 수 있다.[18]

---

17) 같은 책.

이와 같이 인공두뇌학과 일반시스템이론은, 사고의 틀이 근본적으로 일치하기 때문에, 오늘날 일반시스템이론이라는 개념은 환원불가능한 통일체, 즉 모든 시스템에 적용되는 정합적인 원리들의 집합의 의미로 사용되며, 인공두뇌학(cybernetics)이라는 개념과 상호 대체 가능한 개념으로 이해되고 있다.

3. 상호인과율(mutual causality)과 연기설

불교와 일반시스템이론의 가장 중요한 공통점은 인과율에 대한 관점이다. 우리는 지금까지 원인과 결과 사이의 관계를 원인이 결과에 일방적으로 영향을 미치는 일방적 · 단일 방향적인 관계로 생각해 왔다. 메이시는 이러한 인과관계를 '선형인과율'이라고 부르면서 다음과 같이 이야기한다.

> 인과적 효과의 방향은 창조자에서 피조물로, 행위자의 행위(작용)에서 피행위자에게 나타난 결과로 향해 있다. 이 인과모델이 의미하는 것은 결과 B에는 그것의 원인 A로 역추적할 수 없는 새로운 작용은 없다는 것이다. 바꾸어 말하면 A 속에는 다름 아닌 바로 B 속에 있는 만큼의 정보가 있다는 것이다. 과학적인 탐구에 작용하고 있는 이 가정의 귀결은 결과 B 속에 있는 차별적 특징들은 반드시 원인 A 속에 있는 유사한 특징들에 상응해야 한다는 것이다. 따라서 유사한 원인들은 유사한 결과들을 산출하고, 서로 다른 결과들은 서로 다른 원인들로부터 나온다고 가정된다.
>
> 동일한 논리에 의해서 B가 C에 작용하고, 다시 C는 D에 영향을 주는 방

---

18) 위의 책, p. 79.

> 식으로 계속되는 인과의 고리들이 나타난다.
>
> 이 고리들은 마치 명령 계통처럼 일련의 결과들 속에서 인과적 추진력이나 효과를 계속해서 전달한다. 이 원인과 결과의 고리들에 의해 설명과 예상이 이루어진다. 설명이란 그 연결 고리를 역추적하여, 무엇이 그 모든 것을 출발시켰는지를 발견하도록 계획된다. 예상이란 그 고리를 앞으로 추정함으로써 이루어진다. 여기에서 작용하는 가정은 현재에 관한 완전한 지식(비록 가설적이기는 하지만)으로부터 과거와 미래가 추론될 수 있다는 것이다.
>
> 단일 방향적 인과의 흐름은 '선형적'(linear)이라고도 불린다. 물리학과 수학에서 '선형적'이라는 용어는, 그 공식을 도식화했을 때 직선을 그리는 균일한 진행을 의미한다. 정보 용어로 말하자면 선형적 인과관계에서는 입력이 전달한 정보의 양에 비례해서, 입력이 출력을 결정한다. 하나의 예로 자판을 두들기면 글자를 찍어내도록 정해져 있는 타자기와 같은 단순한 기계를 들 수 있다. 타자기는, 메모리에 저장된 정보들이 인쇄를 공동으로 결정하는 컴퓨터와는 대조적으로, 자판 하나가 글자 하나를 찍도록 결정되어 있다. 통속적인 용례에서 볼 수 있듯이 '선형적'이라는 용어는 '예측 가능한', 그리고 '기계적인'이라는 의미를 함축하고 있다.[19]

이와 같은 선형인과율에 토대를 둔 서양 근세의 기계론적 고전과학은 전체는 전체를 이루는 부분에 의해 이해될 수 있으며, 어떤 실체나 유기체의 본성은 그것의 물질적이며 외적으로 관찰 가능한 구성요소로 환원함으로써 파악될 수 있다고 전제했다.[20] 이러한 분석적 방법은 수많은 과학적 성과를 이루었지만 많은 문제점을 노출하였다.

선형인과율은 결정론과 우연론 가운데 하나를 선택해야 하는 양자택일로 귀결되었다. 선형인과율에 의하면 모든 원인과 잠재력은 초기

---

19) 조애너 메이시, 앞의 책, pp. 32-33.

20) 위의 책, p. 124.

상태로 선형적으로 거슬러 올라가 찾을 수 있고, 장기간 움직이게 하는 힘으로 환원할 수 있다고 가정되었다. 그런데 면밀한 관찰의 결과, 현상들이 그런 방식으로 작용하지 않는다는 사실이 드러나자, 인과율을 전적으로 포기하고, 세계를 우연적인 것으로 보는 견해가 하나의 귀결로 나타났다. 우리는 초기상태에 의해 예정된, 진정 새로운 것은 나타날 여지가 없는 시계장치 같은 우주 속에 살고 있거나, 아니면 이 우주는 우연한 법칙에 의해서 단지 통계적으로 결정되는 원자들의 맹목적이고 무의미한 활동인 것이다. 이 양자택일이 현대세계에서 우리가 겪는 정신적 혼란의 한 요인이며, 이 양자택일의 바탕이 되는 선형인과율도 과학적 과제를 설정하고 증명하는 데 부적절하다는 것이 점차로 입증되었다.[21]

일반시스템이론은, 다양한 영역 속에 있는 일정한 것의 관찰을 토대로 하는 일종의 메타 학문으로서, 단일방향 인과개념들이 두 개의 변수를 지닌 문제들에는 타당하지만, 다수의 변수를 지닌 복잡한 시스템에는 유익하게 적용될 수 없다는 사실에 대한 인식과 함께 발전했다. 두 개 이상의 전자를 가지고 있는 원자들의 전자궤도 패턴에서든, 자신의 평형을 유지하고 있는 생명체적 유기체의 전기화학적 패턴에서든, 변수들은 상호간에 조건이 되고 있으며, 또한 선형적 인과의 고리로 환원될 수 없는 것으로 밝혀졌다. 그 결과 시스템적 견해는 실체가 아니라 과정 — 그 과정 속에서 원인과 결과는 더 이상 범주적으로 분리될 수 없는 — 에 초점이 맞추어졌다.[22]

21) 위의 책, pp. 124-125 참조.

자동유도대공미사일의 창안과 설계는 개념적 도약, 즉 '서로 상호작용하는 요소들의 시스템'을 구상하는 방식을 제공했다. '피드백(feedback)'이라고 불리는 — 미사일이 스스로의 탄도를 감시하고 수정할 수 있게 해 주는 — 과정은 자연계에서 스스로를 유지하고 조직하는 생물학적 시스템의 능력과 유사하다는 것이 밝혀졌다. 그것은 분자든, 포유동물이든, 질서가 있고 의도를 가진 패턴들이 어떻게 부동의 원동자나 목적인에 의지하지 않고서도 존속하고 진화할 수 있는지를 보여주었다. 네거티브 피드백(negative feedback)은 엔트로피의 힘에 대항해서 항상성(homeostasis)을 가지고 자신을 유지하는 평형상태에 있는 시스템의 작용을 설명할 수 있었으며, 반면에 포지티브 피드백(positive feedback)은 어떻게 시스템이 변화할 수 있고, 성장할 수 있고, 복합체가 될 수 있는지를 명확하게 설명했다. 양자는 시스템이 어떻게 에너지와 정보의 교환과 처리를 통해서 통합적인 네트워크(networks)로서 작용하는지를 설명해 주었던 것이다.[23]

시스템 과학자들은 자신들의 연구로부터 나온 개념들과 데이터의 중요성을 표현하려고 할 때, **순환적 인과관계**(cyclical causality), **호혜적 인과관계**(reciprocal causality), **상호적 인과관계**(mutual causality), 또는 **상호결정**(interdetermination)과 같은 용어들을 사용했다. 자연과학에 종사하는 시스템이론가들에게 이 인과관은 예정된 시계장치 같은 우주로서의 모형이든, 맹목적이고 우발적인 우연의 작용으로서의 모형이든,

22) 위의 책, pp. 44-45.

23) 위의 책, pp. 45-46.

자연에 대한 과거의 모형들에 대해 설득력 있는 대안을 제공한다. 그리고 그것은 사회과학에 종사하는 시스템이론가들에게는 자극 - 반응이라는 선형적 모형을 가지고 있는 행동주의(behaviorism)의 오류를 설명해 준다. 그것은 또한 사회과학자로 하여금, 예를 들면 학교, 직장, 주택, 그리고 건강 사이의 상호인과관계에 대한 고려 없이, 분리된 원인들을 가지고 사회 문제를 진단하고 프로그램을 수립하는 것이 부적절하다는 것을 깨닫고, 설명할 수 있게 했다. 그들은 이러한 상호적 인과관을 지적 혁명을 예고하는 것으로, 그리고 우리 시대에 나타나고 있는 새로운 문화 패러다임의 중심으로 보고 있으며, 그러한 점에서 그것을 공생적이고, 협동적(synergistic)이고, 다원주의적이고, 상호주의적이라고 기술하고 있다.[24]

시스템 분야의 개척가인 아나톨 라포폴트(Anatol Rapoport)는 고대 세계에는 인과관계에 대한 과정 위주의 개념을 위한 '분석적 도구들'이 존재하지 않았다고 생각하는 반면, 마고로 마루야마(Magoroh Maruyama)와 같은 다른 사람들은 상호인과율이 많은 '비과학적' 문화들의 세계관이었음을 지적한다. 마루야마는 사실상 그러한 세계관이 여타의 세계에서, 그리고 전 역사를 통해 인간 사고의 대부분을 특징지어 왔으며, 이제는 현대의 서양이 시대에 뒤떨어진 선형적 견해를 폐기하고, 다른 세계를 뒤따라 잡아야 할 때라고 제안한다.[25]

불교는 이러한 인식에서 관심의 대상이 된다. 인류의 역사 속에서

---

24) 위의 책, p. 46.

25) 위의 책, pp. 46-47.

선형적 견해를 폐기하고 새로운 대안을 찾을 때, 불교는 시스템적 사고와 일치하면서 인간의 삶, 즉 윤리적인 측면에서 확실하고도 체계적인 내용을 지닌 대안으로 인식되고 있는 것이다.

불교와 일반시스템이론을 최초로 비교 연구한 메이시는 다음과 같이 이야기한다.

> 시스템적 사고는 선형적 인과의 관점에서는 접근하기 쉽지 않은 불교사상을 조명할 수 있는 설명과 유비를 제공한다. 시스템이론은 또한 붓다가 가르쳤던 인과의 원리가 현상세계에 두루 작용하고 있다는 것을 보여주는 폭넓은 자료를 제공한다. 한편 불교는 과정에 대한 시스템철학의 견해가 함축하고 있는 실존적, 종교적, 윤리적 의미를 드러내준다. 불교는 자기 조직적 시스템들의 발생과 상호작용 속에서 고통의 원인이 무엇이고, 고통으로부터 해탈할 수 있는 원인이 무엇인가를 우리에게 알려준다.[26)]

이것은 우리가 불교를 일반시스템이론과 함께 논의해야 할 필요성을 밝힌 것이다. 첫째, 우리는 시스템이론을 통해 불교를 보다 쉽게 이해할 수 있고, 둘째, 불교의 진리가 종교적인 도그마가 아니라 현상세계에 두루 미치는 보편적 진리임을 확인할 수 있고, 셋째, 과학이론인 시스템이론의 내면에 깃들어 있는 윤리적 의미를 불교를 통해 발견할 수 있기 때문이라는 것이다.

우리시대가 새로운 패러다임을 요청하고 있고, 그 패러다임은 우리에게 세계에 대한 새로운 이해와 행동양식을 제공해야 한다고 할 때, 이러한 필요성에 의해 불교와 일반시스템이론을 상보적으로 이해하

---

26) 위의 책, p. 18.

는 일은 매우 바람직한 일로 생각된다. 일반시스템이론은 우리에게 세계를 과학적으로 이해하는 데 도움을 주고, 불교는 그러한 세계 이해에서 '우리는 어떻게 행위 할 것인가'에 대한 윤리적인 문제의 답을 제공할 수 있기 때문이다.

일반시스템이론이 선형인과율로는 자연현상을 설명할 수 없다는 반성에서 나온 것이라면, 불교는 선형인과율로 인간의 행동, 즉 윤리를 설명할 수 없다는 반성에서 나온 것이다. 주지하듯이, 붓다 당시의 인도 사상계는 브라만(Brahman)을 창조신으로 생각한 바라문교(Brahmanism)의 전변설(轉變說)과 사대(四大)와 같은 요소들의 이합집산으로 세계를 설명한 자유사상가(śrāmaṇa; 沙門)들의 적취설(積聚說)이 대립하고 있었다. 붓다는 이들의 사상적 대립은 '시작과 끝에 관한 견해에 의존하는(pubbanta-sahagatā diṭṭhi-nissayā; aparanta-sahagatā diṭṭhi-nissayā)' 것으로서 모두가 사견(邪見)이며 희론(戱論)이라고 비판한다.[27] 붓다에 의하면 자아와 세계가 시간적 · 공간적으로 유한한가, 무한한가, 영혼과 육신은 동일한 것인가, 별개의 것인가, 열반을 성취한 여래는 영원히 존재하는가, 그렇지 않은가, 자아의 본질은 물질적인 것인가, 정신적인 것인가, 자아와 세계는 스스로 생긴 것인가, 다른 것이 만든 것인가 등을 거론하는 것은 모두가 시작과 끝에 관계되는 논의로서 사견(邪見)이다.

시작과 끝은 실체적 개념에서 비롯된 것이다. 강과 바다는 명확한

---

27) *The Dīgha Nikāya,* ed. J. Estlin, vol. 3(London: P.T.S., 1976), pp. 137-141 참조.

경계선이 없다. 강의 끝과 바다의 시작은 실재하지 않는다. 그러나 우리는 흐르는 물을 바다와 강이라는 개념으로 구분한다. 이와 같이 시작과 끝은 개념으로 사물을 분별할 때 나타난다. 즉 개념을 실체화할 때 시작과 끝이 문제되는 것이다. 붓다가 시작과 끝에 관계되는 논의를 사견이라고 비판한 것은 개념을 실체화 한 실체론을 비판한 것이다.

붓다는 실체적 개념을 놓고 대립하는 견해들은 결코 윤리의 근거가 될 수 없다고 비판한다.

> 영혼(命)이 곧 육신(身)이라고 주장하기도 하고, 영혼과 육신은 서로 다르다고 주장하기도 하지만 이들 주장의 의미는 한 가지인데 갖가지로 다르게 주장될 뿐이다. 만약 영혼이 곧 육신이라고 한다면 거기에는 범행(梵行; 윤리적 실천)이 있을 수 없으며, 영혼과 육신이 다르다고 해도 범행은 있을 수 없다. 그러므로 이들 이변(二邊)을 따르지 말고 마음을 바르게 하여 중도(中道)로 향할지니, …… 소위 무명(無明)을 연하여 행(行)이 있고, ……[28]

영혼이 곧 육신이라는 주장은 유물론적 자유사상가들의 견해이고, 영혼과 육신이 다르다는 주장은 바라문교의 견해이다. 붓다는 이들 견해가 모두 인간의 윤리적 실천에 대한 근거를 마련해주지 못한다는 의미에서 다를 바 없다고 비판한다. 그리고 중도(中道), 즉 연기설에 의지할 때 우리는 윤리적 실천의 근거를 마련할 수 있다고 이야기한다.

---

28) 『雜阿含經』 권 12(『大正新脩大藏經』 2, p. 84c)의 필자 번역.

왜 이들 견해는 윤리적 실천의 근거를 마련해주지 못하는 것일까? 『중아함경(中阿含經)』에서는 다음과 같이 이야기한다.

> 어떤 사문과 범지는 일체는 모두 숙명의 조작에 의한 것이라고 주장하고, 또 어떤 사문과 범지는 존우(尊祐)의 조작에 의한 것이라고 주장하며, 어떤 사문과 범지는 인(因)도 없고 연(緣)도 없다고 주장한다. …… 그러나 비구들이여, 숙작인(宿作因)이나 존우작인(尊祐作因)이나 무인무연(無因無緣)에 의지하면, 거기에는 하고자 하는 욕구도 있을 수 없고, 노력도 있을 수 없으며, 이 행위는 해야 하고 이 행위는 해서는 안 된다는 당위성도 있을 수 없게 된다.[29]

우리는 여기에서 선형인과율에 의해 나타나는 결정론과 우연론의 모순 대립을 본다. 메이시는 "이러한 대립적인 비불교적 견해들은 그 견해들을 규정하고 분류하는 도식이 제아무리 다를지라도 선형적(線形的)이다. 베다(Veda)의 관점에서 변화는, 그것을 참된 것으로 보든, 거짓된 것으로 보든, 영원불변하는 실체로부터 비롯되거나 만들어진 것으로 간주된다. 비(非)베다적 논법에 의하면, 이러한 인과관계는 철저히 부정되거나, 철저한 결정론으로 변형된다. 인과율을 긍정했든, 공격했든, 이들은 인과관계를 단일 방향적인 것으로 인식했다."[30]고 지적한다. 인과관계를 단일 방향적으로 인식하면, 결과는 원인에 의해 결정된 것이 된다. 과거에 존재한 원인에 의해 미래의 우리의 삶이 결정되어 있다면, 우리는 해야 할 일과 해서는 안 될 일을 선택할 수

29) 『中阿含經』 권 3(『大正新脩大藏經』 1, p. 435ab)의 필자 번역.
30) 조애너 메이시, 앞의 책, p. 66.

가 없기 때문에, 자유의지를 인정할 수가 없다. 우연론도 마찬가지다. 미래의 삶이 현재의 행위와 아무런 인과관계가 없다면, 우리는 미래를 위하여 해야 할 일을 선택할 수가 없을 것이다. 붓다는 이와 같이 자유의지를 부정할 수밖에 없는 선형인과율적 사고를 비판했다.

붓다의 연기설은 인과관계를 선형적 일방적 관계로 보지 않고 상호관계로 본다. 붓다의 연기설은 다음과 같이 설명된다,

> 이것이 있는 곳에 저것이 있고(imasmiṃ sati idaṃ hoti),
> 이것이 나타나면 저것이 나타난다(imassuppādā idaṃ uppajjati).
> 이것이 없는 곳에 저것이 없고(imasmiṃ asati idaṃ na hoti)
> 이것이 사라지면 저것이 사라진다(imassa nirodhā idaṃ nirujjati).[31]

이것과 저것은 동일한 장소에서 함께 나타난다. 이것과 저것은 상호의존하면서 나타나 있는 현상일 뿐, 이것이라는 존재가 저것이라는 존재의 원인이 아니다. 즉 이것과 저것은 시간적으로 선후관계에 있는 실체로서 선형적 인과관계를 맺고 있는 것이 아니라, 상호인과관계에 의해 함께 나타난 패턴이다. 따라서 연기설 의하면, 근본 실체나 제일원인(시작)은 없다. 붓다는 이러한 상호인과관계에 있는 패턴을 달마(dharma; 法)라고 부른다.

이러한 달마는 문법적으로 명사적이라기보다는 동사적이다. 붓다에 의하면 명사적 의미의 존재는 진리에 무지한 중생들이 개념을 조작하여 실체화한 것이다. 붓다는 『잡아함경』에서 다음과 같이 이야기

31) *Saṃyutta Nikāya*, ed. M. Leon Feer, vol. 2(London: P.T.S., 1970), p. 65.

한다.

> 비구들이여, 보는 자아(眼)는 생길 때 오는 곳이 없고, 사라질 때 가는 곳이 없다. 이와 같이 보는 자아는 부실하게 생기며, 생기면 남음 없이 사라지나니 **업보(業報)는 있으나 작자(作者)는 없다.**[32]

우리는 행위의 주체, 즉 작자가 행위를 일으킨다고 생각한다. 그리고 이러한 행위의 주체를 자아라고 생각한다. 그러나 붓다는 이러한 행위 주체의 존재를 부정한다. 눈이 보는 것이 아니라 보는 것을 눈이라고 부른다는 것이다. 인지하는 자아, 행위하는 자아는 실체로서 존재하는 것이 아니라, 조건에 의해 나타났다가 사라지는 무상한 것이다. 따라서 행위하는 실체는 없고, 오직 행위를 통해 상호 영향을 받는 관계, 즉 업보만 있다는 것이다. 이와 같이 불교에서는 연기설이라는 상호인과율에 의해 자아와 세계, 인간과 자연, 정신과 물질을 이원화된 실체로 보지 않고, 행위를 통해 서로 영향을 주고받는 상호관계에 있는 패턴으로 이해한다.

이러한 붓다의 무아설은 자아를 전적으로 부정하는 것이 아니다. '업보는 있으나 작자는 없다'는 것은 불변하는 실체로서의 자아는 존재하지 않으나, 행위를 통해 변화해 가는 과정, 즉 업보로서의 자아는 있다는 것이다. 착한 사람[作者]이 착한 일을 하는 것이 아니라, 착한 일[業]을 하면 착한 사람[報]이다. 이것이 무아설의 근본취지이다.

---

32) 『雜阿含經』 권 13(『大正新脩大藏經』 2, p. 92c), "眼生時無有來處 滅時無有去處 如是眼不實而生 生已盡滅 有業報而無作者"

인간의 본질은 영혼도 정신도 물질도 아니다. 모든 인간에게 공통된 인간의 본질이 존재하는 것은 아니다. 모든 인간은 자신이 선택한 삶에 의해 스스로를 이룬다. 즉 인간의 본질은 업이다. 『맛지마 니까야』의 *Cūḷakammavībhaṅgasuttaṁ*에서는 다음과 같이 이야기한다.

> 모든 중생은 업의 소유자이며, 업의 상속자이며, 업에서 나온 것이며, 업의 친척이며, 업을 의지처로 한다.[33]

행위의 주체를 자아로 보는 생각에서 우리는 세계를 주체와 객체로 나눈다. 이러한 세계관에서는 주체와 객체가 근본적으로 분리되어 대립한다. 주체는 객체가 될 수 없고, 객체는 주체가 될 수 없다. 주체는 행위를 통해 객체와 관계한다. 그러나 여전히 주체와 객체는 별개의 사물이다.

그러나 우리는 현실에서 행위를 통해 주체와 객체가 서로 영향을 주며 변해간다는 것을 알 수 있다. 신체적으로는 대사작용(代射作用)을 통해 끊임없이 외부의 사물이 내 몸으로 들어오고 나간다. 내 몸은 이렇게 외부의 물, 공기, 음식 등이 들어가고 나가는 가운데 유지되고 있기 때문에, 외부의 사물을 차단하면, 몸은 존재하지 못하고 사라진다. 정신도 외부와의 접촉을 통해 변화하며 유지된다. 외부와의 접촉이 완전히 단절된 상태에서는 어떤 정신적 작용도 나타날 수 없다.

몸도 마음도 행위를 통해 나타나고 유지된다. 따라서 업보를 자아

---

33) *Majjhima Nikāya*, ed. Robert Chalmers, vol. 3(London: P.T.S.) p. 203, "kammassakā, māṇava, sattā kammadāyādā kammayonī kammabandhū kammapaṭisaraṇā."

로 보는 세계관에서는 주체와 객체가 서로 인연이 되어 존재한다. 주체가 없으면 객체가 없고, 객체가 없으면 주체도 없다. 이와 같이 무아설에 의하면 주객의 분별, 시작과 끝의 분별은 무의미한 것이 된다.

이러한 연기설과 무아설이 불교윤리의 규범적 근거가 된다. 우리의 삶은 업을 통해 모든 존재와 연결되어 있다. 함께 연기하고 있는 것이다. 다양한 관계 속에서 존재하는 우리는 그 관계를 어떻게 맺을 것인가가 항상 문제된다. 내가 지금 상대하고 있는 사람과 친구가 될 것인가, 적이 될 것인가는 내가 선택하는 것이지, 결정되어 있지 않다. 지난날의 적을 친구로 만들 수도 있고, 지난날의 친구를 적으로 만들 수도 있다. 자연과 환경을 훼손하고 더럽히면, 우리는 훼손되고 오염된 자연과 환경 속에서 살게 된다. 자연과 환경을 보호하고 가꾸면, 우리는 아름답고 쾌적한 환경 속에서 살게 된다.

내가 그 사람의 친구가 되느냐, 적이 되느냐, 쾌적한 환경 속에서 살 것인가, 오염된 환경 속에서 살 것인가는 나의 선택과 행위, 즉 업에 의해 결정된다. 이와 같이 업은 자유의지에 의한 선택과 행위를 의미한다. 여기에서 우리에게 해야 할 일과 해서는 안 될 일, 즉 규범성이 주어진다.

연기를 깨닫지 못하고, 나와 남을 분별하고, 인간과 자연을 분리하면, 나와 남이 대립하고, 인간과 자연이 대립한다. 우리의 모든 고통과 문제는 이러한 무지에서 비롯된다는 것이 붓다의 판단이다. 따라서 붓다는 괴로움에서 벗어나 열반에 이르기 위해서는 무명에서 벗어나 연기를 깨달아야 한다고 강조한다.

연기의 자각은 우리에게 '나와 남', '인간과 자연'은 분리될 수 없다는 '자타불이(自他不二)'의 의식을 갖게 한다. 즉 업보로서의 자아는 자신의 신체나 자신의 정신이라는 좁은 자아의 틀에서 벗어나 모든 존재로 확장된다. 이러한 자아의 확장 속에서 자리(自利)와 이타(利他)는 대립하지 않고 합일된다. 남을 사랑하고 자연을 사랑하는 것이 곧 자신에 대한 진정한 사랑이 된다. 모든 것을 내 몸과 평등하게 대하는 '동체자비(同體慈悲)'의 실현이 우리가 실천해야 할 당위가 된다. 이와 같이 불교의 자비는 타자에 대한 동정심이 아니라 상호인과관계로 존재하는 인간의 삶에 내재(內在)하는 당위이다.

IV

진화론과 창조론의 문제

1. 진화론과 창조론의 문제점

붓다 당시의 인도 사상계에도 진화론과 창조론의 대립과 유사한 사상적 대립이 있었다. 브라만(Brahman)을 창조신으로 생각한 바라문교(Brahmanism)와 정통 바라문교를 부정하고 나타난 자유사상가(śrāmaṇa; 沙門)들의 대립이 그것이다.

바라문교에 의하면 이 세계는 영적 존재인 브라만이 전변한 것이다. 따라서 진정한 실재는 브라만이며, 인간의 참된 자아는 브라만과 동일한 정신적 실재인 아트만(Ātman)이다. 자유사상가들은 이러한 브라만과 아트만의 존재를 부정한다. 자유사상가들에 의하면 이 세계는 지(地), 수(水), 화(火), 풍(風)과 같은 요소들로 구성되어있다. 인간도 마찬가지이다. 인간은 아트만과 같은 영적인 존재가 아니라, 이들 요소가 일시적으로 결합해있는 상태이다. 인간의 의식은 영혼의 활동이 아니라 물질로부터 생긴 것이다.

붓다는 이들의 대립이 사견(邪見)에서 비롯된 무의미한 것이라고 비판한다. 『잡아함경』에서 붓다는 다음과 같이 이야기한다.

> 영혼(命)이 곧 육신(身)이라고 주장하기도 하고, 영혼과 육신은 서로 다르다고 주장하기도 하지만 이들 주장의 의미는 한 가지인데 갖가지로 다르게 주장될 뿐이다. 만약 영혼이 곧 육신이라고 한다면 거기에는 범행(梵行; 윤리적 실천)이 있을 수 없으며, 영혼과 육신이 다르다고 해도 범행은 있을 수 없다. 그러므로 이들 이변(二邊)을 따르지 말고 마음을 바르게 하여 중도(中道)로 향할지니, …… 소위 무명(無明)을 연하여 행(行)이 있고, ……[1)]

영혼이 곧 육신이라는 주장은 자유사상가들의 견해이고, 영혼과 육신이 다르다는 주장은 바라문교의 견해이다. 붓다는 이들 견해가 모두 인간의 윤리적 실천에 대한 근거를 마련해주지 못한다는 의미에서 다를 바 없다고 비판한다. 그리고 중도(中道), 즉 연기법에 의지할 때, 우리는 윤리적 실천의 근거를 마련할 수 있다고 이야기한다. 왜 이들 견해는 윤리적 실천의 근거를 마련해주지 못하는 것일까? 『도경(度經)』에서 붓다는 다음과 같이 이야기한다.

> 어떤 사문과 범지는 일체는 모두 숙명의 조작에 의한 것이라고 주장하고, 또 어떤 사문과 범지는 존우(尊祐)의 조작에 의한 것이라고 주장하며, 어떤 사문과 범지는 인(因)도 없고 연(緣)도 없다고 주장한다. …… 그러나 비구들이여, 숙작인(宿作因)이나 존우작인(尊祐作因)이나 무인무연(無因無緣)에 의지하면 거기에는 하고자 하는 욕구도 있을 수 없고, 노력도 있을 수 없으

1) 『雜阿含經』 권 12(『大正新脩大藏經』 2, p. 84c)의 필자 번역.

며, 이 행위는 해야 하고 이 행위는 해서는 안 된다는 당위성도 있을 수 없게 된다.[2)]

우리의 삶이 태어날 때 이미 숙명적으로 결정되어 있다면, 우리에게는 자유의지에 의한 행위의 선택과 그에 따른 책임이 있을 수 없게 될 것이다. 조물주에 의해 세상이 창조되고 유지된다고 해도 그렇고, 세상사가 우연하게 전개된다고 해도 그렇다. 우리가 행위를 선택할 수 있다는 것은 우리에게 자유의지가 있기 때문이다. 그리고 행위의 선택은 행위가 결과를 초래할 때 가능하다. 우리의 행위와는 관계없이 세상사가 숙명이나 조물주나 우연에 의해 지배된다면, 우리의 행위 선택은 무의미하고, 그 행위에 대한 책임이나 도덕적 판단도 무의미한 것이 된다.

기독교의 창조론과 자연과학의 진화론은 근본적으로 윤리적 근거를 제공하지 못하고 있다. 기독교에서는 종교적 신념으로 윤리를 이야기하지만, 그러한 윤리는 신념을 거부하면 무의미하게 되고, 자연과학은 인과율에 의하여 자연세계를 설명하지만, 인간의 삶에 대하여는 우연론을 벗어나지 못하고 있는 것이다.

창조론과 진화론은 주장은 서로 달리하지만 인과론적으로는 같은 기반 위에 서있다. 인과론은, 숨쉬는 공기와 같이 보이지 않지만, 우리의 세계관에 깊이 내재해 있다. 창조론과 진화론에 내재해 있는 인과론은 직선적/선형적, 단일방향적 인과론이다. 선형적 인과론은 원

---

2) 『中阿含經』 권 3(『大正新脩大藏經』 1, p. 435)의 필자 번역.

인에서 결과로의 방향이 한 방향이다. 즉 원인은 결과를 낳지만 결과는 원인에 아무런 영향도 줄 수가 없다.

이러한 인과 패러다임에서는 '제일원인이 무엇인가?'를 놓고 대립하지 않을 수 없다. 창조론은 제일원인을 창조주라고 주장하고, 진화론은 물질, 또는 물질에서 최초로 발생한 생물이라고 주장한다. 창조론과 진화론의 대립은 양자가 이러한 선형적인 단일방향 인과패러다임에 의존하여 제일원인을 상정하기 때문에 나타난 것이다.

붓다가 당시의 사상적 대립에 대하여 의미는 한 가지라고 이야기한 것은 바로 당시의 사상들이 선형적 인과론에 의지하고 있음을 지적한 것이다. 붓다는 이러한 인과론을 비판하고 연기설(緣起說)이라는 새로운 인과론을 제시했다. 붓다는 '이것이 있는 곳에 저것이 있고, 이것이 일어날 때 저것이 일어난다. 이것이 없는 곳에는 저것도 없고, 이것이 사라지면 저것도 사라진다.'고 이야기한다. 이것이 붓다의 연기설이며, 중도(中道)이다. 붓다가 당시 사상계에 대하여 표명한 중도는 대립을 피하기 위한 중립적 입장이 아니라 대립된 견해를 버리고 깨달은 새로운 입장인 것이다.

2. 시작과 끝을 논하는 것은 사견(邪見)이다

진화론과 창조론의 대립은 인간 생명의 시작이 무엇인가에 대한 견해의 대립이다. 인간 생명의 시작을 창조주의 창조로 보는 것이 기독교의 창조론이고, 물질의 진화로 보는 것이 자연과학의 진화론이다.

붓다는 시작과 끝을 논하는 것은 희론(戱論)이며, 사견(邪見)에서 비롯된 것이라고 했다. 『전유경(箭喩經)』은 이것을 밝힌 것이다. 『전유경』에서 붓다가 응답하지 않고 무기(無記)로 판정한 견해들은 다음과 같다.

(1) 世有常; 세계는 시간적으로 끝이 없다.
(2) 世無有常; 세계는 시간적으로 끝이 있다.
(3) 世有底; 세계는 공간적으로 끝이 있다.
(4) 世無底; 세계는 공간적으로 끝이 없다.
(5) 命卽是身; 영혼이 곧 육신이다.
(6) 命異身異; 영혼과 육신은 별개의 사물이다.
(7) 如來終; 여래는 죽는다.
(8) 如來不終; 여래는 죽지 않는다.
(9) 如來終不終; 여래는 죽으나, 죽지 않는다.
(10) 如來亦非終亦非不終; 여래는 죽지도 않고, 죽지 않지도 않는다.[3)]

이들 견해들이 가지는 공통점은 개념으로 정의된 어떤 사물의 시간적 공간적 한계, 즉 시작과 끝을 확정하고 있다는 점이다. 이러한 견해들에 대한 붓다의 무기(無記)를 지금까지는 대부분 형이상학에 대한 무관심으로 이해해 왔다. 그러나 필자는 이것을 형이상학에 대한 무관심이 아니라 사견(邪見)에 빠져서는 안 된다는 적극적인 표현으로 이해하고 있다.

이러한 필자의 이해는 필자의 독단적인 추론이 아니라 근본 경전에 명시된 사실이며, 용수(龍樹)도 『중론(中論)』의 결론 부분인 〈관사견품

3) 『中阿含經』 권 60(『大正新脩大藏經』 1, p. 804) 참조.

(觀邪見品)〉에서 다음과 같이 이야기하고 있다.

> 我於過去世 爲有爲是無 世間常等見 皆依過去世
> (dṛṣṭayo 'bhūvaṁ nābhūvaṁ kiṁ nv atīte 'dhvanīti ca/yāstāḥ
> śāśvatalokādyāḥ pūrvāntaṁ samupāśritāḥ//)
> 나는 과거세에 존재했을까, 존재하지 않았을까,
> 그리고 세간은 상주한다는 등의 견해들은 시작(pūrvānta; 前際)에 의거한다.

> 我於未來世 爲作爲不作 有邊等諸見 皆依未來世
> (dṛṣṭayo na bhaviṣyāmi kimanyo 'nāgate 'dhvani/
> bhaviṣyāmīti cāntādyā aparātaṁ samāśritā//)
> 나는 미래세에 존재하지 않게 될까, 존재하게 될까,
> 그리고 (세간은) 끝이 있다는 등의 견해들은 끝(aparānta; 後際)에 의거한다.[4)]

여기에서 용수가 의도하는 것은 시작과 끝을 논하는 것이 붓다가 무기(無記)로 판정했던 여러 사견, 즉 상견(常見)과 단견(斷見)의 근거임을 보여주려는 것이다.

시작과 끝을 논하는 것은 사견이며 희론(戱論)이라는 것을 붓다도 분명하게 밝히고 있다. 자아와 세계가 스스로 생긴 것이라는 견해(이것은 진화론의 입장이다.)와 다른 것이 만든 것이라는 견해(이것은 창조론의 입장이다.)에 대하여, 붓다는 『범동경(梵動經)』에서 이들은 '사물의 시작(pubbanta-sahagatā diṭṭhi-nissayā; 本生本見)과 끝에 관한 견해(aparanta-sahagatā diṭṭhi-nissayā; 未見未生)로서 모두가 사견(邪見)이며 희론(戱論)이

---

4) 『中論』, 김성철 역주, 경서원, pp. 461-462 참조. 한글은 필자 번역.

라고 비판한다.[5] 붓다에 의하면, 자아와 세계가 시간적으로나 공간적으로 유한한가, 무한한가를 거론하는 것, 영혼과 육신은 동일한 것인가 별개의 것인가를 거론하는 것, 열반을 성취한 여래는 영원히 존재하는가, 그렇지 않은가를 거론하는 것, 자아의 본질은 물질적인 것인가, 정신적인 것인가를 거론하는 것, 자아와 세계는 스스로 생긴 것인가, 다른 것이 만든 것인가를 거론하는 것 등은 모두가 사물의 시작과 끝에 관계되는 논의로서 사견(邪見)이다.

붓다는 왜 사물의 시작과 끝에 관한 견해는 모두가 사견이라고 비판하는 것일까? 『청정경(淸淨經)』에서는 다음과 같이 이야기한다.

> 이와 같은 주장을 붓다는 허락하지 않나니, 이들 견해 속에는 각기 결사(結使)가 있기 때문이다. …… 이들 사견(邪見)은 말만 있을 뿐이어서 함께 논의할 만한 내용이 없다. …… 이들 사문과 바라문은 모두 촉인연(觸因緣)으로 인하여 그러한 주장을 한다. 만약 촉인(觸因)을 떠난다면 그렇게 이야기할 수 있는 사람은 없다. 왜냐하면 육입신(六入身)으로 말미암아 촉(觸)이 생기고, 촉으로 말미암아 수(受)가 생기며, … 애(愛), … 취(取), … 유(有), … 생(生)으로 말미암아 노사우비고뇌(老死憂悲苦惱)의 대환음(大患陰)이 집기(集起)하기 때문이다. 만약 육입(六入)이 없으면 촉(觸)이 없고, …… 노사우비고뇌(老死憂悲苦惱)의 대환음(大患陰)이 집기(集起)하는 일도 없다. ……
>
> 만약 이 모든 사악한 견해를 멸하고자 한다면 사념처(四念處)에서 세 가지로 수행을 해야 한다. …… 사념처에서 세 가지로 수행하면 팔해탈(八解脫)이 있다.[6]

---

5) 『佛說長阿含經』권 14(『大正新脩大藏經』 1, pp. 88c-94a) 참조. ( ) 안의 빠알리어는 『梵動經』에 상응하는 *Dīgha Nikāya*의 *Brahmajāla Sutta*와 대조하여 필자가 기입함.

이 경에서 붓다는 이들 견해를 분석하여, 이 견해들이 사실에 근거한 주장이 아니라, 독단적이며 주관적인 판단이라고 비판한다. 그리고 이러한 견해들이 나오게 된 원인과 과정을 밝히고, 이러한 사견을 없애는 방법으로 사념처(四念處) 수행을 권하고 있다.

여기에서 붓다가 이야기하는 사견이 생기는 원인과 과정은 우리가 경험의 내용을 개념화하는 과정이다. 개념은 경험을 통해 얻은 여러 표상을 비교하여, 그 표상들이 가지고 있는 공통의 속성을 추상한 후에, 그것을 총괄하여 언어라는 기호를 붙이는 데서 성립된다. 따라서 개념의 성립은 (1) 표상(表象), (2) 비교(比較), (3) 추상(抽象), (4) 총괄(總括), (5) 명명(命名)의 과정을 밟아 완성된다.[7)]

붓다가 모든 사견의 원인이라고 지적한 촉(觸; phassa)에 대하여 『잡아함경』에서는 다음과 같이 설명하고 있다.

> 안(眼)과 색(色)을 인연으로 안식(眼識)이 생긴다. 이 셋의 화합이 촉(觸)이다, 촉(觸)에서 수(受), 상(想), 사(思)가 함께 일어난다.[8)]

우리가 감관으로 대상을 지각 할 때, 그 대상에 대한 의식이 발생하고, 그 의식이 발생해 있을 때, 자아가 외부의 대상을 접촉하고 있다고 느끼게 되는데, 이렇게 자아(眼)와 대상(色)과 의식(眼識)이 화합한 의식 — 지각표상(知覺表象) — 을 외부의 실재라고 느끼는 것이 촉

6) 『佛說長阿含經』권 12(『大正新脩大藏經』 1, p. 76ab)의 필자 번역.
7) 김준섭, 『논리학』(서울: 정음사, 1988), p. 33 참조.
8) 『雜阿含經』 권 11(『大正新脩大藏經』, 2, p. 72c)의 필자 번역.

(觸)이다. 이렇게 지각표상을 외부의 실재로 생각하기 때문에, 그것에 대하여 감정(受)과 사유작용(想)과 의지작용(思)이 발생한다는 것을 위의 경은 이야기하고 있다.

촉은 표상을 객관적 실재로 느끼는 의식이다. 붓다가 모든 사견은 촉에 의존하고 있다고 한 것은 모든 사견이 표상을 외부의 실재로 생각하는 데서 기인하고 있음을 지적한 것이다. 이와 같은 이해를 바탕으로 붓다가 사견의 성립과정이라고 이야기한 육입(六入) - 촉(觸) - 수(受) - 애(愛) - 취(取) - 유(有) - 생(生) - 노사(老死)의 연기과정을 살펴보자.

육입(六入)은 지각활동(六根)을 통해 형성된 자아의식이다. 즉 볼 때는 눈(眼)이 자아로 의식되고, 들을 때에는 귀(耳)가 자아로 의식된다. 이렇게 우리가 자아의식을 가지고 지각활동을 할 때, 그 자아의 외부에 자아에 의해 지각되는 대상이 실재한다는 의식, 즉 촉이 발생한다. 지각에 의해 형성된 표상을 외부의 실재로 생각하기 때문에, 그것에 대한 감정(受)과 사유작용(想), 의지작용(思) 등이 나타나서, 이들 표상들을 애착하게 되며(愛), 애착하는 것을 취하여 실체화하고(取) 여기에 이름을 붙여 개념화한다(有). 이러한 실체화와 개념화를 통해 경험의 내용을 실체로 이해함으로써, 우리는 그 실체화한 사물의 생멸(生滅), 즉 시작과 끝을 인식하게 된다.

붓다가 이야기하는 이러한 연기의 과정은 논리학에서 이야기하는 표상 - 비교 - 추상 - 총괄 - 명명의 순서로 이루어지는 개념화 과정과 크게 다르지 않다. 육입(六入)과 촉(觸)은 표상을 얻는 과정이고, 수(受)는 비교하는 과정이며, 애(愛)는 추상하는 과정이고, 취(取)는 총괄하

는 과정이며, 유(有)는 명명(命名)하는 과정이라고 볼 수 있기 때문이다.[9)]

논리학에서는, 이러한 개념화 과정을 객관세계에 대한 주관, 즉 이성의 논리적이고 합리적인 사유작용으로 생각하기 때문에, 인간의 세계 이해에 필수적인 것으로 본다. 그러나 붓다는 이러한 개념화 작용이 세계의 실상을 왜곡하고 있다고 본다. 붓다에 의하면, 개념화 작용은 순수한 이성의 사유작용이 아니다. 경험의 내용이 개념화하는 과정에는 이성보다는 감정과 의지가 크게 작용한다.

예를 들어, 책상이 개념화되는 과정을 살펴보자. 논리학적인 관점에서 보면 밥상, 침상, 책상 등과 같은 여러 상들을 비교하여, 책을 놓고 보기에 좋은 성질을 가진 상을 제외한 다른 상들은 추상하고, 나무로 만든 것이든, 강철로 만든 것이든, 흰색이든, 검은 색이든, 책을 놓고 보기에 좋은 상을 총괄하여, 여기에 책상이라는 이름을 붙임으로써, 책상이라는 개념이 만들어진다.

그러나 이러한 논리학적인 설명은 책상이라는 개념이 처음 만들어지는 과정을 이야기한 것이 아니다. 만약 논리학에서 이야기하는 방식으로 책상이라는 개념이 성립되려면, 책상이라는 개념이 지시

---

9) 受는 觸에서 발생한 想과 思를 내포한다고 할 수 있다. 표상은 감정적(受)으로 비교되면 苦樂등과 같은 정서적 판단의 대상이 되고, 이성적(想)으로 비교되면 질, 양 등과 같이 수학적, 논리적 판단의 대상이 되며, 의지적(思)으로 비교되면 선악과 같은 가치판단의 대상이 된다. 愛는 이렇게 비교된 대상 가운데 관심의 대상만을 집착하는 것이므로 추상작용이라 할 수 있고, 취는 추상된 것의 동질성을 유지시키는 작용이므로 총괄작용이라고 할 수 있다. 그리고 명명을 통해 표상은 존재화하기 때문에 유는 명명작용과 다를 바가 없다.

하는 책상이라는 사물은 책을 놓고 보기 좋은 속성을 소유하고 있어야 한다. 책상의 성질은 과연 책상 속에 내재하고 있는가? 책상은 밥그릇을 놓고 먹기에는 좋지 않은 성질을 가지고 있는가? 우리는 동일한 상을 책상으로도 사용할 수 있고, 밥상으로도 사용할 수 있다. 책상이라는 개념은, 책상이라는 객관적 사물 속에 내재한 속성을 논리적으로 추상하여 만든 개념이 아니라, 우리의 욕구에 의해 만들어진 것이다. 책을 놓고 보고자 하는 욕구가 책상의 속성과 개념을 만들었고, 우리는 그 욕구를 충족시키는 것을 '책을 놓고 보기 좋은 성질을 가진 책상'이라고 부른다. 붓다가 개념화 내지는 실체화의 과정을 촉(觸) - 수(受) - 애(愛) - 취(取) - 유(有)로 이야기하는 까닭이 여기에 있다.

개념은 객관적 사물을 지시하는 것이 아니라, 욕구의 소산이다. 자아와 세계라는 개념도 그에 상응하는 객관적 실체가 있는 것이 아니다. 사람들은 자신의 욕구에 상응하는 '자아'와 '세계'에 대한 개념을 만들어놓고, 그것에 대한 판단을 객관적 실재에 대한 판단이라고 생각한다. 그러나 사람들이 이야기하는 '자아'와 '세계'는 지신들이 욕구로 집착하고 있는 허망한 개념일 뿐이다. 붓다가 이들 사견에는 결사(結使)가 있으며, 말만 있을 뿐 논의할 내용이 없는 희론(戱論)이라고 비판한 것은 이것을 지적한 것이다.

붓다는 우리에게 이러한 사실을 자각해야 한다고 가르친다. 즉 우리가 객관적 실재로 알고 있는 개념의 대상들이 사실은 우리의 삶의 과정에서 경험된 내용들이 욕구에 의해 취해진 것임을 자각함으로써,

허망한 사견에서 벗어날 수 있다는 것이다. 사념처(四念處)의 수행은 바로 육입(六入)에서 노사(老死)가 연기하는 과정을 내적으로 성찰하는 수행법이다. 신념처(身念處)에서는 육입신(六入身)을 관찰하고 수념처(受念處)에서는 촉(觸)과 수(受)를 관찰하며, 심념처(心念處)에서는 애(愛)와 취(取)를 관찰하고, 법념처(法念處)에서는 유(有)를 관찰한다. 이러한 관찰을 통해 우리는 허망한 개념을 실체로 착각함으로써 존재의 시작과 끝을 인식하게 되고, 그것이 우리 인간에게는 생(生)과 노사(老死)임을 깨닫게 되며, 이러한 깨달음을 통해 생사(生死)에서 벗어난다.

3. 연기설(緣起說)과 무아(無我)

전술한 바와 같이, 창조론과 진화론은 모순 대립하고 있지만, 인과율적으로는 같은 기반 위에 있다. 이들의 이론에 내재하는 인과율은 선형적 인과율이다. 전술한 바와 같이 선형적 인과패러다임에서는 제일원인, 즉 시작이 무엇인가를 놓고 대립하지 않을 수 없다. 기독교에서는 제일원인을 창조주인 하나님이라고 주장하고, 과학자들은 물질이라고 주장한다. 창조론과 진화론의 대립은 양자가 이러한 선형적 단일방향 인과패러다임에 의존하고 있기 때문에 나타난 것이다.

창조론과 진화론이 대립하는 근본 이유는 이들의 기반인 선형적 인과율이 본질적으로 '실체'와 '동일성'이라는 개념에 근거를 두고, 동일률과 모순율을 기본원리로 하는 논리학에서 비롯된 것이기 때문이다.

동일률은 'A는 A이다'는 형식의 명제로 표현되는 공리(公理)로서 'A가 자라서 아무리 변해도 그 본질은 절대로 동일하므로 A'라고 생각하는 것이다. 이와 같이 동일률은 모든 변화하는 것에서 불변하는 것을 인정하고, 복잡한 것의 통일을 인정하고, 유동(流動)하는 것에서 부동(不動)하는 것을 인정함으로써 성립되는 원리로서, '본질의 자기동일성'을 인정하는 원리이다.[10] 모순율은 동일률의 반면을 말하는 원리로, 'A는 A 아닌 것이 아니다'는 형식의 명제로 표현된다. 즉 동일한 사물에 대하여 동일한 사실을 긍정하면서 동시에 부정할 수 없다는 것이 모순율이다.[11]

선형적 인과율은 이러한 동일률과 모순율을 기본으로 하는 논리학에서 비롯된다. 우리가 가지고 있는 '자기동일성을 가진 실체'라는 개념은 동일률에 의해 성립한 것이다. 그리고 선형적 인과율은 이러한 실체를 전제로 하여 실체들의 인과관계를 파악하는 원리이다. 따라서 선형적 인과율에서는 제일원인이 되는 근본실체를 문제 삼지 않을 수 없다. 창조론과 진화론의 대립은 이러한 동일률과 모순율에 근거하여 인과관계를 사유함으로써 발생한 것이다. 세계는 신의 창조라는 기독교의 창조론과 물질의 진화라는 진화론은 세계는 본질에 있어서 불변의 자기동일성을 가지고 있다는 동일률을 전제로 하고 있다. 그리고 이러한 자기동일성을 지닌 세계가 신의 창조라면 물질의 진화일 수 없고, 물질의 진화라면 신의 창조일 수가 없다는 모순율에 의해, 두

10) 김준섭, 앞의 책, pp. 25-25 참조.

11) 위의 책, pp. 22-23 참조.

이론은 모순 대립을 피할 수 없다.

만약 동일률에 의해 불변의 자기동일성을 지닌 실체로서의 '세계'가 실재한다면, 우리는 모순율에 의해 창조론과 진화론 가운데 어느 하나를 선택하지 않을 수 없다. 그러나 만약에 동일률을 인정할 수 없다면, 즉 '불변의 자기 동일성을 지닌 실체'가 실재하지 않는다면, 동일률에 근거하는 모순율 또한 인정할 수 없게 된다. 아울러 동일률에 근거하고 있는 창조론과 진화론의 주장도 무의미한 것이 된다.

붓다는 이러한 선형적 인과율을 비판하고 연기설(緣起說)이라는 새로운 차원의 인과율을 깨달았다. 연기설에서는 인과관계를 선형적, 일방적 관계로 보지 않고, 상호관계로 본다. 이것과 저것은 상호의존관계에서 존재하는 것이지, 이것이 저것의 존재원인이 아니다. 따라서 연기설 의하면 근본 실체나 제일원인은 없다.

붓다는 이러한 상호인과관계에 있는 현상을 달마(dharma; 法)라고 부른다. 달마는 관계에서 나타난 현상이기 때문에 실체성이 없다. 즉 공(空)이다. 물질도 달마고, 정신도 달마다. 이러한 달마는 문법적으로 명사적이라기보다는 동사적이다. 붓다에 의하면 명사적 의미의 존재는 진리에 무지한 중생들이 허구적으로 조작하여 분별한 것이다. 예를 들어 촛불은 기름이 연소하는 현상이지 사물이 아니다. 즉 촛불은 '명사적 존재'가 아니라 '동사적 달마'인 것이다.

우리는 행위의 주체, 즉 작자가 행위를 일으킨다고 생각한다. 그리고 이러한 행위의 주체를 자아라고 생각한다. 그러나 붓다는 이러한 행위의 주체의 존재를 부정한다. '업보는 있으나 작자는 없다(有業報而

無作者)'는 것이다. 인지하는 자아, 행위하는 자아는 실체로서 존재하는 것이 아니라, 조건에 의해 나타났다가 사라지는 무상한 것이다. 따라서 행위하는 실체[작자(作者)]는 없고, 오직 행위를 통해 상호 영향을 받는 관계, 즉 업보(業報)만 있다는 것이다. 이와 같이 불교에서는 연기설이라는 상호인과율에 의해 자아와 세계, 인간과 자연, 정신과 물질을 이원화된 실체로 보지 않고, 행위를 통해 영향을 주고받는 상호관계로 이해한다.

이러한 붓다의 무아설은 자아를 전적으로 부정하는 것이 아니다. '업보는 있으나 작자는 없다'는 것은 불변하는 실체로서의 자아[作者]는 존재하지 않으나, 행위를 통해 변화해 가는 과정, 즉 업보(業報)로서의 자아는 있다는 것이다. 착한 사람(作者)이 착한 일을 하는 것이 아니라, 착한 일[業]을 하면 착한 사람[報]이 된다. 이것이 무아설의 근본취지이다.

4. 새로운 진화론

진화론은 현대 학자들에 의해 다윈의 생각과는 크게 다르게 이해되고 있다. 미국의 생물학자 린 마굴리스(Lynn Margulis)는 맹목적이고 우연한 돌연변이가 새로운 진화를 이끈다는 생각에 반대하면서 다음과 같이 이야기한다.

> 지금까지의 진화에서 나타난 커다란 격차는 별개의 진화 계통을 통해 이미 갈고 닦아져 있던 정교한 구성요소들 간의 공생적(共生的) 합병에 의해

달성된 것이다. 새로운 생물형태가 등장할 때마다 매번 다시 진화가 시작되는 것은 아니다. 이미 돌연변이로 생겨나서 자연 선택에 의해 유지되어 온 기존의 모듈modul(주로 박테리아로 밝혀진)들이 함께 협력하는 것이다. 이들이 연합하거나 합병하여 새로운 생물, 자연 선택에 의해 작용하고 작용 받는 전혀 새로운 복합체를 만들어낸다.[12)]

모든 생물은 하나의 공통 조상에서 진화한 것이 아니라, 여러 박테리아의 혼합물이며, 진화의 원리는 적자생존의 경쟁이 아니라 공생의 화합이라는 것이다.

그녀는 또 생명을 명사가 아닌 동사로 이해해야 한다고 주장한다.

생명은 화학 성분에 의해서가 아니라, 그 화학 물질들의 작용에 따라 구별되는 것이다. 따라서 "생명이란 무엇인가"라는 질문은 언어적 모순이다. 문법에 맞게 대답하려면 명사, 즉 구체적인 사물을 들어야 할 것이다. 그러나 지구상의 생명은 오히려 동사에 더욱 가깝다. 생명은 자신을 수선하고, 유지하며, 다시 만들고, 자신을 능가한다.[13)]

이렇게 생명을 동사적 의미의 자기 생산적인 것으로 파악한 마굴리스는 생물이 자기 생산의 과정에서 환경과 불가분의 관계로 얽혀있음을 강조한다. 그리고 이러한 관계를 통해 생물은 지구에 생명을 부여하기 때문에, 진정한 의미에서 지구는 살아있다고 주장한다.

생물은 자기 완결적이고 자율적인 개체라기보다는, 오히려 다른 생물과

12) 린 마굴리스 · 도리언 세이건, 『생명이란 무엇인가』, 황현숙 역(서울: 지호, 1999), p. 25.

13) 위의 책, pp. 33-34.

> 물질과 에너지, 그리고 정보를 교환하는 공동체이다. 숨쉴 때마다 우리는, 비록 느리기는 하지만, 역시 호흡하는 생물권의 나머지 생물들과 연결된다. 생물권의 숨결은 매일 지구상의 밤인 쪽에서는 이산화탄소의 농도가 증가하고, 낮인 쪽에서는 감소하는 것으로 표시된다. 일 년의 숨결은 계절의 변화로 나타난다. 북반구에서 광합성 활동이 활발해지면, 남반구에서는 서서히 감소한다.
>
> 최대한의 생리학적 범위에서 보면, 생명은 지구표면 그 자체이다. 여러분의 몸이 세포들로 우글거리는 해골이 아닌 것과 마찬가지로, 지구는 단순히 생물들이 살고 있는 거대한 바윗덩어리가 아니다.[14]

모든 생명은 서로 인연이 되어 공존하는 가운데 진화하는 공동체로서, 크게 보면 한 생명이라는 생물학적 관점은 과학이 인간의 윤리와는 무관한 가치중립적인 것이 아니라는 것을 보여준다. 모든 생명이 한 생명이라면 우리는 모든 생명을 나의 생명처럼 사랑해야 할 윤리적 의무를 갖지 않을 수 없는 것이다.

---

14) 위의 책, p. 46.

V

불교의 자연관

1. 서언

인간은 자연 없이 살 수 없다. 따라서 인간과 자연은 분리될 수 없다. 그러나 현대인은 인간과 자연을 대립적인 존재로 이해하고 있다. 인간 아닌 것이 자연이고, 자연 아닌 것이 인간인 것이다. 인간과 자연에 대한 이러한 이해는 서구적인 것이다. 인간과 자연에 대한 이해는 지역과 시대에 따라 각기 달랐으나, 전 세계가 서구화 되어있는 현대사회에서는 지역의 구분 없이 서구화되어 있다.

인간과 자연에 대한 서구의 이해에 철학적 기반을 마련한 사람은 아리스토텔레스이다. 아리스토텔레스는, 일체의 사물이 합목적적인 질서를 지니고 있으므로, 자연의 완벽한 합목적성을 설명하기 위해서는 자연의 궁극원인이며 목적규정성 속에서 사물을 발생시키는 본래의 원인을 찾아야 한다고 생각했다. 그는 육체와 정신의 관계를 질료와 형상의 관계로 이해했다. 형상이 질료의 목적이듯이, 정신은 육체의 목적이다. 육체는 정신의 도구라는 것이다. 이와 같은 목적론적 관점에서, 그는 무기체를 최하위에 두고, 그 위에 식물, 동물, 인간이라는 계층을 설정했다. 이러한 계층에서 부동의 원동자이며 순수형상인 신을 제외하면, 인간은 자연계에서 최고의 목적이며 형상이다. 즉 자연은 인간을 목적으로 하는 수단일 뿐이다. 이러한 사상이 서구의 인간중심적 자연관의 토대를 이루었다.

서구에서 인간과 자연에 대한 이해에 큰 변화를 일으킨 것은 르네상스 이후 발달한 자연과학이다. 자연과학은 체계적인 관찰을 통해 얻은 결과들을 귀납적 방법으로 정리하고, 여기에 수학을 적용하여 자연의 법칙을 수립했다. 이러한 자연과학의 성과는 아리스토텔레스의 목적론적 세계관을 무력화했다.

자연과학의 성과에 자극을 받은 영국의 베이컨(F. Bacon; 1561-1626)은, 목적론적 세계관을 대변하는 아리스토텔레스의 『오르가논』*Organon*에 반대하여 저술한 『신 오르가눔』*Novum Organum*에서, 아리스토텔레스의 목적론적 자연관을 종족의 우상에서 비롯된 것이라고 정면으로 비판했다. 그에 의하면, 자연은 인과관계에 따라서 기계적으로 변화하는 것이며, 학문이란 자연의 인식, 즉 자연에 내재한 인과법칙의 발견을 말하는 것이고, 자연법칙을 앎으로써 우리는 자연을 지배할 수 있게 된다. 따라서 학문은 자연을 이용하여 인간의 생활을 복되게 하는 데 궁극적인 목표가 있다.

데카르트(René Descartes; 1596-1650)는 생각하는 실체와 물질적 실체,

즉 사유(思惟)와 연장(延長) 사이의 운명적인 분리를 제시했다. 그는 오직 인간만이 영혼을 가질 정도로까지 신의 성질을 나누어 가질 수 있다고 주장했다. 그에 따르면 동물조차도 영혼이 없는 자동기계일 따름이었다. 이러한 데카르트의 생각에 근거해서, 인간은 아무런 가책 없이 거대한 무생물 기계인 자연을 마구 해체하고 조작하고 실험할 수 있었다.1)

이러한 서구 근세의 기계론적 자연관은 인간과 자연의 유기적 관계를 단절하였고, 그 결과 자연은 지배와 착취의 대상으로 전락하였다. 현대의 과학기술문명은 이러한 서양 근세의 기계론적 자연관에 뿌리를 두고 있으며, 그 결과 환경오염, 생태계 파괴와 같은 현대의 여러 문제를 불러 일으켰다. 이제 환경문제는 21세기에 진입한 인류가 해결해야 할 가장 큰 문제가 되었다. 환경문제는 인간이 자연을 떠나서는 살 수 없으며, 인간도 자연의 일부임을 자각하게 했다. 자연관에 획기적인 변화가 없이는 인류가 생존할 수 없음을 느낀 것이다.

20세기에 들어서면서, 과학자들은 기계론적이며 실재론적인 자연관에 의심을 갖기 시작했다. 과학이론은 객관적이고 독립적인 물리적 실재를 대표한다고 믿어져 왔다. 그러나 이 가설은 과학자들에 의해 의심을 받고 있다. 물리학에서 하이젠베르크(Werner Karl Heisenberg)의 불확실성 원리는 측정 가능한 것의 한계를 명확히 했으며, 수학에서는 쿠르트 괴델(Kurt Gödel)의 불완전성 정리가, 공리(公理)를 정의하기

---

1) 린 마굴리스·도리언 세이건, 『생명이란 무엇인가?』, 황현숙 역(서울: 지호, 1999), pp. 63-64 참조.

위해서는 체계 외부를 필요로 하기 때문에, 모든 수학체계가 완전하다면 모순이 있을 리 없고, 모순이 없다면 완전할 수 없다고 경고한다.[2] 생물학에서는 진화의 의미가 새롭게 이해되고 있다. 맹목적이고 우연한 돌연변이가 새로운 진화를 이끈다는 예전의 생각은 별개의 진화계통을 통해 진화한 생물들의 공생적 합병에 의해 새로운 생물이 만들어진다는 생각으로 바뀌고 있다.[3] 진화의 원동력은 돌연변이가 아니라 공생(共生)이며, 자연선택의 주요한 요인은 개체간의 생존경쟁이 아니라 유기체와 환경의 상호협력이라는 것이다.

이러한 자연과학의 성과는 인간과 자연에 대한 새로운 이해를 요청하고 있다. 인간과 자연은 별개의 존재가 아니라 상호의존적으로 연결되어 있으며, 모든 생명체는 큰 의미에서 하나의 생명이라는 주장이나, 시스템이론은 이러한 시대적 요청에 대한 대응이다. 21세기는 서양 근세의 기계론적 세계관을 넘어서 모든 것을 상호의존적으로 연결된 관계구조로 보는 새로운 세계관을 지향하고 있는 것이다. 이러한 새로운 세계관은 불교의 연기설(緣起說)과 상통한다.

오늘처럼 환경에 대한 우려가 크지 않았던 시대에 형성된 불교사상에서 자연에 대한 논의는 주요한 관심사가 아니었다. 그러나 인간의 고뇌를 어떻게 극복할 수 있을 것인가가 불교의 주요 관심사였다고 해서, 불교사상에 외부세계에 대한 이해가 없는 것은 아니다. 붓다의 가르침, 즉 근본불교 속에 이미 인간과 세계에 대한 관계가 논의되고

---

2) 위의 책, p. 69.

3) 위의 책, p. 25 참조.

있고, 부파불교와 대승불교를 거치면서 인간과 세계에 대한 불교의 이해는 심화되고 체계화된다. 따라서 필자는 세계 이해의 토대에 인과율이 있다는 관점에서, 불교의 세계 이해의 토대가 되는 연기설을 인과율의 관점에서 살펴보고, 근본불교에서 대승불교에 이르기까지 불교사상에 나타나는 연기론적 세계관에 담긴 인간과 자연에 대한 이해를 오늘의 시점에서 해석하고 평가하고자 한다.

2. 불교의 인과율

인과율은 세계를 이해하는 기본 틀이다. 종교든 과학이든 철학이든 인과율에 의해 세계를 이해한다. 신이 세계를 창조했다는 기독교의 세계관은 신이 모든 존재의 원인이며, 세계는 신의 창조의 결과라고 믿는 인과적 신념에 기초한 것이며, 자연과학은 인과율이 자연에 내재한다는 신념에 기초한 것이다. 모든 형이상학은 현실세계와 현실세계의 원인 사이의 인과관계를 다룬다. 이와 같이 인과율은 모든 세계관에 내재해 있으며, 사물이 어떻게 생기고 변화하며, 어떻게 사건과 관계되는지를 원인과 결과의 상호관계로 설명한다.

인과율에는 두 가지 패턴이 있다. 하나는 직선적 단일방향적 인과율이고, 다른 하나는 역동적 상호의존적 인과율이다. 직선적 단일방향적 인과율에서는 원인에서 결과로의 흐름이 일방적이다. 즉 원인은 결과에 영향을 주지만, 결과는 원인에 영향을 줄 수 없다. 시간적으로는 원인이 항상 결과에 선행한다. 이러한 인과율에 의하면, 인과의 고리는 A → B → C → D … 와 같이 직선의 형태가 된다.[4] 동서양을 막론하고 대부분의 세계 이해는 이러한 직선적 인과율에 의한 것이다. 이와는 대조적으로 상호의존적 인과율에서는, 원인과 결과가 상호적으로 영향을 미친다. A는 B, C, D, … 등에 의존하여 존재하고, B는 A, C, D,… 등에 의존하여 존재한다. 이와 같이 모든 현상들은 상호간에 원인이 되며 동시에 결과가 된다. 붓다가 깨달은 연기법은 이러한 상호의존적 인과율이다.

붓다는 『잡아함경』에서 자신이 깨달은 연기법에 대하여 다음과 같이 이야기한다.

> 연기법은 내가 만든 것도 아니고, 다른 사람이 만든 것도 아니다. 그러므로 여래가 세상에 나타나거나, 나타나지 않거나, 법계(法界)는 상주(常住)한다. 여래는 이 법을 깨달아 등정각을 이루어, 여러 중생들을 위하여 분별하여 연설하고, 개발하여 현시하나니, 소위 **이것이 있을 때 저것이 있고, 이것이 나타날 때 저것이 나타난다**.[5]

붓다에 의하면, 연기법은 인간이 고안한 것이 아니고, 자연계에 변함없이 존재하는 인과법칙이다. 그가 깨달은 인과율은 당시의 인도사상계에서 이해하고 있던 인과율과는 근본적으로 다른 것이었다. 붓다 당시 인도사상계는 직선적 인과율에 의지하여 세계를 이해했다. 그러나 붓다는 인과관계가 직선적이 아니라 상호의존적임을 깨달았다. 이

---

4) 조애너 메이시, 『불교와 일반시스템이론』, 이중표 역(서울: 불교시대사, 2004), p. 33 참조.

5) 『雜阿含經』 권 12(『大正新脩大藏經』 2. 85b)의 필자 번역.

것과 저것은 일방적 인과관계로 존재하는 것이 아니라 상호의존적 인과관계로 존재하며(이것이 있을 때, 저것이 있고), 이것이 저것의 생성의 원인임과 동시에 저것은 이것의 생성원인이 된다(이것이 나타날 때, 저것이 나타난다).

직선적/선형적 인과율은 우리에게 사물이 발생하는 인과의 고리를 제공한다. 'D의 원인은 C이고, C는 B의 결과이며, B의 원인은 A이다'라는 형식으로 이루어지는 인과의 고리는 제일원인(第一原因)이나 무한소급(無限遡及)으로 끝을 맺게 된다.[6] 그리고 제일원인을 단일 실체로 보면 일원론이 되고, 다수의 실체로 보면 다원론이 된다. 정통바라문사상의 일원론적인 전변설(轉變說)과 사문들의 다원론적인 적취설(積聚說)은 선형적 인과율에 의한 세계이해의 결과였다.

선형적 인과율은 우리에게 양자택일을 요구한다. 제일원인이 있는가, 없는가? 있다면 그것은 정신적인 것인가, 물질적인 것인가? 하나인가, 다수인가? 그러나 상호의존적 인과율에서는 이런 모순적 양자택일은 무의미하다. 붓다가 모순된 명제를 놓고 대립하던 당시의 철학적 논쟁에 대하여 침묵했던 것은, 형이상학에 관심이 없어서가 아니라, 그들과 세계를 이해하는 인과(因果) 패러다임이 달랐기 때문이다.

선형적 단일방향적 인과 패러다임은 '실체'와 '동일성'이라는 개념에 근거를 둔 논리학에서 비롯된 것이다.[7] 직선적 인과율에서 인과관계

6) 조애너 메이시, 앞의 책, p. 90 참조.

7) 위의 책, p. 46 참조.

는 실체들 사이의 관계이다. 실체는 변화하지 않는 동일성을 지닌 것으로 이해되며, 변화는 실체가 지니고 있는 속성들의 전개나 전달에 의해 일어난다. 따라서 이러한 인과 패러다임에 의존하면, 실체가 무엇인가를 문제 삼게 된다. 당시 우파니샤드 사상가들은 브라만(Brahman)이 유일한 실체라고 주장했고, 사문들은 다수의 물질적, 정신적 실체들이 있다고 주장했다. 이들의 대립을 직선적 인과 패러다임은 피할 수 없다.

변화하지 않는 실체가 존재하고, 그것이 경험될 수 있다면, 대립은 발생하지 않는다. 그러나 변화하지 않는 실체는 경험된 적이 없다. 신적 존재인 브라만은 인식된 적이 없고, 사문들이 주장하는 요소들도 불변의 실체는 아니다. 어떤 경우에도, 불변의 실체는 경험적 근거가 없는 추상적 개념이다. 이러한 추상적 개념을 만드는 것이 논리학이다. 『디가 니까야』의 *Brahmajāla-sutta* 에서 붓다는 이 점을 다음과 같이 지적한다.

> 비구들이여, (계율 이외의) 또 다른, 심오하고, 보기 어렵고, 깨닫기 어렵고, (논쟁의 여지가 없어) 고요하고, **추론의 범위를 벗어난, 실제로 체득해야 할 법**들이 있어, 그것들을 여래는 스스로 깨닫고, 체험하여 알려주나니, 그것들을 가지고 찬탄하는 것이 여실하고 바르게 여래를 찬탄하는 것이라고 할 수 있다. ……
>
> 비구들이여, 어떤 사문과 바라문들은 자아(atta)와 세계(loka)는 상존한다는 상견(常見)을 주장하는데, 여기에는 4가지가 있다. 그러면 저 사문과 바라문들은 무엇에 의해서, 무엇으로부터 …… 4가지로 주장하는 것일까?
>
> 비구들이여, 몇몇 사문이나 바라문은 노력하고, 정진하고, 헌신하고, 방

일하지 않고, 주의를 집중하여, 그와 같은 마음의 삼매(ceto-samādhi)에 도달하여, 그러한 **삼매의 마음으로 여러 가지 과거를 기억한다**. — 즉 한 번 태어난 생, 두 번 태어난 생, …… 백 번, 천 번, 십만 번의 생을 기억한다. "그곳에서는 이런 이름으로, 이런 가문에서, 이런 용모를 지니고, 이런 음식을 먹고, 이런 고락을 겪으며 살다가 이렇게 수명을 마쳤다. 그는 그곳에서 사라져 저곳에 나타났다. 거기에서는 이런 이름으로, 이런 가문에서, 이런 용모를 지니고, 이런 음식을 먹고, 이런 고락을 겪으며 살다가 이렇게 수명을 마쳤다. 그는 거기에서 사라져 여기에 나타났다." 라는 식으로 설명되는 여러 가지 전생에 살던 곳을 관찰한다. 그는 이렇게 말한다. "자아와 세계는 새롭게 생산되는 것이 없이(vañjha)[8], 기둥처럼 움직이지 않고, 고정불변하며, 중생들은 (그 세계 속에서) 이리저리 돌아다니며 윤회하고, 모습을 바꾸어가면서 태어나지만, 영원히 존재한다." …… 이것이 첫째 주장이다.

…… 즉 한 번에서 열 번까지 세계가 괴멸하고 생성하는 것을 기억한다. …… 이것이 둘째 주장이다.

…… 즉 열 번에서 마흔 번까지 세계가 괴멸하고 생성하는 것을 기억한다. …… 이것이 셋째 주장이다.

넷째, 사문과 바라문들은 무엇에 의해서, 무엇으로부터 자아와 세계는 상존한다는 상견(常見)을 주장하는 것일까?

비구들이여, 몇몇 사문이나 바라문은 **논리적으로**(vīmaṅsī) **추론하는 자**(**takkī**)이다. 그는 추론의 영향을 받아(takka-pariyāhataṃ), 논리적인 사변을 행하여(vīmaṅsânucaritaṃ), 자신의 논변(sayaṃ-paṭibhānaṃ)으로 이렇게 말한다. "자아와 세계는 …… 영원히 존재한다." ……

비구들이여, 여기 이들을 (사문이나 바라문의 사상을) 여래는 분명하게 안다. 이들 견해의 근거(見處; diṭṭhṭṭhānā)를 아나니, 이렇게 파악된 것이며, 이렇게 집착한 것이며, 이런 결론에 도달한 것이며, 이들 견해의 결과는 이렇게 될

8) 'vañjha'는 '不毛의, 아이를 생산하지 못하는'의 의미를 지닌 형용사인데, 필자는 '새롭게 생성되는 것은 없다'는 의미로 번역했다.

> 것이라는 것을 안다. 여래는 그것을 알고, 그 보다 더욱 수승한 것을 알지만, 그 지식을 집착하지 않나니, 집착(執着)하지 않는 것이 적멸(寂滅)임을 안다. 느낌들(受; vedanānaṃ)의 집(集)과 멸(滅)을 알고, 즐거움과 재앙을 알고, 출리(出離)를 여실하게 알지만, 비구들이여, 여래는 (그 지식을) 집착하지 않고 해탈했느니라.[9)]

여기에서 붓다는 당시의 여러 사상들이 두 가지 논리적 근거를 가지고 있다고 분석하고 있다. 하나는 과거에 대한 기억을 토대로 하는 것이고, 다른 하나는 순수한 추론에 근거를 둔 것이다. 즉 전자는 경험론자의 귀납논리이고, 후자는 합리론자의 연역논리이다. 이들의 논리학은, 귀납법이건 연역법이건, 실체를 전제한다는 점에서는 다를 바가 없다. 인간과 세계는 끊임없이 변화한다. 여기에서 우리가 사용하는 인간과 세계라는 개념은 변화하는 상태를 의미하지만, '인간이 변화한다'는 명제 속에서는 동일성을 지닌 실체로서의 인간이 존재하고, 그 존재가 본질은 변화하지 않으면서 겉모습만 바뀐다는 의미가 숨어있다. 인도철학의 윤회설은 이러한 생각에서 비롯된 것이다.

인간과 세계는 끊임없이 변하고 있을 뿐, 잠시도 머물지 않는다. 그럼에도 불구하고 변하지 않고 존재하는 그 무엇이 있다는 실체론적 사고는 어디에서 비롯된 것일까? 붓다는 그 근거를 다음과 같이 밝힌다.

> 비구들이여, 저들 사문과 바라문들이 태초의 시간(pubbantakappā)에 대하

9) *The Dīgha Nikāya,* ed. T. W. Rhys Davids and J. Estlin Carpenter, vol. 1(London: P.T.S, 1975), pp. 12-17의 필자 번역.

> 여, 태초에 대한 나름대로의 견해를 가지고, 태초에 대하여 여러 가지로 말하는 18가지 주장은 느껴진 것(vedayita)이며, 갈애(渴愛)에 빠진 것(taṇhā-gatānaṃ)이며, 두려움에 떤 것(paritasita-vipphanditam)이지만, 이것을 저들 존경받는 사문과 바라문들은 알지 못하고 보지 못한다.[10)]
>
> 비구들이여, 저들 사문과 바라문들이 …… 저마다 주장하는 62종의 견해들은 촉(觸)을 인연한 것(phassa-paccayā)이다.[11)]

붓다는 실체론의 근거를 느낌, 갈애, 두려움이라고 이야기한다. 모든 것은 무상하게 변화한다. 우리는 이렇게 잠시도 멈추지 않고 변화하는 현상 속에서 자신이 느낀 감정을 토대로, 감정을 일으키는 성질을 소유하고 있는 대상이 실체로서 외부에 실재한다고 생각한다. 그리고 그것을 인식하는 자아가 실체로서 존재한다고 생각한다. 아름다운 것, 더러운 것, 맛있는 것, 맛없는 것, 감미로운 음악, 시끄러운 소음이 존재하고, 그것을 인식하는 자아가 존재한다고 생각하는 것이다.

그러나 아름다운 것은 변화하여 더러운 것이 되고, 맛있는 것은 배가 부르면 맛이 없어진다. 시끄러운 음악을 감미롭게 듣는 사람도 있고, 조용한 음악을 따분하게 느끼는 사람도 있다. 외부의 사물도 변화하며, 그것을 인식하는 주관도 변화한다. 이러한 변화 속에서도 변화하지 않는 실체가 있다는 생각을 고집하는 것은 그러한 느낌을 갈망하기 때문이다. 즉 아름다운 것을 계속하여 보고자 하는 갈망이 아름다운 것을 관념적으로 실체화하는 것이다. 바꾸어 말하면 관심이 없는 것은 실체화되지 않는다. 나무로 만든 책상을 예로 든다면, 책이

10) 위의 책, p. 40의 필자 번역.

11) 위의 책, p. 43의 필자 번역.

없어서 책상을 필요로 하지 않는 사회에 사는 사람들에게 책상은 나무일뿐이다. 책을 놓고 보기에 좋기 때문에 우리는 우리에게 좋은 느낌을 주는 대상을 실체화하여 책상이라고 부르는 것이다.

한편 우리에게는 자아의 존재가 소멸되는 것에 대한 두려움이 있다. 죽음에 대한 공포가 그것이다. 이러한 두려움이 자아를 실체화한다. 자아와 세계는 이렇게 느낌과 갈망과 두려움을 통해서 실체화된다.

붓다에 의하면 느낌[受; vedana]은 촉[觸; phassa]을 조건으로 연기한 것이다. 그리고 갈애[愛; taṇhā]는 느낌을 조건으로 연기한 것이다. 따라서 실체론의 근원은 촉이라는 것이 붓다의 생각이다.

촉은 우리가 감관을 통해 지각할 때 생기는 '외부에 사물이 있다는 느낌'이다.[12] 이러한 촉은 자아와 세계를 개별적 실체로 생각하기 때문에 나타난 것이다. 『잡아함경』에서는 촉의 발생을 다음과 같이 설명한다.

> 두 가지 법(法)이 있나니 … 안(眼)과 색(色)이 두 가지 법(法)이다. …. 안(眼)과 색(色)을 인연하여 식(識)이 생기고, 이들 셋이 화합한 것이 촉(觸)이다.[13]

안(眼)은 인식 주관[六內入處], 즉 자아를 의미하고, 색(色)은 객관[六外入處], 즉 세계를 의미한다. 우리는 주관과 객관이 개별적으로 존재한다고 생각한다. 이러한 생각에서 사물을 보면, 대상을 분별하는 의식

---

12) 이중표, 『아함의 중도체계』(서울: 불광출판부, 1991), p. 156 참조.
13) 『雜阿含經』 권 13(『大正新脩大藏經』 2, p. 87c)의 필자 번역.

이 생긴다. 예를 들어 촛불을 본다고 하자. 촛불은 기름이 끊임없이 연소하는 현상이다. 그러나 우리는 촛불을 실체화하기 때문에 시간적으로 존속하는 사물로 인식한다. 이렇게 변화하는 현상을 실체화하여 사물로 인식하는 의식이 식(識)이다.

우리의 의식에 실체화된 관념이 있을 때, 그 사물에 상응하는 대상을 지각하면, 우리는 '그것이 있다'고 느낀다. 책상이라는 관념을 실체화하지 않은 사람에게는 '책상이 있다'는 느낌은 생기지 않는다. 촉은 이렇게 현상을 실체화함으로써 나타난다. 따라서 실체론에 근거하여 대립하는 모든 견해는 촉을 연하여 나타난 것이라는 붓다의 이야기는 이들 대립된 견해가 자아와 세계, 인간과 자연을 개별적이고 대립적인 실체로 보는 데서 비롯된 것임을 지적한 것이다.

붓다는 모든 것은 연기하므로 무상하며, 무아라고 주장한다. 즉 서로 인연이 되어 영향을 주고받으면서 끊임없이 변화하기 때문에, 실체는 없고 관계만 있다는 것이다. 『잡아함경』에서는 다음과 같이 이야기한다.

> 비구들이여, 안(眼)은 생길 때 오는 곳이 없고, 멸할 때 가는 곳이 없다. 이와 같이 안(眼)은 부실하게 생기며, 생기면 남음 없이 사라진다. **업보(業報)는 있으나 작자(作者)는 없다.**[14]

인지하는 자아, 행위하는 자아는 실체로서 존재하는 것이 아니라, 조건에 의해 나타났다가 사라지는 무상한 것이다. 따라서 행위하는

---

14) 『雜阿含經』 권 13(『大正新脩大藏經』 2, p. 92c)의 필자 번역.

실체는 없고, 오직 행위를 통해 상호 영향을 주고받는 관계, 즉 업보만 있다는 것이다. 이와 같이 불교에서는 연기설이라는 상호인과율에 의해 자아와 세계, 인간과 자연을 이원화된 실체로 보지 않고, 행위를 통해 영향을 주고받는 상호관계로 이해한다.

3. 연기론적 세계관

모든 것이 상호의존적으로 존재한다는 연기설의 입장에서는, 이 세계를 실체들이 존재하는 것으로 보지 않고, 관계에 의해 모든 것이 과정적으로 존재하는 것으로 본다. 붓다는 이러한 관계의 근원을 인지 구조라고 이야기한다. 붓다는 이 세계의 근원에 대하여 묻는 사람에게 『잡아함경』에서 다음과 같이 대답한다.

> 일체(一切)는 12입처(入處)다. 안(眼)과 색(色), 이(耳)와 성(聲), 비(鼻)와 향(香), 설(舌)과 미(味), 신(身)과 촉(觸), 의(意)와 법(法), 이것을 일체라고 부른다. 만약 이것을 일체라고 하지 않고 …… 다른 일체를 세운다면, 그것은 단지 언설(言說)만 있기 때문에, 물어도 알지 못하고 의혹만 늘어갈 것이다. 그 까닭은 그것은 경계(境界)가 아니기 때문이다.[15]

여기에서 일체는 세계의 근원을 의미한다. 당시 정통바라문교에서는 브라만, 즉 정신적 실체를 일체라고 주장했고, 사문들은 여러 가지 요소, 즉 정신적·물질적 실체를 일체라고 주장했다. 그러나 붓다는

---

15) 『雜阿含經』 권 13(『大正新脩大藏經』 2, p. 91ab)의 필자 번역.

우리의 인지구조[眼, 耳, 鼻, 舌, 身, 意]와 그 구조에 의존하여 함께 나타나는 것[色, 聲, 香, 味, 觸, 法]을 일체라고 이야기한다.

우리는 인지구조의 핵심에 정신적 실체가 있다고 생각하고, 감각에 의해 지각되는 것은 물질적 실체라고 생각한다. 그러나 붓다의 생각에 따르면, 물질과 정신은 단지 언어일 뿐이다. 그래서 물질이 무엇인가, 정신이 무엇인가를 알려고 한다면 의혹만 증대할 뿐 결국 알 수 없다는 것이다. 그 까닭을 붓다는 그것이 우리의 인지구조의 영역(境界)이 아니기 때문이라고 이야기한다.

붓다의 이야기는 "세계는 인간의 감각·지각·기억의 구조물이다."[16]라는 오스트리아의 물리학자 슈뢰딩거의 이야기와 상통한다. 세계는 인간과 독립적으로 실재하는 것이 아니다. 세계는 인간이 보고, 느끼고, 생각하는 삶과 함께 있다. 동물에게는 그들의 삶과 함께 그들의 세계가 있다. 불교에서 이야기하는 세계는 이렇게 인지구조를 통해 그 구조와 함께 나타난다. 따라서 불교에서는 인지구조와 세계가 분리되지 않는다.

이러한 불교의 세계관은 인류 원리(anthropic principle)와 상통한다. 월리스는 인류 원리를 소개하면서 그 핵심적 요소를 "인간의 존재가 우주의 설계를 결정하고, 반대로 우주의 설계가 인류의 생존을 가능케 한다"[17]는 것이라고 규정한다. 천문학자 에드워드 헤리슨은 "인류

16) Erwin Schrödinger, *Mind and Matter* (Cambridge: Cambridge University Press, 1958), p. 38. 〈앨런 월리스, 『과학과 불교의 실재 인식』, 홍동선 역(서울: 범양사출판부, 1991), p. 136에서 재인용〉

17) 앨런 월리스, 위의 책, p. 132.

원리는 우리 인류가 이곳에 있기 때문에 우주가 지금과 같은 방식으로 존재한다는 것을 강조하고 있다"[18]고 말한다. 인류 원리는 인간이 경험하는 우주 내부에서 인간이 차지하는 핵심적인 역할을 강조하는 것으로서, 인류뿐만이 아니라 모든 생물은 그들이 살고 있는 세계에 참여하는 역할을 한다는 것을 이야기하고 있는 것이다.[19]

인류 원리는 연기설에 근거한 불교의 '유심사상(唯心思想)'과 상통한다. 세계는 항상 삶의 구조(心)에 의해 드러나고, 그 세계에서의 삶이 다시 새로운 삶의 구조를 형성한다는 것이 연기설에 근거한 불교의 업보(業報) 이론이며, 유심사상이다. 이와 같은 세계관에서 본다면 인간과 자연에 대한 모든 논의는 인간의 삶, 즉 업보와 직결된다.

모든 존재의 근원은 삶, 즉 업(業)이다. 인간도 업의 결과[業報]이고, 자연도 업의 결과이다. 불교에서 이야기하는 중생의 세계, 즉 삼계(三界)는 업보의 세계이다. 따라서 중생의 세계는 중생의 삶에 의해서 형성되고 소멸된다. 『세기경(世記經)』에 의하면, 중생들의 악행으로 인하여 인간의 수명이 단축되고, 좋은 음식과 의복이 사라지며, 땅은 황폐해진다.[20] 그리고 사람들이 정법(正法)을 행하고 선행을 닦아 모두가 천상에 올라가면, 중생들이 살던 하계(下界)의 세계는 사라진다.[21] 천상에 살던 중생들이 복이 다하여 그곳에서 수명을 마치면, 다시 하계에 내려오게 되는데, 이때 다시 천지(天地)가 이루어진다.[22] 이와 같이

18) 같은 책.

19) 위의 책, p. 133 참조.

20) 『佛說長阿含經』 권 22(『大正新脩大藏經』 1, p. 144ab) 참조.

21) 『佛說長阿含經』 권 21(『大正新脩大藏經』 1, p. 137bc) 참조.

근본불교에서는 인간과 자연을 형이상학적 실체를 가정하여 이해하지 않고 삶의 과정, 즉 업보로 이해한다.

4. 불교의 자연관

⑴ 아비달마불교의 자연관

존재의 근원이 업이라는 근본불교의 세계관은 당시의 사람들이 그대로 받아들이기 어려웠을 것이다. 아비달마불교가 실재론으로 흐른 것은 이런 이유에서라고 생각된다. 아비달마불교의 여러 부파 가운데 실재론적 입장을 가장 강하게 주장한 부파는 시간과 존재가 실체로서 존재한다[三世實有 法體恒有]고 주장한 설일체유부(說一切有部)이다. 유부에서도 근본불교의 세계관을 계승하여, 중생들의 세계가 중생들의 업력(業力)에 의해 생성, 유지, 소멸된다고 주장한다. 그러나 세계를 구성하는 존재 자체에 실체성이 없다고는 생각하지 않았다. 따라서 유부에서는 물질[色法]의 구조를 분석적으로 사유했다.

모든 물질은 유형적인 존재인 이상 반드시 그 최소 단위가 있을 것으로 생각하여 최소의 단위를 극미(極微; paramānu)라고 불렀다. 극미는 미세하여 육안으로 식별할 수 없다. 극미는 낱개로 존재하는 일이 없이 7개의 극미가 일단이 되어, 중심에 있는 하나의 극미를 6개의 극미가 사방(四方)과 상하(上下)에서 둘러싸고 있는 형태로 존재한다. 이와 같이 7개의 극미가 일단을 이루고 있는 형태를 미취(微聚)라고

22) 『佛說長阿含經』 권 22(『大正新脩大藏經』 1, p. 145) 참조.

한다. 미취는 다시 중심에 있는 하나의 미취를 6개의 미취가 사방과 상하에서 둘러싸는 형태를 취하게 되는데, 이것을 금진(金塵)이라고 한다. 이와 같은 형태로 7개의 금진이 모여 수진(水塵)이 되고, 7개의 수진이 모여 토모진(兎毛塵)이 되고, 7개의 토모진이 모여 양모진(羊毛塵)이 되고, 7개의 양모진이 모여 우모진(牛毛塵)이 되고, 7개의 우모진이 모여 극유진(隙遊塵)이 되는데, 극유진의 형태가 될 때 비로소 육안으로 식별할 수 있다. 개개의 극미는 지수화풍(地水火風) 사대(四大)의 성질을 가지고 있다. 물질의 견고한 성질은 지대(地大)이고, 습윤(濕潤)한 성질은 수대(水大)이며, 온난(溫暖)한 성질은 화대(火大)이고, 운동의 성질은 풍대(風大)이다. 극미 속에 있는 사대의 성질은 조건(緣)에 따라 증감이 있다. 어떤 하나의 성질이 강성하면, 다른 세 개의 성질은 잠재세력으로 은복(隱伏)한다. 현상계의 여러 차별적인 물질들은 이러한 사대(四大)의 현현(顯現)과 은복(隱伏)으로 설명된다.[23]

물질에 대한 설일체유부(說一切有部)의 이론은 현대과학의 원자론과 유사하다. 극미의 존재 형태는 핵을 중심으로 주위에 소립자가 위치한다고 하는 원자의 형태와 유사하고, 구체적인 사물의 성질을 나타내는 사대는 원자가 모여 형성되는 분자와 유사하게 이해될 수 있기 때문이다.

그러나 자연세계를 설명하는 부분에서는 원자론과 큰 차이가 있다. 원자론에서는 원자 자체의 기계적 운동력에 의하여 인간이나 생명체의 삶과는 무관하게 물리적 자연세계가 형성된다고 한다. 그러나 유

---

23) 김동화, 『俱舍學』(서울: 문조사, 1971), pp. 71-73 참조.

부에서는 중생들의 업력에 의하여 그 과보로서 그들이 살아가는 환경으로서의 세계가 형성되고 유지된다고 본다.

중생들의 삶에 의하여 형성된 업력은 두 가지의 과보를 초래한다. 하나는 정보(正報)로서 중생의 몸을 형성하고, 다른 하나는 의보(依報)로서 중생의 국토를 형성한다. 즉 지옥, 아귀, 축생, 수라, 인간, 천상과 같은 육도(六道)의 중생들은 각각 정보로서 받게 된 유정세간(有情世間; Sattva-loka)이고, 그들이 사는 세계는 의보로서 받게 된 기세간(器世間; Bhajana-loka)이다.[24] 따라서 유정세간과 기세간은 중생의 업력에 의하여 형성되고 소멸하는 것이지, 극미 자체의 구조나 운동력에 의하여 형성, 소멸되는 것이 아니다. 이러한 세계관은 유부가 비록 실재론적이고 원자론적 입장을 취했지만 근본불교의 세계관을 크게 벗어나지 않고 있음을 보여준다.

(2) 대승불교의 자연관

아비달마의 실재론적 입장은 붓다의 연기설을 왜곡한 것이다. 대승불교는 사상적으로 이러한 왜곡된 불교를 시정하여 붓다의 본의를 회복하려는 운동이며, 그 선봉에 용수(龍樹; Nāgārjuna)가 있다. 용수는 모든 것은 연기하기 때문에 자성(自性)이 없다는 이른바 일체개공(一切皆空)의 입장에서, 유무(有無)가 대립하는 실재론적 입장을 떠나 중도(中道)가 실상(實相)임을 천명한다. 이러한 공관(空觀)의 입장에서 업보와 마음을 중심으로 인간과 세계를 해석한 것이 대승불교다. 이제 대승

---

24) 위의 책, p. 186 참조.

불교의 유식학(唯識學)과 『화엄경』을 중심으로 인간과 자연의 모습을 살펴보기로 한다.

인간은 착한 일도 하고, 악한 일도 하면서 살아간다. 인간의 마음은 이러한 선악업(善惡業)에 의해 훈습(熏習)된다. 훈습이란 종이에 향기가 배어들 듯이 인간의 행위가 마음에 습관으로 배어드는 것을 말한다.

마음이 훈습되면, 그 마음에는 습기(習氣)가 있게 되는데, 이 습기를 종자(種子)라고도 부른다.[25] 인간의 마음은 과거의 삶에 의한 선악업의 결과로 더럽게 혹은 깨끗하게 여러 가지로 훈습되어 수많은 습기, 즉 종자가 모여 있다.[26] 이렇게 업의 결과로서의 종자가 모여 있는 마음이 '아뢰야식(阿賴耶識)'이다. 이 아뢰야식에 모여 있는 종자에서 모든 법(法)이 나타난다. 종자가 인(因)이 되고 법이 과(果)로써 나타나는 것이다. 이와 같이 아뢰야식은 업의 결과, 즉 법이 종자로 모여 있는 곳이며, 동시에 모든 법이 업을 통해 발생하는 근원이다. 유식학에서는 이 아뢰야식을 중심으로 인간과 자연을 설명한다.

유식학에서도 아비달마와 마찬가지로 업의 과보를 정보와 의보로 구별한다. 정보는 지옥, 아귀, 축생, 수라, 인간, 천상, 성문(聲聞), 연각(緣覺), 보살(菩薩), 불(佛) 등 10가지를 의미하고, 의보란 그들이 사는 국토/자연을 의미한다. 아비달마와의 차이점은 정보와 의보가 모두 외계에 실재하는 것이 아니라 삶을 통해 형성된 마음에서 전개된 것

---

25) 護法等菩薩 造, 玄奘 譯, 『成唯識論』 권 2(『大正新脩大藏經』 31, p. 8b) "種子既是習氣異名"

26) 같은 책, "諸有情心 染淨諸法所熏習故 無量種子之所積集"

이라는 점이다.

모든 중생/생명은 각각 자신의 모습과 세계를 전개하며 살아간다. 이렇게 중생들이 자신과 세계를 전개하는 근원은 아뢰야식에 모여 있는 의정(依正) 이보(二報)의 종자이다. 이 종자가 모든 존재를 전개하는 원인이다. 종자에는 공상(共相)과 불공상(不共相)이 있다. 공상종자(共相種子)란 같은 종류의 중생들이 공유하는 것처럼 보이는 서로 비슷한 과보를 가져오는 종자를 의미하고, 불공상종자(不共相種子)는 다른 중생과는 공통되지 않는 서로 다른 과보를 가져오는 종자를 말한다. 예를 들면, 산하대지(山河大地)와 같은 자연세계는 공상이고, 각 개인의 신체는 불공상이다. 공상은 같은 종류의 중생에게 비슷한 모습으로 보이지만, 그렇다고 일치하는 것은 아니다.

공상종자는 중생 각자의 아뢰야식 속에 있기 때문에, 중생들은 각기 자신의 세계를 전개한다. 그러나 업의 유사성 때문에 동류 중생들은 세계를 공유하는 것으로 느끼고 있을 뿐이다. 비유하면 많은 등불을 같은 방에 켜놓으면, 빛의 근원은 각기 다르지만 서로 걸림이 없이 하나의 불빛으로 느껴지는 것과 같다.[27)]

우리가 살고 있는 세계는 이렇게 모든 생명들이 삶을 통해 만든 것이다. 그리고 이 세계는 여러 개의 등불이 하나의 불빛을 이루듯이, 서로 걸림이 없이 융합되어 하나의 세계를 이루고 있다. 내가 만든 세계에 나만 사는 것이 아니라, 모든 생명이 살고 있고, 나 또한 다른 생명들이 만든 세계 속에서 살고 있다.

---

27) 김동화, 『唯識哲學』(서울: 보련각, 1973), pp. 248-251 참조.

우리가 사는 자연계는 바로 이러한 세계이다. 식물들은 식물계를 이루고 있고, 동물들은 동물계를 이루고 있으며, 인간들은 인간계를 이루고 있다. 이렇게 각기 다른 세계를 이루고 있지만, 이들 세계가 서로 분리된 것은 아니다. 인간계 속에 동식물의 세계가 들어있고, 동식물의 세계에 인간계가 들어있다. 따라서 인간계와 자연계를 나누는 것은 언어에 의한 분별일 뿐이다. 『화엄경』에서는 다음과 같이 이야기한다.

> 차별된 현상을 분명히 알되, 언설(言說)에 집착하지 말라.
> 일(一)과 다(多)가 따로 없다는 것을 아는 것이 불교를 따르는 것이다.
> (了知差別法 不著於言說 無有一與多 是名隨佛敎)
> 중생과 국토를 동일하다고도 할 수 없고, 다르다고도 할 수 없나니
> 이와 같이 잘 관찰하는 것을 불법의 의미를 알았다고 하는 것이다.
> (衆生及國土 一異不可得 如是善觀察 名知佛法義)[28]

일(一)은 전체를 의미하고 다(多)는 부분을 의미한다. 우리는 지각을 통해 다양한 내용을 인지한다. 그리고 각기 다른 현상에 이름을 붙여 구별한다. 이렇게 이름을 붙여 구별된 것이 부분이고, 이 부분의 총화가 전체이다. 따라서 부분과 전체는 언설에 의한 분별일 뿐이며, 언설은 편의상 주어진 이름, 즉 가명(假名)이다. 이러한 언설의 실상을 알지 못하고 언설에 의한 분별을 실체화한 것이 실체론이며, 전술한 바와 같이, 이러한 실체론에 근거한 인과율이 선형적 인과율이다.

상호의존적 인과율, 즉 연기론의 관점에서 보면, 모든 현상은 그물

---

28) 『大方廣佛華嚴經』 권 13(『大正新脩大藏經』 10, p.65a)의 필자 번역.

처럼 얽혀있기 때문에, 전체를 부분으로 분할하는 것은 불가능하다. 중생과 국토, 즉 인간과 자연도 마찬가지 구조를 이루고 있다. 이것과 저것이 동일한가, 다른가의 판단은 실체론에 근거한 것이다. 그러나 이것과 저것이 분리될 수 없는 관계에 있을 때에는, 즉 이것과 저것이 개별적 실체가 아니라고 할 경우에는, 이것과 저것을 비교하는 일 자체가 불가능하게 된다.

이러한 연기론적 입장은 현대의 시스템이론과 일치한다. 카프라는 다음과 같이 시스템이론의 입장을 이야기하고 있다.

> 궁극적으로 — 양자물리학이 극적으로 입증해 주었듯이 — 부분이란 결코 존재하지 않는다. 우리가 부분이라고 부르는 것은 단지 분리할 수 없는 관계의 직물 속에 나타난 하나의 패턴일 뿐이다. 따라서 부분에서 전체로의 전환은 대상에서 관계로의 전환이라고 볼 수 있다.[29)]
>
> 이 복잡한 연결망 속에 들어있는 하나의 무늬 주위에 경계선을 그려 그 무늬를 고립시키고, 그것을 하나의 '대상'이라고 부르는 것이 얼마나 자의적인 일인지 이해할 수 있을 것이다.
>
> 실제로 우리가 환경 속에 들어있는 대상을 지칭할 때 바로 이런 일이 벌어진다. 일례로, 우리는 나뭇잎, 잔가지, 가지, 줄기들의 관계의 연결망을 볼 때, 그것을 나무라고 부른다. … 모든 나무의 뿌리들은 서로 연결되어 하나의 조밀한 지하 연결망을 이루며, 그 연결망 속에서 개별 나무들의 정확한 경계를 긋기란 불가능하다.
>
> 한마디로 요약하자면, 우리가 나무라고 부르는 것은, 우리가 관찰과 측정의 방법을 과학이라고 부르는 것과 마찬가지로, 우리들의 지각에 의한 것이

---

29) 프리쵸프 카프라, 『생명의 그물』, 김용정 · 김동광 역(서울: 범양사출판부, 1998), p. 60.

다. …

지금까지 짧게 요약한 시스템적 사고의 특성들은 모두 상호의존적인 것들이다. 여기에서 자연은 서로 연결된 관계들의 그물망으로 간주된다. 그리고 그 속에서 특정한 패턴을 '대상'으로 식별해 내는 것은 인간관찰자와 그의 앎(인식)의 과정에 달려있다.[30]

인간과 자연은 상호의존적으로 연기하고 있는 관계의 그물망을 이루는 패턴들이다. 이름[言說]은 이들 패턴에 주어진 것이다. 따라서 인간과 자연을 실체시해서는 안 된다. 우리가 알아야 할 것은 '인간은 무엇이고 자연은 무엇인가'를 개념적으로 구분하는 것이 아니라, 우리가 '인간이라고 부르는 것과 자연이라고 부르는 것이 어떤 관계를 맺고 있는가' 이다. 왜냐하면 우리가 인간이나 자연이라고 부르는 것은 상호의존하여 변화해 가는 무상한 패턴이기 때문이다.

인간과 자연에 대한 이러한 이해의 태도, 즉 관계에 대한 관심은 필연적으로 인간은 타인이나 자연과 어떤 관계를 맺어야 하는가, 즉 타인과 자연에 대해여 어떻게 행동해야 할 것인가라는 윤리적인 문제와 직결된다. 인간과 자연, 나와 남이 상호의존적으로 하나의 전체를 이루고 있다는 자각은 나와 남, 인간과 자연을 분별하지 않고 한 몸으로 보는 동체자비(同體慈悲)의 실천, 즉 윤리적 삶의 토대가 되는 것이다.

『화엄경』에서는 세계의 상호의존적 관계를 깨달아 동체자비의 윤리를 추구하려는 마음을 일으키는 것을 발보리심(發菩提心), 즉 발심(發

---

30) 위의 책, pp. 63-64.

心)이라고 부르며, 인간은 지혜롭고 행복한 삶과 장애 없고 아름다운 세상을 만들기 위해 마땅히 발심해야 한다고 역설한다.

발심의 공덕은 측량할 수 없나니	(發心功德無能測)
삼세 일체 부처님을 만들어내고	(出生三世一切佛)
세상 모든 즐거움을 이루어내며	(成就世間一切樂)
일체의 수승공덕 증장시키고	(增長一切勝功德)
일체 모든 의혹은 길이 끊는다.	(永斷一切諸疑惑)
아름다운 세상을 열어 보이고	(開示一切妙境界)
일체의 장애를 모두 없애며	(盡除一切諸障碍)
청정한 세상을 이루어내고	(成就一切淸淨刹)
일체의 如來智를 출생하나니	(出生一切如來智)
시방의 一切佛을 친견하고자	(欲見十方一切佛)
무진장한 공덕을 베풀어주고자	(欲施無盡功德藏)
중생들의 모든 고뇌 없애주고자	(欲滅衆生諸煩惱)
어서 빨리 보리심을 일으켜야 한다.[31]	(宜應速發菩堤心)

이와 같이 대승불교에서는 인간과 자연을 삶을 통해 연기하는 상호의존적 관계로 봄으로써 인간은 타인이나 자연세계에 대해 자비를 실천해야 할 윤리적 당위성이 있음을 강조한다.

5. 결어

세계이해의 바탕에는 인과율이 있다. 동서양을 막론하고 기존의 세

31) 『大方廣佛華嚴經』권 17(『大正新脩大藏經』 10, p. 95a)의 필자 번역.

계이해는 대부분 인과를 실체들의 직선적이며 단일방향적인 관계로 보는 직선적 인과율에 의한 것이었다. 직선적 인과율은 인과관계를 실체 사이의 일방적 관계로 보기 때문에, 사물의 발생을 설명할 때 원인에서 결과로의 흐름이 일방적인 인과의 고리를 제공한다. 이러한 인과의 고리는 제일원인으로서의 근본실체를 전제하거나 무한소급으로 끝을 맺는다. 따라서 '근본실체는 존재하는가, 존재하지 않는가?', '근본실체는 정신인가, 물질인가?' 라는 식의 모순된 주장이 대립하고, 우리는 이 모순된 주장 가운데 하나의 선택을 요구받는다.

붓다는 모든 것은 상호의존적으로 존재하고 생성되므로 인과구조는 직선적이 아니라 그물망과 같은 구조임을 깨달았다. 따라서 불교의 관점에서 보면 소급해 가야할 원인이 없으므로 제일원인도 없고, 근본실체도 없다. 오직 서로 영향을 주고받는 관계 속에서 끊임없이 변화해 가는 과정이 있을 뿐이다. 따라서 불교에서는 실체를 공허한 것으로 보고 관계를 진실한 것으로 본다. 불교의 세계 이해는 이러한 상호의존적인 인과율, 즉 연기설에 토대를 둔다.

연기설의 관점에서 보면 세계는 인간의 인지구조를 통해 연기한 것이다. 즉 세계의 토대는 인지구조이며, 중생들은 인지구조를 토대로 삶을 영위하면서 자신과 세계를 만들어 간다. 이것이 불교의 업보사상이다. 이러한 불교의 업보사상에 의하면, 인간과 자연은 삶의 결과, 즉 업보로서 삶에 의해 변화해 가는 과정이다.

인간이 어떻게 사느냐에 따라 인간 자신과 그의 환경, 즉 자연이 변화해 간다. 인간은 자연을 변화시키고, 자연은 인간을 변화시킨다.

이렇게 인간과 자연은 상호의존적으로 존재하면서, 상호인과적으로 인간은 자연을 만들고, 자연은 인간을 만든다. 따라서 자연과 인간은 불일불이(不一不異)의 관계를 갖는다.

이러한 인간과 자연에 대한 이해가 불교윤리의 토대가 된다. 자연은 중생 없이 존재할 수 없고, 중생은 자연을 떠나 존재할 수 없다. 인간은 자연의 영향을 받고, 자연은 인간의 삶에 의해 영향을 받는다. 자연과 인간은 불일불이의 관계 속에서 하나의 생명을 이루고 있다. 자연세계는 인간과 무관한 객관적 사실의 세계가 아니라, 인간의 삶에 의해 이해되고 변화하며, 인간의 삶에 영향을 준다. 따라서 윤리는 인간 상호간에만 적용되는 것이 아니라, 인간과 자연의 관계에도 적용되어야 한다. 여기에 현대윤리학에서 문제되는 환경윤리의 당위성이 있다.

VI

불교의 인간관

'인간이란 무엇인가?'

이 물음은 어느 시대·어느 사회에서나 물어졌던 물음이고, 그 답에 의해 인간의 삶의 형식과 내용이 결정되었다. 과거에는 종교의 교리나 전통사상이 인간이 무엇인가에 대한 소박한 해답을 제공했고, 사람들은 그 해답에 만족했다. 그러나 현대인은 많은 지식으로 인해 기존의 소박한 인간관에 회의를 갖게 되었고, 유물주의에 기초한 현대의 자연과학은 인간을 자연과는 다른 특별한 존재로 이해했던 기존의 인간관을 부정함으로써, 현대인의 인간관이 혼미해졌다.

이렇게 인간관이 혼미해짐에 따라, 인간의 삶도 바른 길을 찾지 못하고 있다. 그 결과 현대는 환경이 오염되고, 생태계가 파괴되고 있으며, 자원은 고갈되어가고 있고, 인간성은 상실되고 있다. 인류가 직면하고 있는 이러한 모든 위기는 인간에서 비롯되고 있는 것들이다. '인간이란 무엇인가?'라는 오래된 물음을 다시 물어야 하는 까닭이 여기에 있다.

불교는 '인간이란 무엇인가?'라는 물음에서 출발한 종교이다. 붓다는 기존의 인간관에 만족하지 못하고 스스로 인간의 참모습을 찾아 출가·수행한 결과 깨달음을 성취했다. 붓다가 인간의 참모습을 찾았던 방법은 합리적이고, 분석적이며, 실증적이다. 자연과학과 차이가 있다면, 육체의 물질적 구조를 밝혀 인간을 이해하지 않고, 인간의 내면적 의식과 삶을 분석하여 인간을 이해한 점이다. 이러한 붓다의 인간 이해는, 합리적이고 실증적인 것만을 신뢰하면서도, 유물주의의 한계를 느끼고 있는 현대인에게 인간 이해의 새로운 장을 마련해 줄 수 있다고 생각한다.

불교는 무아(無我)를 주장한다. 이러한 무아사상은 인간존재를 부정하는 것처럼 오해되기 쉽다. 그러나 불교의 무아설(無我說)은 인간존재의 참모습을 밝히는 것이지, 결코 인간의 존재 자체를 부정하는 사상이 아니다. 무아는 술어적(述語的) 의미를 지닌다. '오온(五蘊)은 무아(無我)이다.' '육입처(六入處)는 무아(無我)이다.'와 같은 명제에서 드러나듯이, 무아는 우리가 자기 존재라고 생각하는 것이 사실은 자기 존재가 아님을 의미할 때 술어적으로 사용되고 있는 것이다. 이렇게 술어적으로 사용되고 있는 무아는 인간에 대한 그릇된 이해를 제거하고 바른 이해로 인도하는 개념이다. 그럼에도 불구하고 무아가 부정적 의미로 이해됨으로써, 불교의 무아사상은 염세적이고 허무적인 사상으로 오해되고 있다.

자기상실과 가치전도의 삶을 살아가는 현대인에게 가장 시급하게 필요한 것은 인간의 참모습에 대한 바른 이해다. 따라서 근본불교와 대승불교의 경(經) · 논(論)을 통해 인간의 바른 이해에 접근하고자 한다.

근본불교의 연기설(緣起說)은 중생들이 어떻게 허망한 분별심을 일으키는가를 보여주고, '무아(無我)'와 '공(空)'은 이러한 연기설의 토대 위에서 분별심에 의한 자아에 대한 집착이 헛된 것임을 보여주기 위해 설해진 것이다. 이러한 무아 · 공사상은 대승불교에 계승 발전되어 분별을 떠난 참된 인간의 모습을 보다 구체적으로 드러내게 되는데, 이것이 일심(一心) · 진여(眞如) · 여래장(如來藏)사상이다. 이와 같이 근본불교의 무아설에서 대승불교의 여래장사상으로 발전해 가는 불교의 인간이해에 주목하면서, 인간의 참된 모습과 의미를 밝히고자 한다.

1. 실존으로서의 인간

『불설비유경』에 다음과 같은 이야기가 있다.

어떤 사람이 광야에서 사나운 코끼리에게 쫓기고 있었다. 두려워서 도망가는데 피할 곳이 없었다. 살펴보니 한 우물이 있는데, 우물가에 나무뿌리가 늘어져 있었다. 곧 뿌리를 타고 아래로 내려가 우물 가운데 몸을 피했다. 그런데 검은 쥐와 흰쥐가 있어 번갈아 가며 나무의 뿌리를 갉아먹고 있었다. 우물의 주위에는 네 마리의 독사가 있어서 그 사람을 물려고 했고, 아래에는 독용(毒龍)이 있었다. 용과 뱀 때문에 마음은 두려웠고, 쥐들이 갉고 있는 나무의 뿌리는 언제 끊어질지 모르는 위험한 생태였다. 나무뿌리에는 벌집이 있어 꿀이 다섯 방울씩 입으로 떨어졌으며 나무가 흔들리면 벌들이 벌집에서 나와서 이 사람을 물었다. 한편 들에는 불이나 이 나무를 태우고 있었다.[1)]

이 경은 우리의 인생을 비유로써 이야기한 것이다. 광야는 무명(無明)의 어둠 속에서 생사(生死)를 거듭하며 살아온 중생의 긴 삶에 비유한 것이다. 광야에서 쫓기는 사람은 중생을 의미하고, 코끼리는 무상(無常), 즉 허무를 의미한다. 우물은 생사를 의미하고, 나무의 뿌리는 수명을 의미하며, 흰쥐와 검은 쥐는 낮과 밤을 의미하고, 나무뿌리를 갉아먹는다는 것은 수명이 순간순간 짧아짐을 의미한다. 네 마리의 독사는 지수화풍(地水火風) 사대(四大)를 의미하고, 다섯 방울의 꿀은 다섯 가지 감각적인 욕망(五欲)을 의미한다. 벌은 사견(邪見)을 의미하고, 불은 노사(老死)를 의미하며, 독용은 죽음에 비유한 것이다.

이 비유를 통해 본 인간은 실존철학에서 이야기하는 실존과 다름이 없다. 인생은 무상하고 허무하다. 아무리 허무에서 도피하려 해도 죽음을 피할 수는 없다. 그가 허무를 피해 들어간 우물은 수명이 유지되는 동안 죽음이 유보되어 있는 상황일 뿐이다. 시시각각 수명의 끈은 끊어져 가고 있기 때문에, 마음은 항상 불안하고, 사대(四大)로 된 몸은 조금만 방심하면 독사에 물리듯이 건강을 잃는다. 죽음은 독용처럼 입을 벌리고 수명의 끈이 끊어지기를 기다리고 있다. 인간은 이렇게 허무하고 불안한 존재이다. 이러한 허무 속에서 유일한 즐거움은 꿀맛과도 같은 감각적 쾌락이다. 인간은 쾌락을 얻기 위해 벌에 쏘이는 것과 같은 고통을 무릅쓰면서 죽음과 허무를 잊고 살아간다.

죽음을 향한 허무하고 불안한 실존은 인간의 숙명인가? 아니면 이

---

1) 『佛說譬喩經』(『大正新脩大藏經』, 4, p. 801bc)의 필자 요약 번역.

러한 인간 실존은 극복될 수 있는가? 붓다가 해결하고자 한 것은 바로 이러한 문제였다.

붓다는 이 문제를 해결하기 위해 먼저 실존을 분석한다. 우리가 인간이라고 부르는 것은 무엇인가? 사람들은 인간으로서의 '나'가 존재하고 있다고 말한다. 붓다는 사람들이 인간으로서의 '나'의 존재라고 생각하고 있는 것을 분석하여 오취온(五取蘊)/오수음(五受陰)이라고 이야기한다.[2)]

우리가 '나'라고 할 때의 '나'는 우선 '신체적 자아'를 의미한다. 그러나 신체적 자아만을 '나'라고 생각하지는 않는다. "나는 괴롭다"고 할 때의 '나'는 '감정적 자아'이고, "나는 생각한다"고 할 때의 '나'는 '이성적 자아'이며, "나는 무엇을 하고 싶다"고 할 때의 '나'는 '의지적 자아'이고, "내가 꽃을 보았다"고 할 때의 '나'는 '의식적 자아'이다.

붓다가 말하는 오취온, 즉 색(色), 수(受), 상(想), 행(行), 식(識)은 신체적 자아 내지 의식적 자아를 의미한다. 붓다는 사람들이 이 다섯 가지 '자아'가 실재한다고 믿고, 나의 몸과 나의 의식은 태어나서 죽을 때까지 '나'를 이루고 있다고 생각하면서, 이 다섯 가지를 '나'라고 생각하거나, '나의 소유'라고 생각하거나, 그 속에 '나'가 들어있다고 생각하거나, '나' 속에 이들이 들어있다고 생각한다고 지적한다.[3)] 죽음을 향한 허무하고 불안한 실존을 붓다는 이와 같이 오취온으로 분

2) 『雜阿含經』, 권 2(『大正新脩大藏經』 2, p. 11b), "有五受陰 若諸沙門婆羅門見有我者 一切皆於此五受陰見我"

3) 같은 책, "諸沙門婆羅門 見色是我 色異我 我在色 色在我"

석한다.

붓다는 이러한 오취온을 자기 존재라고 생각하는 것은 어리석은 범부들의 무명에서 비롯된 것이라고 가르친다.[4] 붓다는 왜 이러한 생각을 무명에서 비롯된 잘못된 생각이라고 하는가? 붓다는 다음과 같이 말한다.

> …… 안(眼)과 색(色)을 인연으로 하여 안식(眼識)이 생긴다. 셋(안, 색, 안식)의 화합이 촉(觸)이다. 촉에서 수(受), 상(想), 사(思)가 함께 생긴다. 이들(식, 수, 상, 사)이 사무색음(四無色陰)이다. 안과 색 그리고 이들 법(사무색음)을 사람이라 부르고, 이들 법에 대하여 사람이라는 관념을 만들어, 중생, 나라(nara; 人), 마누사(manussaloka; 人間, 人趣), 마나바(mâṇavaka; 소년), 사부(士夫), 복가라(puggala; 人), 기바(jīvaka-komârabhacca; 壽命, 有情), 선두(jantu; 有情)라고 부른다. 그리고 이와 같이 말한다. "나의 눈이 색을 보고, 나의 귀가 소리를 듣고, … 나의 마음이 사물을 인식한다." 그리고 또 이렇게 말한다. "이 존자(尊者)의 이름은 이러하고, 이렇게 태어나서, … 이렇게 살다가 이렇게 죽었다." 비구여, 이것은 관념(想)이고 기억(誌)이며 언설(言說)일 뿐이다. 이들 모든 법은 무상(無常)하고 유위(有爲)이며 바램(思)과 기대(願)를 연하여 생긴 것이다.[5]

'나'는 시간적으로 존속성과 자기동일성을 가져야 한다. 따라서 오취온이 '나'이기 위해서는 오취온이 자기동일성을 가지고 존속해야 한다. 그런데 붓다는 그러한 오취온이 십이입처(十二入處)에서 연기(緣起)

---

4) 같은 책, "愚癡無聞凡夫 以無明故, 見色是我, 異我, 相在."

5) 『雜阿含經』, 권 13(『大正新脩大藏經』 2, pp. 87c-88a)의 필자 번역. ( ) 안은 이해를 돕기 위해 필자가 기입함.

한 것이라고 이야기한다.

십이입처는 우리의 의식을 분석한 결과 발견된 의식을 발생케 하는 심적(心的) 요인이다. 붓다는 우리가 소유하고 있는 의식이 대상을 인식한다고 보지 않고, 어떤 요인에 의해 의식이 발생할 때 인식이 이루어진다고 본다. 이 때 의식의 발생 요인이 십이입처인 것이다.[6]

위의 경은 이러한 십이입처를 인연으로 오취온이 연기하는 과정과, 우리가 '나'라고 생각하고, '인간'이라고 생각하는 것은 십이입처에서 연기한 오취온이라는 것을 보여주고 있다. 오취온은 인간을 구성하고 있는 요소나 사물이 아니라, 십이입처라는 심적 요인에 의해 발생되고 있는 의식현상일 뿐이라는 것이다. 따라서 색, 수, 상, 행, 식은 순간적인 의식현상을 지칭하는 관념이요, 기억이며, 언설이라는 것이 붓다의 주장이다.

붓다는 오취온이 실체가 없는 허망한 의식현상임을 다음과 같이 이야기한다.

> 비구들이여, 비유컨대 두 손을 마주쳐서 소리를 내듯이, 이와 같이 안(眼)과 색(色)을 인연으로 하여 안식(眼識)이 생기며, … 촉에서 수(受), 상(想), 사(思)가 함께 생긴다. 이들 모든 법은 나(我)가 아니며, 항상(恒常)하는 것이 아니며, 이 무상한 나는 항상하지 않고, 안은(安隱)하지 않고, 변역(變易)하는 나이다.[7]

---

6) 十二入處는 일반적으로 감각기관(六根)과 그 대상(六境)을 의미하는 것으로 알려져 있다. 그러나 필자는 十二入處를 六根·六境과는 다른 의미로 이해하고 있다. 이중표, 『아함의 중도체계』(불광출판부, 1991), pp. 130-137. ; 이중표, 「六入處와 六根은 동일한가?」, 범한철학 제17집, pp. 300-304 참조.

허무하고 불안한 존재인 실존, 즉 오취온은 인간의 참모습이 아니라 무명에서 비롯된 망상이다. 붓다가 '무아'라는 개념으로 부정하고 있는 '나'는 이렇게 실체가 없이 연기한, 무상하게 변하고 있는 허망한 오취온, 즉 죽음을 향한 허무하고 불안한 실존이다.

2. 업보(業報)로서의 인간

실존이 인간의 참모습이 아니라면 인간의 참모습은 어떤 것인가? 우리는 불교의 '업설(業說)'에서 그 답을 찾을 수 있다. 불교의 업설은 상식적인 업설과는 크게 다르다. 일반적으로 업설이라고 하면 업을 짓는 주체로서의 시간적 동일성을 갖는 '자아'를 전제로 하기 마련이다. 그러나 불교의 '무아설'은 그러한 '자아'의 존재를 부정한다. 불교의 '업설'은 이러한 '무아설'의 근거가 된다. 붓다는 다음과 같이 이야기한다.

> 비구들이여, 안(眼)은 생길 때 오는 곳이 없고, 멸할 때 가는 곳이 없다. 이와 같이 안은 부실하게 생기며, 생겨서는 남김없이 사라진다. 업보(業報)는 있으나 작자(作者)는 없다. 이 음(陰)이 멸하면 다른 음이 상속한다.[8]

우리는 사물을 볼 때 '보는 나(眼)'를 지각한다. 우리는 '보는 나'의 지각을 토대로 '자아'가 존재하고 있다는 생각을 갖는다. 그러나 '보는

7) 『雜阿含經』, 권 11(『大正新脩大藏經』 2, p. 72c)의 필자 번역.
8) 『雜阿含經』, 권 13(『大正新脩大藏經』 2, p. 92c)의 필자 번역.

나'는 볼 때에만 나타난다. 보지 않을 때는 '보는 나'는 지각에서 사라진다. '보는 업(業)'을 통해서 '보는 나'가 나타날 뿐 '자아'가 어디에 숨어 있다가, 볼 때는 나오고, 보지 않을 때는 숨는 것이 아니다. 그러므로 '보는 업'과 그 결과로서 나타나는 '보는 나'는 있지만 '보는 업'의 작자(作者)로서의 '자아'는 없다는 것이다.

여기에서 주목되는 것은 음(陰), 즉 온(蘊)의 상속이다. 『잡아함경』에서 오온의 상속은 종자에 비유된다. 한 알의 볍씨가 인연을 만나면 그 볍씨는 사라져도 거기에서 뿌리, 줄기, 가지, 잎, 볍씨가 나오듯이 식온(識蘊)이 새로운 인연을 만나면 새로운 오온으로 상속된다는 것이다.[9] 이러한 상속에 상주불변하는 자아는 없으며, 오온의 상속은 업보의 관계에 있다.

인간은 이러한 업보의 현상이다. 우리가 육신이나 영혼이라고 부르는 것도 그 실상은 업보인 것이다. 불교의 연기설은 이러한 '무아업보설(無我業報說)'을 의미한다. 무아의 논리적 근거가 되는 연기(緣起)란 업(業)의 다른 이름이다.[10] 이와 같이 불교에서는 인간을 육체나 영혼과 같은 존재로 보지 않고 업으로 본다. 이러한 업설의 인간관에서 보면 인간은 업(業)이면서 보(報)이다. 인간은 본래적으로 어떤 본질을 갖고 있는 존재가 아니라, 삶에 의해 형성되어 가는 과정적 존재인 것이다. 따라서 삶이 곧 인간이라고 할 수 있다.

---

9) 이중표, 앞의 책, pp. 173-175 참조.

10) 『別譯雜阿含經』, 권 11(『大正新脩大藏經』 2, p. 448c), "一切衆生悉是有爲 從諸因緣和合而有 言因緣者卽是業也" 이 경에서 '因緣'은 '緣起'와 같은 의미이다.

불교는 생사(生死)를 벗어나 열반(涅槃)을 성취하는 것을 목표로 한다. 불교에서 이야기하는 생사는 생리학적인 생물의 탄생과 죽음을 의미하는 것이 아니다. 십이연기(十二緣起)를 보면 생사는 무명(無明)에서 연기한 것이다. 생사는 진리에 대한 무지, 즉 인간의 실상을 무아와 업보로 이해하지 못하고, '자아'를 실재하는 것으로 취착(取著)함으로써 나타난 허망한 착각이다. 열반은 이러한 착각을 자각하고 업보로서의 자아, 즉 '무아'를 깨달았을 때 나타나는 진실이다.

오온(五蘊)의 실상(實相)은 존재가 아니라 업, 즉 삶이다. 색(色)은 보고 듣고 만지는 등의 지각활동이고, 수(受)는 즐겁거나 괴롭게 느끼는 감각활동이며, 상(想)은 비교, 추론하는 사유활동이고, 행(行)은 욕구를 추구하는 의지활동이며, 식(識)은 사물을 분별하는 인식활동이다. 인간의 실상은 보고, 느끼고, 사유하고, 행위하고, 인식하며 살아가는 '삶'이다. '무아'와 '업보'는 이러한 '삶'을 의미한다.

진리는 우리가 알건 모르건 변치 않는다. 다만 진리를 알면 진리에 따라 살고, 모르면 어긋나게 살아갈 뿐이다. 전술했듯이, 붓다는 오취온의 존재 방식을 무명에 의해 전도(顚倒)된 삶의 태도로 보고, 이것을 생사(生死)라고 부른다. 따라서 붓다는 오취온이 무상한 유위(有爲)임을 깨달아 무명을 없애고 무아를 채득함으로써 열반을 자연스럽게 얻게 된다고 이야기한다.[11] 붓다는 보고, 느끼고, 사유하고, 행위하고, 인식하는 삶 자체에 문제가 있는 것이 아니라, 이러한 삶의 실상을 알

11) 『雜阿含經』, 권 10(『大正新脩大藏經』 2, pp. 70c-71a), "無常想修習 多修習, 能斷一切欲愛 … 無明. 所以者何. 無常想者 能建立無我想. 聖弟子 住無我想, 心離我慢, 順得涅槃."

지 못하고 헛된 욕망을 일으켜, 허구적으로 '자아'를 구성하여, 그것을 집착하는 데 문제가 있다고 본 것이다.

불교에서는 중생들이 어리석음에서 자아를 허구적으로 구성해 놓은 것을 오온환신(五蘊幻身)이라고 부르고, 무아의 실상을 깨닫고 살아가는 참된 삶의 모습을 오분법신(五分法身)이라고 부른다. 불교에서 말하는 인간의 참모습은 오분법신인 것이다.

오분법신은 주지하듯이 계(戒), 정(定), 혜(慧), 해탈(解脫), 해탈지견(解脫知見)을 말한다. 이것은 본질적으로는 오온과 다르지 않다. 오온이 인간의 참모습에 대한 무지에서 욕탐(欲貪)에 의해 자기존재로 취착된 자아임에 반해, 오분법신은 인간의 참모습에 대한 깨달음에서 원(願)에 의해 추구되는 삶이다. 따라서 오온을 자아로 취착한 삶은 '나는 무엇이 되고, 무엇을 소유할 것인가'가 삶의 목표가 되지만, 오분법신의 삶은 '나는 어떻게 살아갈 것인가'가 삶의 목적이 된다.

지각하는 감관을 자신의 몸으로 취착하고, 지각되는 대상을 외부의 존재로 취착하여, 자신에게 즐거움을 주는 대상을 소유하려 하고, 즐거움을 느끼는 자기 존재를 유지시키려 하면서, 살생, 투도, 사음, 망어 등의 온갖 악행을 마다하지 않는 것이 오온의 색(色)이라면, 색이 무상한 것임을 깨달아, 욕망을 버리고 이웃을 행복하게 함으로써, 자신의 행복이 이들과 함께 연기한다는 연기의 도리에 따라 온갖 악행을 멀리하는 것이 오분법신의 계신(戒身)이다.

감각적 욕망을 추구하기 때문에, 그 욕망이 충족되지 않으면 괴로움을 느끼고, 그 욕망이 충족되면 순간적인 쾌락을 느끼면서, 고락의 감정이 끊임없이 교차하는 산란한 마음이 오온의 수(受)이고, 우리의 느낌이 무상한 것임을 깨달아, 욕망을 버리고 계율을 실천함으로써, 항상 고요하고 안정된 마음으로 살아가는 것이 오분법신의 정신(定身)이다.

무명의 상태에서 지각되고, 느껴지는 대상을 취하여, 분석하고, 종합하여, 추상적인 관념을 만드는 것이 오온의 상(想)이고, 일체의 모든 현상이 서로 인연이 되어 함께 연기하고 있으며, 따라서 무아이고 공이라는 것을 밝게 비추어 보는 지혜가 오분법신의 혜신(慧身)이다.

사유의 결과 성립된 관념을 실체화(實體化)하고, 그것을 대상으로 욕구를 일으켜, 욕망에 속박된 의지가 오온의 행(行)이고, 지혜에 의지하여 욕망에서 벗어난 자유의지가 오분법신의 해탈신(解脫身)이다.

행(行)에 의해 조작된 허구적인 자아와 세계를 분별하여 생사를 인식하는 것이 오온의 식(識)이고, 무아와 업보의 도리를 깨달아 생사가 본래 없어 삶이 그대로 열반이라는 것을 아는 것이 오분법신의 해탈지견신(解脫知見身)이다.

이와 같은 오분법신이 근본불교에서 이야기하는 인간의 참모습이다.[12)]

3. 마음으로서의 인간

인간을 포함한 모든 중생은 업(業)에 의해 존재한다. 업에 의해 태

---

12) 五取蘊과 五分法身에 대한 상세한 내용은 이중표, 앞의 책, pp. 308-316 참조.

어나고, 업에 의해 살아가는 세계가 결정된다.13) 중생만 그런 것이 아니다. 여래(如來)의 법신(法身)도 보살행(菩薩行)의 결과이다.14) 이와 같이 중생이건, 여래이건, 업은 모든 인간의 본질이다.

업에는 신업(身業), 구업(口業), 의업(意業)이 있는데, 붓다는 의업이 가장 중요하다고 이야기한다. 의업이 일어나지 않으면 신업과 구업은 일어날 수 없기 때문이다.15) 따라서 모든 업은 의업에 포섭된다고 할 수 있다. 이런 의미에서 업은 생각만 가지고 있을 뿐 아직 실천되지 않고 있는 '사업(思業)'과, 생각이 실천으로 완료된 '사이업(思已業)'으로 분류되며, '사업'과 '사이업'이 업의 자성(自性)으로 이야기된다.16) 업의 자성을 사업과 사이업이라고 하는 것은 마음이 업의 근원이라는 것을 의미한다.

인간의 행과 불행, 지옥과 천상도 모두 마음에서 비롯된다.17) 중생과 중생이 사는 세계는 업의 결과이고, 업은 마음에서 비롯되는 것이므로, 마음은 모든 것의 근본이 된다.18) 이러한 생각이 발전하여 업

---

13) 『本事經』, 권 1(『大正新脩大藏經』 17, p. 663ab), "一切有情 皆由自業 業爲伴侶 業爲生門 業爲眷屬 業爲依趣 業能分定一切有情下中上品"

14) 『小品般若波羅密經』, 권 10(『大正新脩大藏經』 8, p. 584c), "諸如來身亦復如是 無有定法 不從十方來 亦復無因而有 以本行報生"

15) 『中阿含經』, 권 32(『大正新脩大藏經』 1, p. 628b), "我施設意業爲最重 令不行惡業不作惡業 身業口業則不然"

16) 『本事經』, 권 1(『大正新脩大藏經』 17, p. 663ab.), "業自性者 謂或思業 或思已業 如是應知諸業自性"

17) 『本事經』, 권 1(『大正新脩大藏經』 17, p. 663a), "諸有業果 皆緣心意 …… 墮諸惡趣, 生地獄中 所以者何 彼諸有情心意染汚 諸有業果 皆緣心意 …… 昇諸善趣 生於天中 所以者何 彼諸有情心意淸淨"

18) 『增壹阿含經』, 권 51(『大正新脩大藏經』 2, p. 827b), "心爲法本 心尊心使 心之

보와 마음의 관계를 밝힌 것이 대승불교의 유식학(唯識學)이다.

유식학에서는 우리의 마음을 크게 심(心), 의(意), 식(識), 세 가지로 나눈다. 인간은 착한 일도 하고 악한 일도 하면서 살아간다. 인간의 마음은 이러한 선악업(善惡業)에 의해 훈습(熏習)된다. 훈습이란 종이에 향기가 배어들 듯이 인간의 행위가 마음에 습관으로 배어드는 것을 말한다.

마음이 훈습되면 그 마음에는 습기(習氣)가 있게 되는데, 이 습기를 종자(種子)라고도 부른다.[19] 인간의 마음은 과거의 삶에 의한 선악업의 결과로 더럽게 혹은 깨끗하게 여러 가지로 훈습되어 수많은 습기, 즉 종자가 모여 있다.[20] 이렇게 업의 결과로서의 종자가 모여 있는 마음이 "심(心)"이며 '아뢰야식(阿賴耶識)'이다.

이 마음에 모여 있는 종자에서 모든 존재현상, 즉 법(法)이 일어난다. 종자가 인(因)이 되어 법이 과(果)로써 나타나는 것이다. 이와 같이 아뢰야식은 업의 결과, 즉 법이 종자로 모여 있는 곳이며, 동시에 모든 법이 업을 통해 발생하는 근원이다.

우리가 '내적(內的) 자아(自我)'라고 집착하고 있는 것은 이 아뢰야식이다. 이렇게 업의 결과이며, 업이 발생하는 근원인 아뢰야식을 불변의 내적 자아로 생각하고 집착하는 마음이 '의(意)'이며 '말나식(末那識)'

念惡 卽行卽施 於彼受苦 輪轢于轍 心爲法本 心尊心使 中心念善 卽行卽爲 受其善報 如影隨形"

19) 護法等菩薩 造,『成唯識論』, 玄奘 譯, 권 2(『大正新脩大藏經』31, p. 8b), "種子旣是習氣異名"

20) 같은 책, "諸有情心 染淨諸法所熏習故 無量種子之所積集"

이다. '식(識)'은 감각적 지각을 통해 대상을 인식하는 안, 이, 비, 설, 신, 의식(眼, 耳, 鼻, 舌, 身, 意識), 즉 '6식(六識)'을 말한다. 유식학에서는 대상을 인식하는 여섯 가지 의식을 '6식'이라 하고 말나식을 '제7식(第七識)', 아뢰야식을 '제8식(第八識)'이라고 부른다. 우리들이 다양한 개념으로 이야기하는 자아와 세계는 모두 이들 마음이 전변(轉變)한 것이다.[21)]

이와 같이 유식학에서는 업의 근원이 마음인 점을 강조하여 자아와 세계를 마음의 전변으로 보고, 가장 근원이 되는 마음, 즉 제8식을 중심으로 인간을 설명한다. 『성유식론』에서는 1) 심(心), 2) 아다나(阿陀那), 3) 소지의(所知依), 4) 종자식(種子識), 5) 아뢰야(阿賴耶), 6) 이숙(異熟), 7) 무구식(無垢識)이라는 일곱 가지 이름으로 제8식의 여러 가지 모습을 설명한다.[22)]

먼저 착하고 악한 갖가지 삶, 즉 업에 의해 훈습된 종자가 모여 있다는 의미에서 '심'이라고 부른다. 다음으로 종자[마음]와 여러 색근(色根; 몸)을 집지(執持)하여 망실되지 않도록 하기 때문에 '아다나(âdâna)'라고 부른다. 우리의 몸과 마음이 일정한 상태로 유지되는 것은 제8식 때문이며, 제8식의 이러한 작용을 아다나라고 부르는 것이다. 제8식은 우리의 몸과 마음만을 유지시키는 것이 아니라 외부의 존재로 인식되는 모든 것도 제8식에 의지하고 있다. 우리에게 인식되는 좋고

---

21) 위의 책, 권 1(『大正新脩大藏經』 31, p. 1a), "由假說我法 有種種相轉 彼依識所變 此能變唯三 謂異熟思量 及了別境識"

22) 이하의 '第八識'에 대한 설명은 위의 책, 권 3(『大正新脩大藏經』 31, p.13c)의 내용을 정리한 것.

나쁜 모든 존재가 제8식에 의지(依止)하고 있는 것이다. 제8식의 이러한 모습을 '소지의(所知依)'라고 한다. 생사의 세계[世間]이건, 열반의 세계[出世間]이건, 모두가 제8식의 종자에서 연기한다. 이와 같이 마음은 세간과 출세간의 모든 종자를 섭지(攝持)하고 있기 때문에 '종자식'이라고도 부른다.

마음의 이와 같은 모습은 중생이건, 부처님[23]이건, 차이가 없다. 중생이건, 부처님이건, 모두가 삶을 통해 마음을 형성하고, 마음에서 자아의식과 외부세계에 대한 의식이 나타나며, 이 의식에 의해 형성된 자아와 세계 속에서, 삶을 통해 새로운 내용의 마음을 형성하며 살아간다. 따라서 삶에 따라 마음은 다른 모습으로 형성된다. 아뢰야식(阿賴耶識), 이숙식(異熟識), 무구식(無垢識)이라는 이름은 다른 삶에 의해 다른 모습을 지닌 마음에 붙여진 이름이다.

아뢰야식이라는 이름은, 타자와 대립하는 자아가 존재한다고 생각하고[我見], 그 자아를 애착하여[我愛], 이기적인 삶을 삶으로써 형성된 번뇌에 물든 마음을 자신의 내적 자아로 삼고 있는, 무아(無我)의 진리에 무지한 범부들의 마음에 붙여진 이름이다. 무아의 진리를 깨달은 무학위(無學位)와 불퇴보살(不退菩薩)의 마음은 자아에 대한 집착이 없으므로 아뢰야식이라고 하지 않는다.

이숙식이라는 이름은 부처님이 되기 이전의 모든 인간에게 해당되는 이름이다. 이숙(異熟; vipâka)이란 원인과는 다른 결과를 성숙시키

23) 이 글에서 '붓다'는 불교의 교조인 釋尊을 의미하는 고유명사로, '부처님'은 '중생'과 상대적인 의미의 보통명사로 사용하고 있다.

는 것을 의미한다. 중생들은 선악의 업력(業力)에 의해서 삼계(三界)의 육도(六道)를 윤회한다. 중생들이 윤회하는 삼계와 육도는 외부에 존재하는 것이 아니라 마음이 전변한 것이다. 삼계와 육도를 전변해 내는 마음, 즉 제8식은 과거의 업력의 결과로써, 그 업에 상응하여 과거와는 다른 세계를 전변해 내는 의식이라는 의미에서 이숙식이라고 부른다.

생사를 떠난 여래의 마음은 이숙(異熟)이 없으므로, 이숙식이라고 하지 않고 무구식이라고 부른다. 아뢰야식이나 이숙식은 수행을 통해 버릴 수 있지만, 무구식은 결코 버릴 수 없으며, 이러한 무구식이 모든 중생들을 행복하게 하는, 분별을 떠난, 청정한 마음으로서 인간의 참모습이다.

4. 여래장(如來藏)으로서의 인간

인간은 업을 통해 마음을 형성하고, 그 마음에 의해 차별이 있다. 중생이건, 부처님이건, 업에 의해 훈습된 종자가 모여 있는 마음에 의지하여 살아가고 있다는 점에서는 다름이 없으나, 마음의 상태는 삶, 즉 업에 의해 차별이 있는 것이다. 이러한 모든 차별은 진실, 즉 인간의 참모습에 대한 무지에서 비롯된 것이다.

그렇다면 인간의 참모습은 어떤 것인가? 인간의 참모습을 대승불교에서는 진여(眞如), 불성(佛性), 법신(法身) 등으로 부르며, 모든 인간은 이러한 참모습을 구비하고 있다는 의미에서 여래장(如來藏)이라고 부른다.

만약 인간을 이렇게 여래장으로 이해한다면, 이것은 근본불교의 무아설(無我說)과 모순되는 것이 아닌가? 그래서 '여래장사상은 불교가 아니다'고 주장하기도 한다.[24] 그러나 그러한 주장은 여래장사상에 대한 오해에서 비롯된 것이다. 『대승입능가경(大乘入楞伽經)』 〈집일체법품(集一切法品)〉에서는 여래장사상이 무아설에 위배된다는 오해에 대하여 다음과 같이 이야기하고 있다.

> 대혜(大慧)여, 내가 말하는 여래장은 외도가 설하는 아(我)와 다르니라. 대혜여, 여래응정등각께서는 …… 일체의 분별상을 떠나게 하는 무아법(無我法)을 바탕으로, 갖가지 지혜와 방편(方便)의 뛰어나고 교묘함으로, 혹은 如來藏을 설하기도 하고, 혹은 무아(無我)를 설하나니, 갖가지 명자(名字)가 각각 차별이 있느니라. 대혜여, 내가 여래장을 설하는 것은 아(我)에 집착한 제외도(諸外道)의 무리를 싸안아서, 망견(妄見)을 떠나 삼해탈(三解脫; 空, 無相, 無願)에 들어가, 속히 아뇩다라삼먁삼보리를 얻도록 하기 위함이니, 이 까닭에 제불(諸佛)께서 설하시는 여래장은 외도(外道)가 설하는 아(我)와 다르니라. 만약 외도의 지견(知見)을 떠나고자 하면, 마땅히 무아(無我)의 여래장의(如來藏義)를 알아야 하느니라.[25]

이 경에서는 무아와 여래장이 무아법을 바탕으로 설해진 것이므로, 이름만 다를 뿐 내용은 다름이 없다고 하고 있다. 그렇다면 여기에서 이야기하고 있는 무아의 여래장은 어떤 것인가? 전술한 바와 같이, 무

---

24) 松本史朗 著, 『연기와 공』, 慧源 譯(서울: 운주사, 1994), pp. 17-26 참조.

25) 박건주 역주, 『如來心地의 要門』(능가산방, 1997), p. 121-122. 이 책은 『大乘入楞伽經』을 3종의 異譯을 참조하여 역주한 것이다.

아설은 자기존재나 존재현상 자체를 부정하는 이론이 아니다. 붓다가 이야기하는 무아는 자아의 존재를 전적으로 부정하는 단멸론(斷滅論)도 아니고, 그렇다고 해서 상주론(常住論)도 아닌 '단상중도(斷常中道)'에서 설해진 것이다. 『잡아함경』에는 '단상중도'가 다음과 같이 설해지고 있다.

> 자신이 짓고 자신이 받는다고 하면 상견(常見)에 떨어지고, 다른 사람이 짓고 다른 사람이 받는다고 하면 단견(斷見)에 떨어진다. 의미 있고 여법(如法)한 주장은 이들 이변(二邊)을 떠나 중도(中道)에서 설한 법으로서, 소위 이것이 있는 곳에 그것이 있고, 이것이 일어날 때 그것이 일어난다는 것이니, 무명(無明)을 연하여 행(行)이 있고, …… .[26)]

우리의 삶은 업을 짓는 것이다. 그런데 이 업을 '짓는 자[作者]'와 그 업의 과보를 '받는 자[受者]'가 동일한 존재라고 한다면 상견(常見)이고, 서로 다른 존재라고 한다면 단견(斷見)이다. 이와 같은 단견과 상견에 빠지는 것은 자아가 시간적인 존속성을 가지고 공간 속에 존재한다고 믿기 때문이다. 시간적 존속성을 가지고 공간 속에 존재하는 '자아의 존속성'이 죽음을 통해 단절된다고 믿는 것이 단견이고, 사후에도 끊임없이 존속한다고 믿는 것이 상견이다.

붓다는 시간적 존속성을 가지고 공간 속에 존재하는 자아를 부정한다. 앞에서 살펴보았듯이 '업보(業報)는 있으나 작자(作者)는 없다'는 것이다. 우리는 업(業)을 짓는 자이거나 보(報)를 받는 자가 아니라, 업보

---

26) 『雜阿含經』, 권 12(『大正新脩大藏經』 2, p. 85c)의 필자 번역.

(業報) 그 자체이다. 이와 같은 '업보로서의 자아'가 무아이다. 그러나 중생들은 무아의 실상을 알지 못하기 때문에, 삶을 통해 형성된 여러 가지 체험의 내용을 자아라고 집착한다. 업을 지어 보를 받는 자아가 있다는 중생들의 생각은 무아의 실상을 알지 못한 무명(無明)에서 비롯된 것이다.

이와 같은 업보로서의 자아를 유식학에서는 아뢰야식이라고 부른다. 아뢰야식은 전에 지은 선악업(善惡業)의 결과이며[27] 앞으로 지을 업의 종자이기도 하다.[28] 이러한 아뢰야식을 중생은 내적 자아로 집착하고 있다.[29] 그러나 아뢰야식은 불변의 내적 자아가 아니다.

이와 같이 아뢰야식은 업보와 무아의 의미를 담고 있다. 『잡아함경』에서 '업보는 있으나 작자는 없다'[30]고 한 것을, 유식학에서는 업보로서의 아뢰야식은 있으나, 아뢰야식이 중생들의 불변의 내적 자아는 아니라고 하고 있는 것이다. 이 아뢰야식을 여래장이라고 하는 것이므로, '무아의 여래장'은 '업보로서의 아뢰야식'을 의미한다.

우리에게 존재현실로 드러나는 모든 것은 '업보로서의 마음', 즉 아뢰야식이 전변한 것이다. 『80권 화엄경』에서는 모든 존재현상은 업이 근본이 되고, 모든 업은 마음이 근본이 된다고 하고 있다.[31] 이와 같

---

27) 『成唯識論』, 권 2(『大正新脩大藏經』 31, p. 7c), "此是能引諸界趣生善惡業異熟果 故說名異熟"

28) 같은 책, "此能執持諸法種子 令不失 故名一切種"

29) 같은 책, "有情執爲自內我故"

30) 주 8) 참조.

31) 『大方廣佛華嚴經』 권 19(『大正新脩大藏經』 10, p. 101b), "一切衆生界 皆在三世中 三世諸衆生 悉住五蘊中 諸蘊業爲本 諸業心爲本"

이 마음이 업의 근본이 되며, 마음이 모든 것을 만든다고 생각함으로써, 대승불교에서는 인간의 본질을 마음으로 파악하게 된 것이다.

마음으로 파악된 인간은, 스스로의 마음으로 업을 지어, 현재의 자기에 머물지 않고, 끊임없이 자신과 자신의 세계를 창조해 가는 존재이다. 마음은 업을 통해 자신과 세계를 만든다. 부처님은 그 마음으로 부처님과 부처님의 세계를 만들고, 중생은 그 마음으로 중생과 중생의 세계를 만든다. 부처님이든, 중생이든, 자기와 세계를 만들어 가는 마음의 측면에서 보면 차별이 없다.[32] 중생은 단지 자신이 그와 같은 존재임을 깨닫지 못하고 있을 뿐이다.

그러나 깨닫지 못하고 있다고 해서 창조적인 삶을 살지 않는 것은 아니다. 자신이 알든, 알지 못하든, 모든 인간은 창조적인 삶을 살고 있다. 중생이 중생의 세계를 만드는 것도 창조적인 삶의 결과이고, 부처님이 부처님의 세계를 만드는 것도 창조적인 삶의 결과인 것이다.

부처님은 이러한 진리를 깨달아 실현한 사람이다. 『60권 화엄경』에서는 다음과 같이 이야기한다.

> 모든 부처님들은 일체가 마음에서 변화한 것임을 안다.
> 만약 이와 같이 이해한다면, 그는 참된 부처님을 본 것이다.
> 마음이 이 몸에 있는 것도 아니고, 몸이 이 마음에 있는 것도 아닌지라
> 일체의 불사(佛事)를 지음에 더없이 자재하다.
> 만약 삼세(三世)의 일체 부처님을 알고자 하거든
> 마땅히 이와 같이 생각하라. "마음이 모든 여래(如來)를 만든다."[33]

---

32) 『大方廣佛華嚴經』 권 10(『大正新脩大藏經』 9, p. 465c), "心如工畵師 畵種種五陰 一切世界中 無法而不造 如心佛亦爾 如佛衆生然 心佛及衆生 是三無差別"

중생은 자신과 세계가 창조적인 마음에서 비롯된 것임을 알지 못하기 때문에, 자아와 세계를 분별하고, 자기와 남을 분별하여, 스스로의 분별에 의한 망상의 세계에서 허망한 자아에 묶여 고통스럽게 살아간다. 그러나 부처님은 모든 것이 마음에서 비롯된 것임을 알기 때문에, 자아와 세계가 '한마음[一心]'임을 깨닫고, 망상과 허망한 자아의 속박에서 벗어나, 자타(自他)의 분별이 없는 동체자비(同體慈悲)로 일체중생의 행복을 위해 살아간다.

이와 같이 깨닫고 깨닫지 못한 차이는 있으나, 창조적인 삶으로서의 마음은 중생과 부처님의 차별이 없다. 중생의 마음, 즉 아뢰야식을 여래장이라고 하는 것은 중생도 부처님과 다름없는 창조적인 마음으로 살고 있다는 의미이며, 그 마음이 여래를 만들기 때문에 '여래를 만드는 마음'이라는 의미에서 중생의 마음을 여래장이라고 한다.

5. 법신(法身)으로서의 인간

인간을 불성(佛性)을 지닌 존재, 즉 여래장이라고 하는 것은, 인간이 이와 같은 창조적인 마음으로 살아가고 있음을 의미한다. 인간은 창조적인 마음으로 자아와 세계를 만든다. 그러나 중생들은 그러한 사실을 알지 못하고, 자아와 세계를 개별적인 존재로 생각한다. 이것이 아집(我執)과 법집(法執)이다. 중생들은 창조적 존재로서의 자신의 참모습, 즉 진여(眞如)를 알지 못하고, 아집과 법집을 버리지 않기 때문에,

---

33) 위의 책, p. 466a의 필자 번역.

행복한 삶을 이루어 내지 못하고, 고통 속에서 거짓되고 무의미한 윤회의 삶을 만들어 내고 있다. 만약 자아[我]와 세계[法]가 창조적인 마음에서 연기(緣起)한 것임을 안다면, 누구나 아집과 법집을 버리고 참된 삶을 살 수 있다.[34]

창조적인 마음, 즉 불성은 자아와 세계의 공성(空性)이 드러난 진여(眞如)를 의미한다.[35] 여기에서 공성이란 모든 존재현상은 독자적 존재성이 없이 연기(緣起)하고 있음을 의미한다.[36] "모든 존재현상은 연기하고 있다. 연기하지 않는 존재현상은 어디에도 없다. 그러므로 모든 존재현상은 공(空)이다."[37]

그 자체 아무런 독자적 성질이 없이 연기하고 있는 것이 모든 존재현상이라면, 이러한 존재현상에서 개체(個體)란 있을 수 없다. 진여(眞如)란 이렇게 개체로 존재할 수 없는 모든 존재현상의 통일된 총체(總體)를 의미한다. 모든 존재현상이 하나의 총체를 이루고 있다면, 그 전체로서의 진여는 생멸(生滅)이 있을 수 없다.

그러나 우리는 생멸하고 있는 여러 종류의 다양한 개체를 인식한다. 이렇게 차별적으로 인식되는 것은 모두 망념에 의한 것이다. 우리의 지각에 차별되게 인식되는 모든 대상(對象)은 마음에서 일어난 망념에 의지하고 있기 때문에, 그 망념을 떠나면 대상의 세계는 없다.

---

34) 天親菩薩 造, 眞諦 譯, 『佛性論』(『大正新脩大藏經』 31, p. 787b) 참조.

35) 같은 책, "佛性者 卽是人法二空所顯眞如"

36) 龍樹菩薩 造, 鳩摩羅什 譯, 『中論』, 권 4(『大正新脩大藏經』 30, p. 33b), "衆因緣生法 我說卽是無 亦爲是假名 亦是中道義"

37) 같은 책, "未曾有一法 不從因緣生 是故一切法 無不是空者"

우리가 인식하는 모든 존재현상은 본래 언어나 개념으로 파악할 수 있는 것이 아니고, 주관의 대상으로 존재하고 있는 것도 아니다. 모든 존재현상은 공성(空性)이기 때문에 평등하며, 통일된 전체를 이루기 때문에 달라지거나 파괴될 수 없다.[38] 이러한 진여를 일심(一心)이라고 하는데[39] 여기에서 말하는 일심(一心)이란 실재론적인 실체가 아니라, 앞에서 살펴 본 '업보로서의 마음', '공성으로서의 창조적인 마음'을 의미한다.

주지하듯이 붓다는 연기법, 즉 연기하고 있는 존재현상을 깨달았으며, 붓다가 깨달은 연기법은 십이연기(十二緣起)로 표현된다. 십이연기에는 유전문(流轉門)과 환멸문(還滅門)이 있는데, 유전문은 중생들이 개별적으로 실재한다고 믿고 있는 자아와 세계는 '모든 존재현상이 하나의 통일된 전체를 이루고 있음'을 알지 못하는 무명에서 연기한 것임을 드러낸 것이다.

붓다는 "범부(凡夫)는 무명에 가리고, 애욕에 묶이어, 자신의 내부에 식(識; 자아)이 있고, 외부에 명색(名色; 세계)이 있다고 분별한다."[40]고 이야기한다. 중생들이 개별적으로 존재하고 있다고 믿고 있는 자아와 세계는 무명에서 연기한 망념일 뿐이다. 이렇게 무명에서 연기한 망

---

38) 馬鳴菩薩 造, 眞諦 譯, 『大乘起信論』(『大正新脩大藏經』 32, p. 576a), "心眞如者 卽是一法界大總相法門體 所謂心性不生不滅 一切諸法 唯依妄念而有差別 若離妄念則無一切境界之相 是故 一切法從本已來 離言說相 離名字相 離心緣相 畢竟平等 無有變異 不可破壞"

39) 같은 책, "唯是一心 故名眞如"

40) 『雜阿含經』, 권 12(『大正新脩大藏經』 2, p. 14a), "愚痴無聞凡夫 無明覆愛緣繫得此識 身內有此識 身外有名色"

념으로서의 자아와 세계, 즉 오온(五蘊)을 세간이라고 부르고, 세간이 무명에서 연기한 것임을 깨닫고, 무명에서 벗어나 망념을 일으키지 않는 사람을 여래라고 부른다.

그렇다면 세간, 즉 오온과 여래는 어떤 관계에 있는가? 여래는 오온을 떠나 따로 존재하는 어떤 실체가 아니다. 여래는 단지 세간이 연기하고 있다는 사실을 깨닫고, 그 깨달음에 의지해서 살아가고 있을 뿐이다. 『중론(中論)』에서는 "여래의 자성(自性)이 바로 세간[41]의 자성이다. 여래가 자성이 없으니 세간의 자성은 없다."[42]고 이야기한다. 여래와 세간은 그 자성이 공성(空性)이라는 측면에서 동일하다는 것이다.

부처님과 중생의 차별이 없음에도 불구하고 중생들이 생사윤회를 거듭하고 있는 까닭은, 연기와 공성에 대한 무지에서 망념을 취착하여, 그것에 의지하기 때문이다. 따라서 중생은 망념에 의한 허망한 생사의 세계를 떠나 열반의 세계로 들어가야 한다. 근본불교에서는 십이연기의 환멸문, 즉 팔정도(八正道)가 바로 열반의 세계에 들어가는 길로 제시된다.

대승불교에서도 생사의 세계에서 진여의 세계에 들어가는 방법이 중요하게 논의된다. 『대승기신론』에서는 다음과 같이 이야기한다.

다음으로 생멸문(生滅門)에서 진여문(眞如門)으로 곧바로 들어가는 것을 현

41) 鳩摩羅什은 'jagat'를 '世間'으로 漢譯하고 있다. 'jagat'는 살아있는 생명체나 세계를 의미하므로 중생과 중생의 세계를 의미하는 世間과 같은 의미라고 할 수 있다.

42) 『中論』, 권 4(『大正新脩大藏經』 30, p. 31a), "如來所有性 卽是世間性 如來無有性 世間亦無性"

> 시(顯示)하겠다. 이른 바 오온(五蘊)의 색(色)과 심(心)을 추구(推求)하건대 육진경계(六塵境界)는 필경에 념(念)이 없고, 심(心)은 형상(形相)이 없어서 시방(十方)으로 그것을 구하여도 끝내 얻을 수 없다. …… 무명의 미혹함 때문에 심(心)을 망념(妄念)이라고 하지만 심(心)은 실제로 부동(不動)이다. 만약 마음에 망념이 없다는 것을 관찰하여 알면 곧 수순하여 진여문(眞如門)에 들어가게 된다.[43]

중생들이 존재한다고 집착하고 있는 모든 것은 망념이며, 이 망념은 연기하고 있는 마음을 잘못 안 것이다. 망념을 바로 깨달으면 심(心)이고, 심(心)을 바르게 알지 못하면 망념이다. 따라서 망념의 실상을 깨달으면 그 망념이 곧 참된 마음임을 알게 된다. 중생[妄念]을 떠나 따로 부처님[眞心]이 존재하는 것이 아니라, 중생의 참모습이 부처님이므로, 중생은 자신의 참모습을 깨달아야 한다. 이렇게 중생이 자신의 참모습을 찾는 것이 유식학의 '전의(轉依)'이다.

'전의'란 의타기성(依他起性), 즉 연기성(緣起性)을 근거로 이루어진다. 중생이건 부처님이건 연기하고 있다. 이와 같이 의타기성, 즉 연기성은 염법(染法; 중생)과 정법(淨法; 부처)의 의지처가 된다. 그런데 중생들은 자신들의 근거가 되는 연기의 도리, 즉 공성에 무지하여 허망한 것을 진실한 것으로 알고 집착하여 갖가지 번뇌를 일으키고 있다. 여기에서 허망한 것이란 중생들이 분별하고 있는 자아와 세계, 즉 변계소집성(遍計所執性)이다. 부처님은 연기의 도리를 깨닫고, 자아와 세계를 분별하지 않는 진실의 세계에서 살아간다. 원성실성(圓成實性)은 이

43) 『大乘起信論』(『大正新脩大藏經 32, p. 579c)의 필자 번역.

러한 진실의 세계를 의미한다. 전의는 의타기성에 근거하여, 허망한 변계소집성을 없애고 진실한 원성실성을 얻는 것이다. 의타기성에 대한 무지에서 허망한 변계소집성이 있으므로, 의타기성의 진실을 깨달아 무지와 번뇌를 없애면, 변계소집성이 소멸하고, 원성실성을 증득하게 되는 것이다.[44]

전의는 앎을 통해서 이루어지는 것이 아니라 실천을 통해서 이루어진다. 왜냐하면 마음은 고정된 형태로 존재하는 것이 아니라[空], 업에 의해 형성되는 것[緣起]이기 때문이다. 중생이 곧 부처님이지만, 부처님이 되기 위해서는 육바라밀(六波羅密)과 같은 보살행을 실천해야 하는 것이다.

전의를 통해 인간의 참모습, 즉 법신(法身)이 실현된다. 『섭대승론』에서는 법신을 전의상(轉依相), 백법소성위상(白法所成爲相), 무이위상(無二爲相), 상주위상(常住爲相), 불가사의위상(不可思議爲相) 등 다섯 가지로 설명하고 있다.

(1) 전의상(轉依相)이란 번뇌장(煩惱障)과 소지장(所知障)에 의해 허망하게 연기한 변계소집성[染分依他起性]이 멸하여 번뇌장과 소지장에서 벗어나 모든 법에 자재한 원성실성[淨分依他起性]의 세계에서 살아가는 것을 말한다. (2) 백법소성위상(白法所成爲相)이란 육바라밀을 원만하게 성취함으로써 열 가지 자재(自在)를 얻은 것을 말한다.[45] (3) 무이위상

---

44) 『成唯識論』, 권 9(『大正新脩大藏經』 31, p. 51a), “此能捨彼二麤重 故便能證得廣大轉依 依謂所依 卽依他起與染淨法 爲所依故 染謂虛妄遍計所執 淨謂眞實圓成實性 轉謂二分 轉捨轉得 由數修習無分別智 斷本識中二障麤重故 能轉捨依他起上遍計所執 及能轉得依他起中圓成實性”

(無二爲相)이란 일체의 분별을 떠난 중도실상(中道實相)의 모습을 말한다. (4) 상주위상(常住爲相)이란 마음의 창조성이 중생을 제도하려는 본원(本願)에 이끌려 기한이 없이 불사(佛事)를 짓는 것을 말한다. (5) 불가사의위상(不可思議爲相)이란 실천을 통해 스스로 증득하는 청정한 진여의 모습을 세간의 비유나 사유로 헤아릴 수 없음을 말한다.[46]

이와 같이 법신은 보살행, 즉 육바라밀의 실천을 통해 변계소집성을 떠나 원성실성을 성취한 걸림 없는 삶을 의미하며, 그 삶이 중도실상을 떠나지 않고 끊임없이 중생을 깨우쳐 가는 불가사의한 것임을 의미한다. 이러한 법신의 자재한 삶은 중생의 삶과 별개의 것이 아니라 중생, 즉 오온(五蘊)의 참된 모습이다.

법신은 자신의 아름다운 세계와 자신의 거룩한 모습을 자유롭게 창조하면서 살아간다. 이러한 부처님의 세계와 부처님의 몸을 이룩하는 법신은 다름 아닌 중생의 몸이다. 부처님의 몸도 중생의 몸과 다름없는 육신[色蘊]이다. 중생은 이 몸을 자기라고 집착하기 때문에 그 몸을 위해 살아가지만, 부처님은 몸에 대한 집착이 없기 때문에 그 몸을 자재하게 사용하여 부처님의 세계를 만들 뿐이다. 부처님은 중생과 다름없는 느끼는 마음[受蘊]으로 무량하고 광대한 행복을 느끼고, 중생들과 다름없는 생각하는 마음[想蘊]으로 언어와 개념을 걸림 없이 사

---

45) 十自在 가운데 壽自在, 心自在, 衆具自在는 보시바라밀, 業自在, 生自在는 지계바라밀, 勝慧自在는 인욕바라밀, 願自在는 정진바라밀, 神力自在는 정려바라밀, 智自在는 반야바라밀을 성취하여 얻는다.

46) 無著菩薩 造, 玄奘 譯, 『攝大乘論本』, 권 下(『大正新脩大藏經』 31, p. 149b) 참조.

용한다. 중생과 다름없는 의욕[行蘊]을 가지고 다양한 삶의 모습을 나타내어 중생들을 교화하고 변화시키면서, 육바라밀과 같은 수행을 실천하게 하고, 중생들과 다름없는 마음[識蘊]으로 여래의 지혜인 사지(四智), 즉 대원경지(大圓鏡智), 평등성지(平等性智), 묘관찰지(妙觀察智), 성소작지(成所作智)를 자재하게 일으킨다.[47)]

이와 같이 여래의 법신은 중생의 몸인 오온의 진실한 삶을 통해 성취되며, 진실한 삶을 통해 성취되는 법신이 인간의 참모습이다. 인간은 본래적으로 어떤 모습을 가지고 있는 것이 아니라, 진여에 대한 자각과 그에 따르는 삶을 통해 법신을 성취해야 하는 존재인 것이다.

---

47) 같은 책, p. 149bc 참조.

VI

불교의 생명관

1. 요청되는 새로운 생명관

'진화론'이 나오기 이전에는, 동서양을 막론하고, 생명은 신이나 하늘이 주관하는 것으로 생각했다. 인명(人命)은 재천(在天)이라고 생각하거나, 생명은 신의 창조라고 생각했던 것이다. '진화론'은 생명은 신의 창조라는 종교적 신념을 깨고, 생명이 물질에서 진화한 자연현상임을 과학적으로 밝혔다. 이러한 사실은 창조론을 믿는 종교인들에게는 받아들이기 어려운 사실이었다.

생명은 신이 주고 신이 거두어 간다는 종교적 생명관은, 생명을 신성한 것으로 보는 생명관으로서, 생명의 존엄성을 보장하는 근거이기도 했다. 그런데 종교적 생명관은 자연과학의 발전과 함께 점점 큰 상처를 입게 되었다. 인공수정을 통한 출산, 시험관 아기 등은, 그것이 세상에 알려질 때마다, 생명의 존엄성 문제와 관련되어, 신의 영역에 대한 인간의 도전이라는 종교적 불안감을 동반한 윤리적 위기감을 불러일으켰다.

서구에서의 종교적 생명관과 과학적 생명관의 대립은 생명의 기원에 대한 관점의 차이에서 비롯된 것이다. 신이 인간에게 영혼을 넣어 줌으로써 생명이 시작되었다는 기독교적 생명관은 생명의 본질을 불멸의 영혼으로 본다. 생명은 신의 은혜로운 선물이며, 따라서 신성하고 존엄하다는 것이다. 한편 자연과학은 생명의 근원을 물질이라고 본다. 과학에서 본 생명은 물질에서 진화한 것이다. 정신현상은 물질에 수반된 현상일 뿐, 영혼의 작용이 아니다. 종교적 생명관과 과학적 생명관은 이렇게 대립하고 있지만, 현실적으로는 다같이 문제점을 드러내고 있다.

육체와 별개의 영혼이 존재한다고 보는 종교적 생명관은 현실에서의 삶을 부정하는 방향으로 발전하여 많은 사회문제를 일으키고 있다. 우리나라에서는 1992년 휴거 소동이 있었고, 지금도 휴거를 기다리는 사람들이 적지 않다. 1997년 3월 미국에서는 '천국의 문' 신도들이 집단 자살했다. 이들은 천국에 가기 위해 육체를 버린 것이다.

영혼의 존재를 부정하는 과학적 생명관에도 문제가 많다. '죽으면 그만'이라는 생각은 현실적인 욕망의 충족을 인생의 유일한 목적으로 삼게 만들었고, 결국 인생은 죽음을 통해 허무가 된다는 생각으로, 인간의 내면은 날이 갈수록 초라해지고 있다. 현대인의 마음의 병은 그 근본이 인간의 육체적 생명만을 중시하는 기존의 과학적 생명관에 있으며, 환경오염, 생태계 파괴, 인간성 상실, 나아가 생명복제의 문제까지도 그 뿌리는 과학적 생명관에 있다고 할 수 있다.

이러한 여러 문제들은 기존의 생명관이 인간중심의 생명관이라는데 기인한다. 과학은 인간의 생명만을 소중하게 생각했다. 그 결과 환경이 오염되고, 생태계가 파괴됨으로써 인간의 생존마저 위태로운 지경에 이르렀다. 생명복제도 출발은 인간의 복리를 위해서였다. 인간의 복리를 위하여 가축을 복제하는 기술을 개발했는데, 그것이 인간의 복제를 가능케 함으로써, 인간 생명의 존엄과 가치를 손상하게 된 것이다. 인간만이 영혼을 가지고 있다는 서구의 종교적 생명관도 그것이 극단적으로 흘러, 현실 세계에서의 삶을 부정하는 일들이 빈번하게 발생하고 있다.

이와 같이 인간의 생명만이 존엄하다는 생명관은 인간 생명의 유지와 존엄마저도 파괴한다는 것이 현실로 드러난 지금, 우리는 인간 중심의 생명관을 고집할 수는 없다. 인간의 생명만을 존엄하고 소중하게 생각하는 생명관은, 그것이 과학이건, 종교이건, 결국은 인간의 생명마저 위협하고, 인간의 존엄과 가치를 손상한다면, 우리는 생명에 대한 우리의 이해가 잘못된 것이 아닌가를 반성하지 않을 수 없다.

20세기에 들어서면서, 자연과학은, 소위 패러다임의 전환을 통해, 데카르트와 뉴턴의 기계적 세계관에서 이 세계를 서로 분리된 부분들의 집합이 아니라 하나로 통합되어 있는 전체로 보는 전체론적, 생태적 세계관으로 전환하고 있다. 프리초프 카프라(Fritjof Capra)는 이러한 새로운 패러다임을 전체론적 세계관(holistic worldview), 또는 '생태적'이라는 말을 일반적인 용법보다 훨씬 폭넓고 깊게 사용하여 생태적 관점(ecological view)이라고 부른다.[1] 이러한 관점에서 그는 "생명에 대한 새로운 이해는 기계론적 세계관에서 생태학적 세계관으로의 패러다임 전환을 이루는 과학의 최전선이라 할 수 있다"[2]고 주장한다.

최근 관심을 끌고 있는, 생물과 생물의 환경을 상호작용하는 생태적 관계로 보는 '생태계' 이론이나, 지구상의 생물이 살고 있는, 그리고 이들이 생존을 위해 필요로 하는 물질들이 있는 지구상의 전 영역을 '생물권'으로 정의하고, '생물권'이 종래에는 생물체 안에서만 볼 수 있었던 항상성 유지라는 특수한 성질을 지니고 있다는 샤르댕(Teihard de Chardin)의 '생물권' 이론, 그리고 '생물권'이 항상성 유지라는 주요 기능을 지닌 하나의 유기체로 연결된다는 러브록(J. E. Lovelock)의 가이아(Gaia) 가설 등은[3] 패러다임의 전환을 통해 생명을 새롭게 이해하려는 시도라 할 수 있다. 그리고 장회익의 '온생명'[4] 개념도 같은

---

1) 프리쵸프 카프라, 『생명의 그물』, 김용정 · 김동광 옮김(서울: 범양사출판부, 1998), pp. 19-22 참조. 카프라는 "깊은 생태적 자각은 모든 현상들의 근본적인 상호의존성을 인식하며, 개인과 사회로 구성되는 우리들이 자연의 순환적 과정들 속에 깊숙이 묻혀 있다는 (그리고 궁극적으로는 거기에 의존하고 있다는) 사실을 인식한다."고 이야기한다.

2) 위의 책, p. 13.

3) 장회익, 『삶과 온생명』(서울: 솔, 1998), pp. 182-186 참조.

4) 장회익은 생명을 "우주 내에 형성되는 지속적 자유에너지의 흐름을 바탕으로, 기존 질서의 일부 국소 질서가 이와 흡사한 새로운 국소 질서 형성의 계기를 이루어, 그 복제 생성률 1을 넘어서면 일련의 연계적 국소 질서가 형성 지속되어 나가게 되는 하나의 유기적 체계"라고 규정하고, 이 지구상에 태양과 지구 사이에 형성되는 지속적 자유에너지 흐름을 바탕으로 대략 35억 년 전에 하나의 생명이 형성되어 이것이 지속적인 성장 과정을 거쳐 오늘에 이르게 되었다

맥락이라고 생각된다.

새로운 생명 이해의 공통점은 자연과학의 성과에 기초하여 생명을 물질이나 환경과 분리하지 않고 상호의존적으로 본다는 점이다. 즉 세계를 분리된 사물들의 집적으로 보지 않고, 근본적으로 상호 연결되어 있는 상호의존적인 현상들의 관계 구조로 보고, 모든 생명을 본질적인 가치로 인정하면서, 인간도 생명의 관계 구조에 포함된 것으로 이해한다는 점이다. 이러한 새로운 세계관과 생명 이해는 불교의 '연기설(緣起說)'과 일맥상통한다.

불교는 모든 것은 상호의존적으로 존재하고 있다는 연기설을 근본으로 하고 있다. 이러한 불교에서 생명을 어떻게 이해하고 있는가를 살펴보는 일은, 생명에 대한 과학적 이해가 철학적으로, 그리고 종교적으로 수용되고 조화될 수 있는 가능성과, 21세기를 살아갈 인류에게 과학, 종교, 철학이 일치하는 삶의 길을 모색하는 데 도움이 될 것이다. 아울러 환경의 오염, 자원의 고갈, 생태계의 파괴, 인간성의 상실 등 인류가 맞고 있는 여러 위기의 극복을 위한 윤리적 판단의 근거를 제공할 수 있을 것이다. 이러한 취지에서 필자는, 과학자들에 의해 새롭게 이해되고 있는 생명 이해에 기초하여, 연기설에 토대를 둔 불교의 생명관을 살펴보고자 한다.

고 본다. 그는 이러한 의미의 생명이 우주의 다른 곳에서도 형성될 수 있다고 보고, 태양-지구 사이에 나타난 이 생명은 우주 내에 가능한 여타 생명과는 무관하게 그 자체로서 하나의 독립된 실체를 이루고 있으며, 이렇게 독립된 실체를 이루고 있는 생명을 '온생명'이라고 부른다.(위의 책, pp. 178-179 참조.)

2. 근본불교의 생명관

(1) 무기(無記)와 중도(中道)[패러다임의 전환]

붓다의 출가 동기가 생사(生死)의 괴로움에서 벗어나는 데 있었고, 붓다가 생사의 괴로움에서 해탈했다면, 그리고 불살생(不殺生)을 제일의 계율로 삼았다면, 붓다에게 생명에 대한 이해가 없을 리 없다. 그럼에도 불구하고 『아함경』이나 『니까야』에는 '생명이란 무엇인가'에 대한 구체인 언급이 없다. 대부분의 종교에서는 생명의 기원을 이야기하고, 영혼을 생명의 본질로 생각한다. 그러나 불교에는 생명의 기원에 대한 언급도 없고, 영혼에 대한 이야기도 없다.

붓다는, 자신이 깨달은 내용이라고 주장하는 12연기에서, 생(生), 노사(老死)는 무명(無明)에서 연기한 것이라고 이야기한다. 모든 생명은 태어나서 늙어 죽는다. 이렇게 '태어나서 늙어 죽는 것은 무지에서 비롯된 것'이라는 말의 의미는 무엇인가? 생(生), 노(老), 사(死)는 무명에서 연기한 것이라고 하면서도, 붓다의 가르침에 생명에 대한 언급이 없는 것은 무슨 까닭인가?

생명이라는 말은 생물과 무생물을 구분하는 개념이다. 즉 세계를 생물과 무생물로 구분하는, 다시 말해서 물질과 정신을 개별적 실체로 생각하는 데카르트적 세계관에서 나온 개념이다. 데카르트적 세계관에서 본다면 생명은 정신이나 영혼/마음을 소유하고 있는 사물이다. 그러나 최근의 시스템이론은, 데카르트의 기계적 세계관에서 벗어나, 자연을 서로 연결된 관계들의 그물망으로 보는 새로운 패러다임을 제시하고 있고,[5] 생물시스템에 대한 이론에 따르면, 마음은 사물이 아니라 과정, 즉 생명의 과정 그 자체이다.[6] 베이트슨(Gregory Bateson)에 의하면 "마음은 살아 있음의 본질이다."[7] "마음과 생명 또는, 그의 관점에 따르면, 마음과 자연의 통일성에 대한 명백한 인식에도 불구하고, 베이트슨은 '생명이란 무엇인가?'라는 물음을 제기하지 않았다"[8]고 한다. 그는 과정으로서의 생명을 개념의 틀로 묶을 수 없다고 생각했던 것 같다.

붓다가 '생명이란 무엇인가'에 대한 문제를 다루지 않은 것도 같은 맥락이라고 할 수 있다. 붓다 당시의 인도 사상계에서 생명의 문제와 관련하여 영혼과 육체의 관계는 중요한 논쟁거리였다. 붓다는 '육신과 영혼이 동일한가, 다른가?'에 대한 질문에 침묵으로 대응한다. '여래는 사후(死後)에도 존재하는가, 존재하지 않는가?'의 물음에도 침묵한다.[9] 이러한 물음에 대한 침묵의 이유를 붓다는 『잡아함경』에서 밝힌다.

> 영혼[命; Jīva]이 곧 육신[身; Sarīra]이라고도 주장하고, 영혼과 육신은 서로 다르다고도 주장하지만, 이들 주장의 의미는 한 가지인데 갖가지로 다르게 주장될 뿐이다. 만약 영혼이 곧 육신이라고 한다면 거기에는 범행(梵行)이

---

5) 카프라, 앞의 책, p. 64 참조.

6) 위의 책, p. 228.

7) 위의 책, p. 230.

8) 같은 책.

9) 『箭喻經』에서 붓다는 '영혼과 육신은 동일한가 다른가?' 生死를 해탈한 '여래는 사후에도 존재하는가, 존재하지 않는가?' 등의 물음에 대하여 답변하지 않고 이런 물음을 묻는 것은 어리석은 일이라고 이야기한다. (『大正新脩大藏經』 1, pp. 804a-805c 참조.)

> 있을 수 없고, 영혼과 육신이 다르다 해도 범행은 있을 수 없다. 그러므로 이들 이변(二邊)에 따르지 말고, 마음을 바르게 중도로 향할지니, 그것이 현성(賢聖)이 세간에 나와 전도(顚倒)되지 않고 여실한 정견(正見)으로 알아낸 것으로서, 소위 무명(無明)을 연하여 행(行)이 있고, ……[10]

영혼과 육신이 같은가, 다른가의 문제는 생명의 본질을 영혼이라고 믿는 신념에서 비롯된 것이다. 그리고 이러한 신념의 근거는 모든 생명현상에 나타나는 인지작용이다. 생명현상에 나타나는 인지작용을 근거로 인지작용의 주체로서 영혼이 존재한다고 생각한 것이며, 이것을 생명의 본질로 생각하게 된 것이다. 이러한 생각은 생각한다는 사실에서 생각하는 실체인 정신을 가장 확실한 존재로 믿었던 데카르트의 생각과 일치한다.

붓다 당시의 인도 사상계에는 이러한 영혼을 불멸의 실체로 생각한 정통 바라문교와 자이나교가 있었고, 영혼의 존재를 부정하고, 발효된 누룩으로부터 술의 취하는 성질이 생기듯이, 의식이란 물질로부터 생긴다고 생각한 유물론자들이 있었다.[11] 붓다는 이러한 대립적인 두 사상을 '의미는 한 가지인데 다르게 주장될 뿐'이라고 비판한다. 붓다가 같은 의미라고 비판한 것은 이들이 영혼이나 물질을 실체로 생각하는 데카르트적인 이원론적 실재론에 빠져 있음을 지적한 것이다.

데카르트적 이원론의 입장에서 보면, 생명체는 신체 속에 정신이 들어 있는 것이다. 붓다는 이러한 생각에 대하여, "어리석은 범부는

---

10) 『雜阿含經』 권 12(『大正新脩大藏經』 2, pp. 84c-85a)의 필자 번역.

11) 길희성, 『인도철학사』(서울: 민음사, 1984), p. 47 참조.

무명에 가리고, 애욕에 묶여, 자신의 내부에 식(識)이 있고, 외부에 명색(名色)이 있다고 분별한다."[12]고 이야기한다. 우리가 영혼이라고 부르는 것은 인식하고 사유하는 실체이다. 우리의 몸속에는 이러한 영혼이 있어서 밖에 있는 사물을 본다는 것이 범부들의 생각이다. '12연기설'의 출발이 되는 무명은 바로 이러한 생각이다. 따라서 12연기설의 무명은 생명의 실상에 대한 무지를 의미한다고 할 수 있다.

붓다는 우리가 정신이나 의식이라고 부르는 것은, 실체로서 존재하고 있는 것이 아니라, 삶을 통해 연기한 현상임을 강조한다. 『차제경(嗏帝經)』에서 붓다는 우리의 몸속에 있는 식(識)이 인식과 행위의 주체로서 업을 짓고, 죽어서는 다음 세상에서 그 과보(果報)를 받는다고 생각하는 차제(嗏帝; Sāti)라는 비구를 크게 꾸짖고, 다음과 같이 이야기하고 있다.

> 나는 식(識)은 인연(因緣)으로 말미암아 일어난다고 이야기했다. 식(識)은 연(緣)이 있으면 생기고, 연이 없으면 멸한다. 식(識)은 연이 되는 것을 따라서 생기므로 그 연을 이야기했다. 안(眼)과 색(色)을 연하여 식(識)이 생기며, 식(識)이 생기면, 그것을 안식(眼識)이라고 부른다.[13]

몸속에 존재하고 있는 의식이 눈을 통해 사물을 인지하는 것이 아니라, 눈으로 사물을 봄으로써 나타난 인지현상을 우리가 의식이라고 부른다는 것이다. 이러한 붓다의 이야기는 인지, 즉 마음을 체화(體化)

---

12) 『雜阿含經』 권 12(『大正新脩大藏經』 2, p. 83c), "愚癡無聞凡夫 無明覆愛緣繫得此識 身內有此識 身外有名色"

13) 『中阿含經』 권 54(『大正新脩大藏經』 1, p. 767a)의 필자 번역.

된 행동으로 보는 인지과학자 바렐라(Francisco Varela) 등의 견해와 일치한다.[14] 붓다는 우리가 영혼이나 마음이라고 부르는 것은 지각활동이 체화된 인지현상임을 깨달았던 것이다.

의식이나 영혼을 인지의 주체로 생각하는 실재론적 사고는 신체의 수만큼 영혼도 많다는 신념을 낳는다. 이러한 신념에서 사후(死後)에도 영혼은 죽지 않고 존재하는가, 아니면 육신의 죽음과 함께 영혼도 사멸하는가 하는 물음이 제기된다. 붓다는 이러한 질문에 대하여 『잡아함경』에서 다음과 같이 이야기한다.

> 스스로 지은 업의 과보를 스스로 받는다고 하면 상견(常見)에 떨어지고, 남이 지은 업의 과보를 남이 받는다고 하면 단견에 떨어진다. 의미 있고 진실 된 이야기는 이 이변(二邊)을 떠나 중도에서 설한 법이니 소위 이것이 있는 곳에 저것이 있고, 이것이 일어날 때 저것이 일어난다는 것이다. 무명을 연하여 행이 있고, 내지 큰 괴로움 덩어리가 집기(集起)하며……[15]

상견(常見)은 업의 주체인 불멸의 영혼이 사후에 자신이 지은 업의 과보(果報)를 받는다는 견해이고, 단견(斷見)은, 영혼은 육신의 죽음과 함께 사멸하므로, 업을 짓는 자와 그 과보를 받는 자는 서로 다른 영혼이라는 견해이다. 이러한 상견과 단견은 생명체의 수만큼 영혼의 수도 많다는 신념에서 비롯된 것이다. 이러한 신념에 대하여 오스

---

14) 바렐라 · 톰슨 · 로쉬, 『인지과학의 철학적 이해』, 석봉래 옮김, (서울: 옥토, 1997), p. 227. 여기에서 바렐라 등은 다음과 같이 이야기한다. "우리는 인지는 여러 가지 감각 운동 능력을 지닌 신체를 통해 나타나는 경험에 의존하는 것이 인지라는 점을 강조하고자 한다."

15) 『雜阿含經』 권 12(『大正新脩大藏經』 2, p. 85c)의 필자 번역.

트리아의 물리학자 슈뢰딩거(Erwin Schrödinger)는 다음과 같이 이야기 한다.

> 의식은 스스로가 한정된 공간을 차지하는 물질의 구체적 상태, 즉 신체와 긴밀하게 연결되어 있으며, 또 그것에 의존해 있다는 사실을 알아차린다. …… 이에 따라 의식 또는 정신도 여러 개가 있을 수 있다는 가설은 매우 그럴 듯해 보인다. 서양철학자의 대부분은 물론이고 아마도 단순하고 평범한 사람이면 누구나 이러한 생각을 받아들여 왔을 것이다.
>
> 그러한 사상에 따라 신체의 수만큼 영혼도 많다는 생각이 생겼고, 그 영혼들이 신체처럼 사멸할 운명인지 아니면 영생불멸하며 스스로 존재할 수 있는 것인지 하는 질문이 즉시 던져졌다. …… 그에 따라 훨씬 어리석은 질문이 생겨났다. 동물에게도 영혼이 있는가? 여성 또는 남자만이 영혼을 갖는 것은 아닌가 하는 질문마저도 생겨났다.[16)]

이러한 슈뢰딩거의 생각은 붓다의 단상중도(斷常中道)와 상통한다. 붓다는, 생명의 본질을 육신이나 영혼으로 생각하는 실재론적 사고를 벗어나, 새로운 패러다임으로 중도를 제시하고 있으며, 붓다가 제시한 패러다임은 세계와 생명을 상호의존적인 관계구조로 보는 연기설이다. 붓다는, 생명을 영혼과 육신으로 이해하려는 기존의 생명관이 생명에 대한 무지에서 비롯된 것으로 보고, 연기법의 자각을 통해 생명의 실상을 이해하도록 하고 있는 것이다.

---

16) E. 슈뢰딩거, 『생명이란 무엇인가』, 서인석 · 황상익 옮김(서울: 한울, 1992), pp. 140-141.

(2) 12연기설[삶의 과정]

생물시스템에 대한 이론에 의하면, 생명은 과정이고, 생명이라는 과정은 인지의 과정과 동일시된다. 그리고 마음은 인지의 과정이며, 생명의 과정 그 자체이다.[17] 이런 맥락에서 본다면, 붓다가 깨달은 12연기는 인지의 과정, 즉 마음을 이야기한 것이므로, 생명을 이야기한 것이라고 할 수 있다. 붓다는 생명의 문제를 사유했고, 그 결과 12연기를 깨달았던 것이다. 붓다는 『쌍윳따 니까야』에서 다음과 같이 이야기한다.

> 비구들이여, 과거에 정각(正覺)을 이루지 못한 보살이었을 때 나는 이렇게 생각했다. 이 세간은 참으로 어렵게 살아간다. 태어나서, 늙고, 병들어, 죽고, 윤전(輪轉)하여 다시 태어난다. 그러나 이 노사(老死)라는 괴로움에서의 출리(出離)를 알지 못한다. 실로 이 노사라는 괴로움에서의 출리를 알아야 한다.
>
> 비구들이여, 그 때 나는 이렇게 생각했다. 무엇이 있을 때 노사가 있고, 무엇을 의존하여 노사가 있을까? 비구들이여, 그 때 나의 근원적인 숙고로부터 지혜에 의한 확실한 이해가 있었다. "생(生)이 있을 때 노사(老死)가 있고, 생을 의존하여 노사가 있다."
>
> 비구들이여, 그 때 나는 이렇게 생각했다. 무엇이 있을 때 생(生)이 있고, 유(有), 취(取), 애(愛), 수(受), 촉(觸), 육입처(六入處), 명색(名色), 식(識), 행(行)이 있고, 무엇을 의존하여 행(行)이 있을까?
>
> 비구들이여, 그 때 나의 근원적인 숙고로부터 지혜에 의한 확실한 이해가 있었다. "무명(無明)이 있을 때 행(行)이 있고, 무명(無明)을 의존하여 행(行)이 있다."

---

17) 카프라, 앞의 책, pp. 228-229 참조.

실로 이 무명을 의존하여 행이 있고, 행을 의존하여 식이 있고, 등등… 이와 같이 오직 괴로움일 뿐인 온(蘊)의 집(集; samudaya)이 있다.

집(集), 집이라고 하는, 비구들이여, 나에게는 전에 들은 바가 없는 法에 대하여 안목(眼目)이 생겼고, 이해가 생겼고, 지혜가 생겼고, 밝음(明; vijjā)이 생겼고, 예지(āloka)가 생겼다.

비구들이여, 그 때 나는 이렇게 생각했다. 무엇이 없을 때 노사(老死)가 없고, 무엇이 멸하면 노사가 멸할까? 비구들이여, 그 때 나의 근원적인 숙고로부터 지혜에 의한 확실한 이해가 있었다. "생(生)이 없을 때 노사(老死)가 없고, 생이 멸하면 노사가 멸한다."

비구들이여, 그 때 나는 이렇게 생각했다. 무엇이 없을 때 生이 없고, 유(有), 취(取), 애(愛), 수(受), 촉(觸), 육입처(六入處), 명색(名色), 식(識), 행(行)이 없고, 무엇이 멸하면 행이 멸할까?

비구들이여, 그 때 나의 근원적인 숙고로부터 지혜에 의한 확실한 이해가 있었다. "무명이 없을 때 행이 없고, 무명이 멸하면 행이 멸한다."

실로 이 무명이 멸하면 행이 멸하고, 행이 멸하면 식이 멸하고, 등등… 이와 같이 오직 괴로움인 온(蘊)의 멸(滅; nirodha)이 있다.

멸(滅), 멸이라고 하는, 비구들이여, 나에게는 전에 들은 바가 없는 법(法)에 대하여 안목이 생겼고, 이해가 생겼고, 지혜가 생겼고, 밝음이 생겼고, 예지가 생겼다.[18)]

붓다는 살아 있는 모든 것이 처한, 태어나면 반드시 늙어 죽는다는 고통스러운 현실을 문제 삼았다. 만약에 생명이 본래 태어나서 늙어 죽는 것이라면, 우리는 이 고통스러운 현실에서 벗어날 수 없을 것이다. 슈뢰딩거는 다음과 같이 이야기한다.

---

18) *Saṃyutta Nikāya*, ed. M. Leon Feer, vol. 2(London: P.T.S., 1970), pp. 10-11의 필자 번역.

> 우리 각자는, 자기 자신에 독특한 모든 경험과 기억을 통해 개성적인 그 무엇, 다른 누구와도 구별되는 그 무엇을 이루고 있다는 명확한 생각을 가지고 있다. 우리 각자는 그것을 '나'라고 부른다. "그러면 대체 이 '나'는 무엇인가?"
>
> 그것을 세밀하게 분석하면, 내가 생각하기에, 여러분은 그것이 경험과 기억이라는 개개 자료의 모임, 다시 말해 그러한 자료들을 모아놓은 캔버스일 뿐이라는 사실을 알게 될 것이다. 그리고 여러분은 철저히 자기성찰을 함으로써 '나'의 진정한 뜻은 여러 가지 새로운 자료들이 쌓이는 바탕재료라는 점을 알게 될 것이다. …… 그렇지만 인생에는 단절이 없다. 삶 속의 죽음이란 없는 것이다. …… 어떤 경우에도 애도해야 할 개인적 존재의 소실은 없다. 언제까지나 없을 것이다.[19)]

슈뢰딩거의 생각은 붓다와 일치한다. 붓다가 이야기하는 무명은 경험과 기억을 쌓아놓고[集], '나'라고 생각하는 어리석음을 의미한다. 우리는 이러한 어리석음으로 살아가면서 '나'를 바탕재료로 하여 끊임없이 새로운 자료를 쌓아간다. 이렇게 경험과 기억이 쌓인 것을 온(蘊)이라고 부른다. 생명의 실상을 알지 못하는 무명에 휩싸인 중생들이 끊임없이 새로운 경험과 기억을 모아 온(蘊)을 형성하여 '나'로 집착하고 살아가는 모습을 보여주는 것이 12연기의 '유전문(流轉門)'이다. 그리고 생명의 실상을 자각하여 온(蘊)을 멸하고 생명의 구조에 일치하는 삶을 살아가는 모습을 보여주는 것이 12연기의 '환멸문(還滅門)'인 '팔정도(八正道)'이다. 붓다는 12연기의 깨달음을 통해 온(蘊)의 집(集)과 멸(滅)을 발견한 것이다.

---

19) 슈뢰딩거, 앞의 책, pp. 142-143.

우리에게 노사(老死)가 문제되는 것은 '나'를 생명의 주체로 생각하기 때문이다. 그러나 '나'가 경험과 기억의 모임이라면 '나'는 생명의 주체일 수 없다. 우리는 태어나서 늙어 죽는 것을 '나'라고 생각하고 있지만, 경험과 기억의 모임에 불과한 '나'는 태어나는 것도 아니고 늙어 죽는 것도 아니다. 단지 경험과 기억의 모임인 온(蘊)을 '나'라고 잘못 생각함으로써 '나는 태어나서 늙어 죽는다'고 생각하고 있을 뿐이다. 붓다는 『잡아함경』에서 다음과 같이 말한다.

> 안(眼)과 색(色)을 의존하여 안식(眼識)이 생긴다. 이들 셋의 화합이 촉(觸)이다. 촉(觸)에서 수(受), 상(想), 사(思)가 함께 생긴다. 이들이 네 가지가 비물질적인[無色] 온(蘊)이다. 안(眼), 색(色)과 이들 법(法)을 사람이라고 부르고, 이들 법에서 사람이라는 생각을 한다. …… 그리고 이와 같이 이야기한다. 내가 눈으로 색을 보고, 귀로 소리를 듣고, …… 마음으로 사물을 인식한다. …… 또 이와 같이 이야기한다. 이 존자는 이름이 이러하고, 이렇게 태어났고, …… 이렇게 장수했고, 이와 같이 오래 살다가 이렇게 수명을 마쳤다.
>
> 비구들이여, 이것은 관념이며, 기억이며, 언설이다.[20]

눈으로 색을 보면 보는 의식이 생긴다. 이렇게 보는 의식이 있을 때 무엇인가가 보이며, 보이면 그것에 대하여 느낌과 생각과 의지가 생긴다. 이러한 의식[識], 느낌[受], 생각[想], 의지[思]가 오온(五蘊) 가운데 수(受), 상(想), 행(行), 식(識) 네 가지 온(蘊)을 이룬다. 그리고 색을 보는 눈은 색온(色蘊)이 된다. 우리가 사람이라고 부르고 '나'라고 부르는 것은 모두 이들 '오온(五蘊)'이다. 우리가 눈, 귀, 코로 사물을 인

20) 『雜阿含經』 권 13(『大正新脩大藏經』 2, pp. 87c-88a)의 필자 번역.

지하는 '나'라고 생각하고 있는 것도 오온이고, 이름을 가지고 태어나서 살다가 죽는다고 생각하고 있는 것도 오온이다. 그러나 오온은 관념이며, 기억이 모인 것이며, 언어적 존재일 뿐이다. 붓다는 이와 같이 우리가 생명의 주체라고 생각하고 있는 '나', '인간', '중생'이란 삶을 통해 형성된 경험의 내용이 기억되고 개념화되어 언어화된 것으로서, 이것을 실체시하는 것은 생명에 대한 무지[無明]라고 이야기하고 있는 것이다.

붓다는 생명이 개별적으로 존재하는 사물이 아니라 상호의존적인 관계에서 나타나는 과정이라는 것을 깨달았다. 불교의 수행은 붓다가 제시한 생명의 구조를 깨닫고, 그 구조에 따라 충실히 살아가는 삶이다. 이 가운데 '사념처(四念處)'는 생명의 구조를 깨닫는 방법이다. 『잡아함경』에서는 사념처의 관법(觀法)을 다음과 같이 이야기한다.

> 음식(Âhara)이 모이면 신(身; Kâya)이 모이고[集], 음식이 멸하면 신(身)이 사라진다.
>
> 촉(觸)이 모이면 수(受)가 모이고, 촉이 멸하면 수가 사라진다.
>
> 명색(名色)이 모이면 마음[心]이 모이고[集], 명색이 멸하면 마음이 사라진다.
>
> 억념(憶念)이 모이면 사물[法]이 모이고[集], 기억이 멸하면 사물이 사라진다.
>
> 이와 같이 신집(身集)을 따라 관(觀)이 머물고, 신멸(身滅)을 따라 관(觀)이 머물며, 신(身)의 집(集)과 멸(滅)을 따라 관(觀)이 머물면, 곧 의지하여 머물 것이 없게 되어, 모든 세간에 취할 것이 영원히 없게 된다. …… 모이는 법(法)을 따라 법을 관하여 머물고, 멸하는 법(法)을 따라 법을 관하여 머물며,

모이고 멸하는 법을 따라 법을 관하여 머물면, 곧 의지하여 머물 것이 없게 되어 모든 세간에 취할 것이 영원히 없게 된다.[21)]

우리가 내 몸[身], 내 감정[受] 내 마음[心], 외부의 사물[法]이라고 생각하는 것들을 잘 관찰하면, 내 몸, 내 감정, 내 마음, 외부의 사물이라고 할 수 있는 것이 없다는 것을 깨닫게 된다는 것이다.

우리의 삶을 관찰하면, 제일 먼저 드러나는 것은 먹어야 산다는 사실이다. 또 배설해야 산다. 먹기 전의 음식은 나의 몸이 아니지만, 먹은 음식은 나의 몸이 된다. 배설하기 전의 배설물은 나의 몸이라고 생각하는데, 배설한 후의 배설물은 나의 몸이 아니라고 생각한다. 과연 참된 나의 몸은 어떤 것인가? 몸[身]에 대한 관찰은 이렇게 이루어진다. 그 결과 이 세상에 나의 몸이라고 해야 할 것은 아무 것도 없음을 자각하게 된다.

수(受), 심(心), 법(法)에 대해서도 같은 방식의 관찰과 사유를 행한다. 고락을 느끼는 감정[受]은 영혼이나 정신의 작용이 아니다. 지각의 경험[觸]이 쌓여 감정을 유발한다. 자라 보고 놀란 사람이 솥뚜껑을 보고 놀라는 것은 고통의 경험이 동일한 고통의 감정을 유발하기 때문이다.

사물을 인지하는 마음[心]은 삶을 통해 형성된 관념[名色]이 모인 것이다. 그리고 그 마음에 인지된 대상[法]은 외부에 실재하는 사물이 아니라, 마음에 기억된 관념이 대상화된 것이다.

---

21) 『雜阿含經』 권 24(『大正新脩大藏經』 2, p. 171b)의 필자 번역.

이와 같이 사념처관(四念處觀)을 통해, 우리의 몸이 있고, 그 속에 영혼이 있으며, 영혼이 외부의 사물을 인식한다는 신념은 허구임이 드러난다. 우리가 내 몸이라고 생각하는 것은 태어나서 죽을 때까지 존재하는 사물이 아니다. 먹은 음식이 소화되어 배설되는 과정 속에 우리의 육신이 있다. 육신은 존재하고 있는 사물이 아니라, 음식물이 흐르는 강과 같은 것이다. 물이 흐르지 않으면 강이 사라지듯이, 우리의 육신은 음식을 먹지 않거나 배설하지 않으면 존재할 수 없다.

정신도 마찬가지다. 음식을 먹지 않고도 정신활동을 할 수는 없다. 음식을 먹고 살아가는 삶 속에서 나타나는 인지의 과정을 우리는 정신이나 영혼이라고 부를 뿐이다. 이와 같이 육신과 영혼은 삶을 통해 우리가 인식한 내용으로 만들어낸 허구적인 관념일 뿐, 실재하는 사물이 아니다.

삶에는 물질과 정신, 육신과 영혼의 구별이 없다. 모든 것이 함께 상호의존적으로 연기하고 있을 뿐이다. 모든 것이 상호의존적으로 연기하고 있는 삶 속에는 특별히 '나'라고 할만한 것이 없을 뿐만 아니라, '나'가 아니라고 할만한 것도 없다. 이것을 '무아(無我)'라고 한다.

무아의 입장에서 보면 '나'도 없고, '나' 아닌 것도 없으며, 생명도 없고, 생명 아닌 것도 없다. 이러한 사실에 무지한 상태에서는 생로병사를 느끼는 괴로운 삶[生死]이 연기하고, 무아와 연기를 깨달은 상태에서는 '나' 아닌 것이 없이 모두가 '한생명'이므로, 생사(生死)가 본래 없다는 것을 깨닫고 살아가는 행복한 삶[涅槃]이 연기한다. 이것이 12연기의 유전문과 환멸문이다. 이와 같이 붓다가 깨달은 12연기의 유전문과 환멸문은 삶의 두 가지 상태, 즉 생명의 두 가지 과정을 보여주고 있다.

(3) 무아(無我)와 업보(業報)[생명의 실상(實相)]

우리가 생명이라고 부르는 것은 삶을 의미한다. 삶을 불교에서는 '업'(業)이라고 부른다. 따라서 불교의 생명관은 불교의 '업설(業說)'에서 구체적으로 드러난다.

불교의 업설은 상식적인 업설과는 크게 다르다. 일반적으로 업설이라고 하면, 업을 짓는 주체로서의 시간적 동일성을 갖는 '자아'를 전제로 하기 마련이다. 그러나 불교의 '무아설(無我說)'은 '자아'의 존재를 부정한다. 불교의 업설은 이러한 무아설에 바탕을 두고 전개된다. 『잡아함경』에서 붓다는 다음과 같이 이야기한다.

> 비구들이여, 안(眼)은 생길 때 오는 곳이 없고, 멸할 때 가는 곳이 없다. 이와 같이 안(眼)은 부실하게 생기며, 생겨서는 남김없이 사라진다. (따라서) 업보(業報)는 있으나 작자(作者)는 없다. 이 음(陰)/온(蘊)이 멸하면 다른 음(陰)/온(蘊)이 상속(相續)한다.[22)]

우리는 사물을 볼 때 인지의 주체로서 눈[眼]이 존재한다고 생각한다. 그러나 보는 주체는 볼 때만 나타난다. 보지 않을 때는 보는 주체는 어디에도 없다. '보는 업(業)'을 통해서 '보는 눈'이 존재한다는 생각이 우리의 의식에 나타날 뿐, '보는 눈'이 어디에 숨어 있다가 볼 때는

22) 『雜阿含經』 권 13(『大正新脩大藏經』 2, p. 92c)의 필자 번역.

나오고, 보지 않을 때는 숨는 것이 아니다. 그러므로 '보는 업'과 그 결과[報]로서 느끼고 생각하고 사물을 인식하는 삶은 있지만, '보는 업(業)'의 '작자(作者)로서의 눈'은 없다는 것이 이 경의 의미이다.

이 경에서 주목되는 것은 음(陰), 즉 온(蘊)의 상속이다. 온(蘊)은 변함없이 존재하는 실체가 아니라, '자아'가 존재한다는 신념을 가지고 살아가는 중생들의 의식 속에서 끊임없이 새롭게 형성되어 상속된다. 『잡아함경』에서는 오온(五蘊)의 상속을 종자(種子)에 비유한다.[23] 한 알의 볍씨가 인연을 만나면, 그 볍씨는 사라져도 거기에서 뿌리, 줄기, 가지, 잎, 볍씨가 나오듯이, 식온(識蘊)이 새로운 인연을 만나면 새로운 오온(五蘊)으로 상속된다는 것이다. 이러한 상속에 상주불변하는 영혼은 없으며, 오온의 상속은 업보의 관계라는 것이 붓다의 생각이다.

온(蘊)은 'khandha'의 한역(漢譯)으로서, '덩어리, 모임, 구성요소'의 의미가 있다. 한자로 온(蘊)이라고 번역한 것은 덩어리의 의미를 취한 것이다. 이것을 음(陰)으로 번역하여 오온(五蘊)을 오음(五陰)이라고 부르기도 한다. 'khandha'를 온(蘊)으로 번역한 것은 오온의 의미를 잘 표현한 것이다. 왜냐하면 오온은 인지의 주체와 대상이 개별적으로 존재한다고 믿고 살아가는 중생의 마음[12入處]에서, 삶을 통해 나타난 허망한 의식들이 욕탐(欲貪)에 의해 모여서 덩어리가 된 것이기 때문에, 온(蘊)은 '망상 덩어리'라고 할 수 있는 것이다. '음(陰)'이라는 번역에도 깊은 뜻이 있다. '음(陰)'은 그림자라는 의미다. 그림자는 실체가 아니다. 오온은 실체가 아니라 실상(實相)의 그림자라는 의미에서 '음

23) 『雜阿含經』 권 2(『大正新脩大藏經』 2, pp. 8c-9b) 참조.

(陰)'이라고 번역한 것이다.

오온은 이렇게 삶[業]을 통해 나타난 무상한 의식[報]들이 모여서 덩어리를 이루고 있는 '의식 덩어리'이며 '삶의 그림자'이다. 보고, 듣고, 맛보고, 만진 삶의 그림자가 모여서 색온(色蘊)을 이루고, 즐거움을 느끼고, 괴로움을 느낀 삶의 그림자가 모여서 수온(受蘊)을 이루고, 비교하고, 사유한 삶의 그림자가 모여서 상온(想蘊)을 이루고, 욕구를 가지고 의도한 삶의 그림자가 모여서 행온(行蘊)을 이루고, 사물을 분별하여 인식한 삶의 그림자가 모여서 식온(識蘊)을 이루고 있다.

이러한 오온은 중생들이 삶의 과정에서 생긴 경험을 기억하고 모아서 존재화한 것이다. 우리는 보고, 듣고, 만진 경험을 통해 외부에 사물이 대상으로 존재하고 있고, 그것을 지각하는 감관을 지닌 육체가 존재하고 있다고 믿게 되며, 과거로부터 느끼고, 사유하고, 의도하고, 인식한 경험을 통해, 외부에 사물이 존재하고, 그것에 대하여 느끼고, 사유하고, 의도하고, 인식하는 감정, 이성, 의지, 의식이 몸 안에 존재하고 있다고 믿고 있다. 이렇게 우리가 외부에 존재하고 있다고 믿고 있는 사물과 나의 존재라고 믿고 있는 육신이나 영혼은 '경험의 모임[集]'에 지나지 않는다.

이와 같이 우리가 '나'의 존재로 믿고 있는 오온의 실상은 실체로서의 '자아'가 아니라 '업'이다. 『쌍윳따 니까야』에서는 다음과 같이 이야기한다.

> 비구들이여, 무엇을 色이라고 부르는가? 접촉한다(ruppati). 그러면 색(色; rūpa)이라고 불린다. …… 느낀다(vediyati). 그러면 수(受; vedanā)라고 불린다.

…… 사유한다(sañjānāti). 그러면 상(想; saññā)이라고 불린다. …… 유위(有爲)를 조작(造作)한다(saṅkhataṃ abhisaṅkharonti). 그러면 행(行; saṅkhārā)이라고 불린다. …… 식별한다(vijānāti). 그러면 식(識; viññāṇa)이라고 불린다.24)

이 경은 업, 즉 삶이 존재[五蘊]의 실상임을 이야기하고 있다. 몸[色]이 접촉하는 것이 아니라, 접촉을 통해 몸이라는 개념이 형성되고, 감정[受]이 느끼는 것이 아니라, 느끼는 삶을 통해 감정이라는 개념이 형성된다는 것이다. 이와 같이 우리가 자기 존재로 생각하고 있는 모든 것[五蘊]은 삶, 즉 업으로 환원된다. 오온이 무아이고 공(空)이라는 말은 이렇게 오온의 실상이 삶[業]이라는 것을 의미한다.

생명은 이러한 삶, 즉 업보의 현상이다. 우리가 육신이라거나 영혼이라고 부르는 것도 그 본질은 업보인 셈이다. 불교의 연기설은 이러한 '무아업보설(無我業報說)'을 의미한다. 무아의 논리적 근거가 되는 연기란 업보의 다른 이름에 지나지 않는다. 『별역잡아함경』에서는 다음과 같이 이야기하고 있다.

일체 중생은 모두 유위(有爲)이며, 여러 인연의 화합에 의지하고 있다. 인연[연기(緣起)]이란 곧 업이다. 거짓된 인연이 화합하여 있는 것은 무상(無常)하다.25)

업, 즉 연기하는 삶에는 두 가지가 있다. 하나는 생명의 실상이 무아이며 업보라는 사실을 깨닫고 살아가는 삶과 이러한 사실을 모르고

24) *Saṃyutta Nikāya*, ed. M. Leon Feer, vol. 3(London: P.T.S., 1975), pp. 86-87의 필자 번역.

25) 『別譯雜阿含經』 권 11(『大正新脩大藏經』 2, p. 448c)의 필자 번역.

살아가는 무명에서 연기한 삶이다. 붓다는 『염유경(鹽喩經)』에서 다음과 같이 이야기한다.

> 사람은 지은 업에 따라 그 보(報)를 받는다. 이와 같아서 범행(梵行)을 행하지 않으면 괴로움을 멸진할 수 없다. …… 범행을 수행하면 곧 괴로움을 멸진할 수 있다.[26)]

붓다가 깨달은 것은 이러한 업보, 즉 연기의 도리이다. 붓다는 『잡아함경』에서 자신이 깨달은 진리에 대하여 다음과 같이 이야기한다.

> 연기법은 내가 만든 것도 아니고, 다른 사람이 만든 것도 아니다. 여래가 세상에 나오든, 나오지 않든, 법계(法界)는 상주(常住)하며, 여래는 이 법을 스스로 깨달아 등정각(等正覺)을 이루어, 중생들을 위해서 분별하여 연설하고, 개발(開發)하여 현시(顯示)하느니라. 소위 이것이 있는 곳에 저것이 있고, 이것이 나타날 때 저것이 생긴다고 하는 것이니, 말하자면 무명을 연하여 행이 있고, 내지 큰 괴로움 덩어리가 모이며, 무명이 멸하면 행이 멸하여 내지 큰 괴로움 덩어리가 멸한다.[27)]

붓다는 우리의 삶이 연기하고 있다는 사실을 깨달았다. 우리의 삶이 생명의 실상에 무지한 무명의 상태에서 살아가면 생로병사의 괴로운 삶이 연기하고, 무명을 멸하여 생명의 실상을 깨닫고 살아가면 괴로움은 사라지고 열반의 삶이 연기한다. 이러한 사실은 삶의 세계에 변함없이 상주하는 진리이다.

---

26) 『中阿含經』 권 3(『大正新脩大藏經』 1, p. 433a)의 필자 번역.
27) 『雜阿含經』 권 12(『大正新脩大藏經』 2. p. 85b)의 필자 번역.

이와 같이 불교에서는 생명의 본질을 육체나 영혼과 같은 존재로 보지 않고 업, 즉 삶으로 본다. 이러한 업설의 생명관에서 보면, 생명은 끊임없이 이어지는 업보의 과정, 즉 삶이다. 따라서 살아가는 존재의 가치는 그가 소유한 육체나 영혼에 의해 결정되는 것이 아니라, 그가 어떤 삶을 살고 있느냐에 달려 있다.

이와 같은 불교의 생명관에서 본다면, 생명은 사물이 아니라 연기하는 삶의 과정[업보]이기 때문에, '생명이란 무엇인가'를 묻는 것은 무의미하다. 우리가 해야할 일은 생명을 개념적으로 정의하는 하는 일이 아니라, '어떻게 사는 것이 바른 삶인가'를 찾는 일이다. 붓다가 생로병사에서의 해탈을 이야기하면서도, '생명이란 무엇인가'를 문제 삼지 않고, 우리에게 무명에서 비롯된 삶의 과정[流轉門]과 무명을 멸진한 삶의 과정[還滅門]을 이야기하고, 생명에 대한 바른 이해[正見]에서 시작되는 팔정도(八正道)를 삶의 바른 길로 제시하는 까닭이 여기에 있다.

3. 대승불교의 생명관

'무아업보설'에 근거한 근본불교의 생명관은 대승불교에 의해 더욱 적극적인 의미로 발전한다. 『아함경』에서는 생명의 본질을 알지 못하는 허위의 삶을 '생사(生死)'라고 부르고, 태어나 죽는 존재가 본래 없는 것이 생명의 참모습임을 깨달아 살아가는 참된 삶을 '열반(涅槃)'이라고 부른다. 『아함경』에서는 '거짓된 삶'을 부정하는 의미에서 유위

법의 '무상(無常), 고(苦), 무아(無我), 부정(不淨)'을 강조하는데, 『열반경』에서는 '참된 삶'을 긍정하는 의미에서 열반의 '상(常), 락(樂), 아(我), 정(淨)'을 강조한다. 그리고 이와 같은 열반은 불성, 법신 등으로 표현되면서 생명의 참된 의미를 극명하게 드러낸다.

대승불교의 불성, 법신 등은 모두 생명의 참모습을 의미하는 것이다. 불교의 모든 교리가 생명의 실상을 이야기한 것이기 때문에, 어느 것 하나 생명관과 무관한 것이 없지만, 여기에서는 『불성론(佛性論)』의 '불성(佛性)'과 『화엄경(華嚴經)』의 '법신(法身)'을 통해 간단히 대승불교의 생명관을 살펴보기로 한다.

(1) 『불성론』의 생명관

불성(佛性)은 영혼과 같은 존재가 아니다. 전술한 바와 같이 생명의 실상을 불성이라고 한다. '일체중생은 불성을 소유하고 있다'는 대승불교의 주장을 '무아사상'에 위배된다고 보는 것은 잘못이다. 『불성론』에서는 "불성이란 인공(人空)과 법공(法空)이 드러난 진여(眞如)이다. 이 도리를 통달하면 허망한 집착을 여의게 된다."[28]고 한다. 이것은 근본불교의 사상을 그대로 계승한 것이다. '무아'와 '공'이 '불성'이며 '진여'라는 것이다. 근본불교에서는 허망한 실체를 부정하는 의미에서 '무아'와 '공'을 강조하는데, 대승불교에서는 참된 생명을 긍정하는 의미에서 '불성'과 '진여'로 표현한 것이다.

---

28) 天親菩薩 造, 眞諦 譯, 『佛生論』 권1(『大正新脩大藏經』 31, p.787b), "佛性者卽是人法二空所顯眞如 … 通達此理 離虛妄執"

모든 존재, 즉 나(人)와 세계(法)는 본래 연기하는 하나의 생명이므로, 나라고 할 것도 없고, 세계라고 할 것도 없으며, 이것이 생명의 참모습[眞如]이다. 이와 같은 도리에 통달하면, 나와 남, 육체와 영혼 등과 같은 허망한 집착이 사라진다. 생명의 실상이 '공(空)'이라는 것을 이해할 때, 청정한 지혜의 공덕이 생기는데, 이것을 진실(眞實)이라고 한다.[29] 실유(實有)를 고집하는 것이 허망한 집착이고, 두 가지 공(空), 즉 인공(人空)과 법공(法空)을 통달하는 것이 진실한 공덕임을 깨달아, 중생들에게 나와 남의 구별이 없는 대비심(大悲心)을 일으켜 아집(我執)을 없애는 것이 참된 삶의 구현이다.[30]

생명의 실상을 알게 되면, 우리의 삶은 새롭게 전환된다. 중생들의 삶은 자기를 중심으로 영위된다. 이것이 아집(我執)이다. 불성을 알게 되면 이러한 아집이 고쳐진다. 즉 불성을 바르게 이해함으로써, 일체 중생을 관(觀)하되 나와 남이 있을 수 없다고 보아, 자신을 사랑하는 생각을 쉬고, 모든 중생을 인공(人空)과 법공(法空)에 포섭되는 일체 공덕으로 보아, 일체 공덕을 성취한다. 이리하여 남을 사랑하는 마음이 생긴다.[31]

반야(般若)로 말미암아 자신을 사랑하는 생각이 없어지고, 대비(大悲)로 말미암아 남을 사랑하는 생각이 생기며, 반야(般若)로 말미암아 범부집(凡夫執)을 버리고, 대비(大悲)로 말미암아 이승집(二乘執)을 버리며,

29) 같은 책, "由解此空故所起清淨智慧功德 是名眞實"

30) 같은 책, "知虛妄過失 眞實功德 則於衆生中 起大悲心 無有彼此 故除我執"

31) 같은 책, "由佛性故 觀一切衆生 二無所有 息自愛念 觀諸衆生 二空所攝一切功德 而得成就 是故於他而生愛念"

반야(般若)로 말미암아 열반(涅槃)을 버리지 않고, 대비로 말미암아 생사(生死)를 버리지 않으며, 반야로 말미암아 불법(佛法)을 성취하고, 대비로 말미암아 중생을 성숙시킨다[32]. 이것이 자타(自他)의 분별이 사라진, 생사(生死)와 열반(涅槃)이 함께하는, 반야와 대비가 충만한 한 생명, 즉 참 생명을 실현하는 대승적 삶의 모습이다.

(2) 『화엄경』의 생명관

『화엄경』에서 이야기하는 '불(佛)'은 '생명'이다. 생명은 온 우주에 충만하다.[33] 이렇게 온 우주에 충만한 '한생명[法身]'이 무량무변한 세계를 아름답게 꾸며놓고 있다.[34] 생명은 아름답고 행복하게 살려는 희망(願)으로 살아간다. 아름답고 행복하게 살려는 갖가지 희망들이 갖가지 차별된 삶의 모습과 세계를 만들어 간다.[35] 이와 같이 모든 세계는 업력(業力)에 따라 생긴 것이다.[36] 우리가 살고 있는 세계는 '한생명'의 원력과 업력에 의해 아름답게 장엄된 것이고, 이것을 '화장장엄세계(華藏莊嚴世界)'라고 부른다. '한생명[毘盧遮那佛]'은 무수겁(無數劫)의 세월 동안 갖가지 모습의 세계를 아름답게 이루어 놓았다. 이 모든 것이 광대무변한 생명의 힘이다.[37] 한 생명 속에 무량한 세계가

---

32) 같은 책, "由般若故 滅自愛念 由大悲故 生他愛念, 由般若故 捨凡夫執 由大悲故 捨二乘執 由般若故 不捨涅槃 由大悲故 不捨生死 由般若故 成就佛法 由大悲故 成熟衆生"

33) 『大方廣佛華嚴經』 권 6(『大正新脩大藏經』 10, p. 30a), "佛身充滿於法界"

34) 위의 책, p. 35b, "所說無邊衆刹海 毘盧遮那悉嚴淨"

35) 위의 책, p. 35c, "如是種種各差別 一切皆依願海住"

36) 위의 책, p. 38b, "一切諸國土 皆隨業力生"

있다. 그 무량한 세계마다 생명이 자리 잡고서 다른 생명을 살리는 삶을 살아간다.[38]

이러한 생명관에는 생명과 세계의 차별이 없다. 생명 속에 세계가 있고, 세계 속에 생명이 있으며, 하나의 생명 속에 모든 생명이 들어 있고, 모든 생명 속에 개개의 생명이 들어 있다.

이상에서 살펴본 대승불교의 생명관은 모두 근본불교의 생명관이 발전된 것이다. 『불성론』의 생명관은 연기설에 바탕을 둔 '무아의 생명관'이 발전된 것이고, 『화엄경』의 생명관은 연기설과 · 무아설(無我說)에 바탕을 둔 '업보의 생명관'이 발전된 것이라고 할 수 있다.

4. 생명공학의 윤리 문제

인류는 이제 기계공학과 화학공학의 시대에서 생명공학의 시대로 옮아가고 있다. 캐나다 생명공학회사인 넥시아 바이오테크놀로지는 거미의 유전자 1개를 몸에 지녀 거미줄 섬유를 젖과 함께 분비하도록 형질 전환된 염소 2마리를 만드는데 성공했다고 한다. 이 회사는 '거미 염소'를 수천마리로 늘려 '바이오 스틸'로 이름 붙인 세계 최강의 섬유를 양산할 예정이라고 한다.

기계공학과 화학공학은 물질을 변형시켜 인간에게 필요한 것을 만들고, 생명공학은 생명을 변형시켜 인간에게 필요한 것을 만든다. 이

37) 위의 책, p. 40c, "毘盧遮那於往昔 種種刹海皆嚴淨 如是廣大無有邊 悉是如來自在力"

38) 위의 책, p. 327a, "一一毛孔中 微塵數刹海 悉有如來坐 皆俱菩薩衆"

제 인간은 과학기술로 물질이건, 생명이건, 모든 것을 변형시켜 원하는 것을 만들 수 있게 되었다. 여기에는 인간 자신도 예외가 아니다. 원하는 인간을 마음대로 만들어 낼 날도 머지않아 도래할 것이다. 이렇게 전지전능한 힘을 갖게 되었다고 생각되는 오늘 우리에게 감도는 불안은 무엇일까?

생명공학은 인류의 역사상 그 어떤 기술혁명보다도 걱정스러운 문제를 제기하고 있다. 제레미 리프킨((Jeremy Rifkin)은 『바이오테크 시대』에서 생명공학에 다음과 같은 문제들이 있음을 지적한다.

> 생물체의 유전적 암호를 재작성함으로써 수백만 년에 걸친 진화적 발전이 중단되는 치명적 위험은 없는가?
>
> 인공생물체의 창조는 자연계의 종말을 초래하는 결과가 되지 않을까?
>
> 복제 생물, 키메라(chimera; 유전적으로 서로 다른 세포가 혼합되어 만들어진 개체), 유전자 이식 생물들이 우글거리는 세계에서 인류는 외계 생물이 되고 마는 것은 아닌지?
>
> 유전공학적으로 처리된 수천 종의 생물체가 만들어져 방출되면 돌이킬 수 없는 생태계의 훼손을 초래하여 핵 오염이나 석유 화학 오염보다 훨씬 위험한 유전자 오염을 야기하는 것은 아닌지?
>
> 세계라는 유전자 공급원이 소수의 다국적 기업의 지적 재산으로 될 때 세계 경제와 사회에 어떤 결과가 야기될 것인지?
>
> 생명을 특허의 대상으로 삼는 것은 생명의 신성함과 본질적 가치에 대해 우리가 갖고 있는 깊은 신념에 어떤 영향을 줄 것인가?
>
> 모든 생명을 '발명품'이나 '상업적 재산'으로 취급하는 세상에서 자랄 때 인간은 정서와 지능에 어떤 영향을 받을 것인가?
>
> 아기들은 주문하는 대로 유전적으로 디자인하여 만들어지고, 사람들은

> 유전자형을 기준으로 신원이 확인되고 분류되며 차별을 받는 세계에서 인간의 의미는 무엇이 될 것인가?
>
> '완전한 인간'을 만들기 위해 시도하는 과정에서 어떤 위험이 뒤따를 것인가? 39)

생명공학이 인류에게 큰 편익을 가져다 줄 '꿈의 기술'처럼 보이지만, 인류가 그 기술을 사용할 때 치러야 할 대가는 치명적이다. 세상에 공짜는 없다. 19, 20세기의 과학기술은 인류에게 풍요와 편리함을 제공했지만, 동시에 환경문제와 같은 심각한 위기를 불러일으켰다. 이제 생명공학까지 가세한다면, 인류는 '꿈의 기술'을 향유하기도 전에 멸망할지도 모른다.

오늘의 생명공학은 서구의 이기적 인간중심주의에서 비롯된 것이다. 서구의 인간중심주의는 현대의 과학기술을 낳았고, 과학기술은 자연파괴, 자원고갈, 환경오염과 같은 인간 생존을 위협하는 결과를 가져왔다. 이것은 이기심에 기초한 인간중심적 사고가 인간의 삶마저도 위태롭게 한다는 것을 드러낸 것이다. 우리가 생명공학의 성과에 불안을 느끼는 것은 생명공학이 여전히 이기적 인간중심주의에서 행해지고 있기 때문이다.

서구의 인간중심주의는 서구의 자연관에 기인한다. 우리가 사용하는 '자연'이라는 개념은 서구의 자연관에서 나온 것으로서 영어의 'nature'에 해당된다. 즉 인간의 손이 미치지 않은 원래의 세상 그 자

---

39) 제레미 리프킨, 『바이오테크 시대』, 전영택 · 전병기 역, (서울: 민음사, 1999), pp. 12-13 참조.

체를 의미한다. 따라서 인간의 손이 닿으면 그것은 자연이 아니다. 'nature'라는 개념 속에는 이와 같이 자연과 인간이 적대적으로 대립하고 있다는 의미가 들어있다.

인간은 자연의 일부이다. 따라서 자연과 조화하지 않으면 살아갈 수 없다. 그런데 기계적 세계관에 기초한 서구의 인간중심주의는 인간으로 하여금 자연과 대립하고 자연을 정복하는 것이 문명이며 진보라고 믿게 만들었다.

불교의 연기론적 세계관에서 보면 자연과 인간은 대립적 관계가 아니라 상호의존적 관계이다. 인간은 자연의 영향을 받고, 자연은 인간의 삶에 의해 영향을 받는다. 나아가 자연과 인간은 하나의 생명이다. 우주는 싸늘한 물질과 에너지의 세계가 아니라 생명으로 충만해있다. 자연세계는 인간과 무관한 객관적 사실의 세계가 아니라, 인간의 삶에 의해 이해되고, 변화하며, 인간의 삶에 영향을 준다. 따라서 윤리는 인간 상호간에만 적용되는 것이 아니라 인간과 자연의 관계에도 똑같이 적용되어야 한다.

자연을 생명으로 이해하고, 생명은 서로 얽혀 한생명을 이루고 있다는 불교의 생명관은 인간이 모든 생명에 대하여 이타적인 삶과 자비로운 삶을 살아야 하는 윤리적 당위성을 제공한다. 서구사회의 윤리체계에서는 도덕의 핵심이 '정의(正義)'지만, 불교의 윤리체계에서는 '자비(慈悲)'가 핵심이다.

정의는 기계적 세계관에 근거하는, 인간은 개별적 존재라는 전제에서 나온 것이다. 개별적 존재로서의 인간은 이익을 놓고 서로 대립한다. 자신의 이익과 타인의 이익이 대립할 때, 공정한 분배의 원리가 요청된다. 이때 공정한 분배의 원리가 '정의'이다.

그러나 불교에서는 연기설에 근거하여 '나와 남', '인간과 자연'은 하나라는 '자타불이(自他不二)'의 의식을 강조한다. '자타불이'의 의식을 통해 '나'에서 '남'으로, '인간'에서 '자연'으로 자아는 확장될 수 있다. '자아'를 확장하여 '자아'가 '타아'를 포용하면 인간 상호간의, 인간과 자연간의 대립은 사라질 것이다. 이러한 자아의 확장은 생명에 대한 바른 이해[般若; 지혜]를 통해 이루어지고, 자비를 통해 실현된다.

자아가 확장되어 다른 존재를 포용한다면, 우리는 자비로운 마음으로 타인에 봉사하고 자연과 조화하는 윤리적 삶을 살아가게 될 것이다. 이와 같은 '자아의 확장'은 현대의 심층 생태학과 맥을 함께 하는 것으로서 윤리학에 새로운 장을 열어줄 것이다. 즉 자연과 인간이 생명의 구조 속에서 통일적으로 이해될 때, 우리는 인간중심의 윤리에서 보다 확장된 생태중심적, 생명중심적 윤리체계를 세울 수 있을 것이다.

인류는 이제 물질과 생명을 마음대로 조작할 수 있는 기술을 소유했다. 좋든 싫든 이것을 되돌릴 수는 없게 되었다. 문제는 이것을 어떻게 사용하느냐에 있다. 불교는 모든 중생에게 이익을 주는 것[饒益衆生]을 선으로 가르친다. 인간에게만 이로운 것이 선일 수 없다는 이야기이다.

생명공학 자체는 선도 악도 아니다. 그것이 모든 생명을 이롭게 하면 선이 되고 해롭게 하면 악이 된다. 생명공학은 매우 큰 위험을 내

포하고 있다. 날카로운 칼일수록 조심해서 다루어야 하듯이, 생명공학은 조심해서 사용해야 한다.

생명공학은 위험하지만 생명공학이 꼭 필요한 분야가 있다. 예를 들면, 기계공학과 화학공학에 의해 파괴된 자연과 생태계를 복원하는 데 생명공학은 큰 기여를 할 수 있는 것이다. 따라서 생명공학은 인간만을 위한 것이 아니라 모든 생명을 살리는 방향에서 이루어져야 한다. 생명공학이 인간의 이기심과 탐욕을 위한 수단이 될 때는 기존의 어떤 과학기술보다도 더 큰 해악을 가져올 것이다.

유전자를 조작하여 훌륭한 인간을 만들 수 있다고 생각한다면 그것은 큰 착각이다. 인간은 훌륭한 유전자에 의해서 탄생되는 것이 아니다. 사람들이 올바른 생명관, 가치관을 가지고, 훌륭한 삶을 살면서, 훌륭한 사회를 이룩할 때, 그 사회에서 훌륭한 사람들이 나오는 것이다. 우리의 삶은 업보이다. 이기적으로 유전자를 조작하는 악업(惡業)은 인류의 미래에 돌이킬 수 없는 큰 재앙의 업보를 낳을 것이다.

불교의 입장에서 보면 생명의 참된 구현은 지혜와 자비이다. 지혜로 '한생명'의 진실을 밝혀내고, 자비로 모든 생명을 사랑하는 것이 참된 삶이다. 참된 삶은 인간의 이기적 욕망을 충족시키기 위해 다른 생명을 조작하는 일을 결코 용납하지 않는다.

인간은 지금까지 잘못된 자연관과 생명관을 가지고 자연과 다른 생명에 대하여 악업을 지어왔다. 그 악업의 과보가 환경오염, 생태계의 파괴, 인간성 상실과 같은 현대의 여러 위기이다. 따라서 인류는 이제 그 악업을 없애는 방향으로 삶의 길을 잡아야 한다.

그런 맥락에서 생명공학은 인간과 자연 그리고 다른 생명은 둘이 아니라 하나의 생명이라는 진리 아래 사용되어야 한다. 생명공학을 통해 인간의 악업에 의해 손상된 자연과 다른 생명을 되살린다면, 인류는 악업을 소멸하고 다른 생명과 하나 되어 번영할 수 있을 것이다.

VIII

자비의 윤리

1. 서언

윤리의 문제는 인간 상호간의 문제로 여겨져 왔다. 그러나 20세기에 이르러 환경과 생태 문제가 대두됨으로써, 윤리의 영역이 인간의 범위를 넘어 인간과 환경, 인간과 생태계, 나아가 인간과 모든 존재 사이의 문제로 확장되고 있다.

그럼에도 불구하고 윤리는 여전히 인간의 문제이다. 왜냐하면 윤리가 인간의 범위를 넘어선다고 해도 윤리를 문제삼는 것은 인간뿐이기 때문이다. 즉 예전에는 한 인간이 다른 인간에게 어떻게 행동해야 하는가가 윤리의 핵심이었다면, 이제는 인간이 인간뿐만 아니라 자연과 다른 존재들에게 어떻게 행동해야 하는가의 문제로 인간의 윤리적 행위의 범위가 넓어졌을 뿐, 윤리의 주체는 여전히 인간일 수밖에 없는 것이다.

윤리가 인간의 문제인 이상, 윤리를 논하려면 우선 인간을 논하지 않을 수 없다. 즉 인간이란 무엇인가라는 물음에 답하지 않고, 인간은 어떻게 행위 해야 하는 가를 논할 수는 없는 것이다.

인간을 공동체에 의존하는 폴리스적 동물(zoon politikon)로 규정하여, 인간의 자기실현은 오로지 공동체를 통해서만 가능한 것으로 보는 아리스토텔레스적 전통의 서양 고대와 중세의 인간관을 지양하여, 최초로 서양 근세의 개인주의적 인간관을 수립한 홉스(Th. Hobbes)의 『사회계약론』은 자연에 독립적이며, 자기 자신을 스스로 지배하면서, 욕망을 충족하고자 하는 이기적 개인을 전제로 한다. 이러한 개인에게는 타인을 포함하여 자기가 아닌 모든 것은 자신과 대립하는 대상이며 객관이다. 개인이 생존하기 위해서는 타인을 포함하여 자기 이외의 모든 것을 지배해야 한다. 타인과 자연은 지배의 대상이 되는 것이다. 박구용은 이러한 인간관의 변화를 자기실현에서 자기보존으로의 패러다임의 전복이라고 파악한다.[1)]

현대사회의 여러 문제들과 환경, 생태 문제는 이러한 인간관의 변화에 기인한다. 서양 근세의 개인주의적 인간관을 지닌 현대인들이 자기보존을 위해 타인과 자연을 지배의 대상으로 삼음으로써, 사회갈등, 환경오염, 생태계 파괴와 같은 문제가 발생한 것이다. 따라서 이러한 문제와 관련된 윤리학은 서양 근세의 개인주의적 인간관과는 다른 인간관, 즉 새로운 패러다임을 요청한다.

우리는 앞 장에서 인간, 생명, 자연에 대한 불교의 관점을 고찰한

---

1) 박구용, 『우리 안의 타자』(서울: 철학과 현실사, 2003), pp. 27-38 참조.

바 있다. 이 글에서는 이러한 이해를 토대로 불교윤리를 '자비의 윤리'로 규정하고, 불교윤리가 새롭게 요청되는 현대윤리학으로 기능할 수 있다는 점을 밝히고자 한다. 윤리의 범위가 확장된 오늘날 사회윤리, 환경윤리, 생태윤리, 생명윤리 등 윤리의 모든 영역에 핵심으로 작용해야 할 윤리의 개념을 '자비'로 설정하고, '자비로운 행위'의 윤리적 당위성을 밝히고자 하는 것이다.

2. 현대사회와 윤리

인간의 삶은 자기 이해에 토대를 둔다. 따라서 인간의 삶에 의해 이루어지는 사회와 윤리는 인간 이해에 바탕을 두지 않을 수 없다. 현대사회와 윤리는 서양 근세의 개인주의적 인간관에 기초하고 있으며, 근세의 개인주의적 인간관은 근세의 자연관의 영향을 받은 것이다. 서양 근세의 자연관은 기계론적이고 원자론적이다. 모든 운동은 목적을 지향한다는 목적론적 자연관과는 대조적으로, 기계론적 자연관에서 운동은 역학적인 자연법칙에 따르는 기계적 운동이다. 그리고 자연세계는 맹목적으로 자연법칙에 의해 움직이는 원자들의 집합체다. 현대인이 이해하고 있는 인간은 자연세계의 원자와 다를 바 없는 기계적이고 원자적인 존재이다.

사회계약론의 선구자 홉스에 따르면 인간존재 역시 기계적으로 끊임없이 운동하는 자연물중의 하나일 뿐이며, 자기 보존의 본능을 가진 이기적 존재다. 인간들은 자연상태에서 자기 보존을 위해 무제한으로 자신의 힘을 확대시켜 나감으로써 경쟁관계를 이루게 된다. 이러한 경쟁관계에서 자신의 힘의 확장을 위해 투쟁하는 "만인의 만인에 대한 투쟁"이 홉스가 생각한 인간의 자연상태이다.[2)]

그의 사회계약론은 이러한 인간 이해에 바탕을 두고 이루어진 것이다. 자연상태에서의 투쟁이 자신의 생명을 위협한다는 것을 터득함으로써 인간들은 상호간에 평화를 지키자고 계약함으로써 하나의 공동체인 국가를 형성한다.[3)] 이로써 계약을 통해 상호간에 승인된 사회로서의 국가가 탄생한다.

홉스적 계약론은 개인들이 어떠한 본질적인 도덕적 권리나 지위를 갖는 것으로 보지 않는다.[4)] 본성상 인간은 모두 그들에게 허용 가능한 어떠한 수단이든지 사용할 권리가 있으므로, 도덕적 제약은 사람들이 힘에 있어서 대체로 동등할 때에만 발생한다.[5)] 따라서 홉스적 계약론 안에서는 착취보다 정의를 선호해야 할 어떠한 근거도 없다.[6)]

이와는 대조적으로 칸트적 계약론은 계약의 관념을 인위적인 도덕적 지위를 창출해내기 위해서가 아니라, 오히려 인간의 본질적인 도덕적 지위를 표현하기 위해서 사용한다. 인간이 도덕적 관점에서 상관이 있는 것은 인간이 타인에게 해를 끼칠 수 있거나, 혹은 이득을

---

2) 한자경, 「홉스의 인간이해와 국가」, 한국사회・윤리연구회편, 『사회계약론연구』(서울: 철학과현실사 1993), pp. 42-50 참조.

3) 위의 논문, 같은 책, p. 53.

4) 윌 킴릭카, 「사회계약론의 전통」, 박정순 옮김, 위의 책, p. 19.

5) 위의 논문, 위의 책, p. 20.

6) 위의 논문, 위의 책, p. 21.

줄 수 있기 때문이 아니라, 반대로 그 '목적 자체'이기 때문이다. 이러한 칸트적 어구가 함축하고 있는 것은 도덕적 평등의 개념이다. 각 개인은 동일하게 중요하며, 동등한 고려를 받을 자격을 가지고 있다. 이러한 동등한 고려라는 생각은 사회적 수준에서는 "정의의 자연적 의무"로 떠오른다. 우리는 정의로운 제도를 증진시켜야 할 의무를 가지고 있으며, 그러한 의무는 합의나 혹은 상호이익에서 유래하는 것이 아니라 단순히 인간이 가진 인격 그 자체에 기인한다.[7)]

유교의 성선설과 성악설을 연상케 하는 칸트와 홉스의 사회계약론은 인간을 개체적인 개인으로 이해하고, 개인으로서의 인간의 본성에서 윤리적 근거를 찾는다. 일본의 철학자 와쓰지 데쓰로는 서양 근세의 개인주의를 인간존재의 한 계기에 불과한 개인을 가지고 인간 전체를 대신하려 한 것이라고 비판하고, 이 추상성이 일체 오류의 바탕이 된다고 주장한다. 근세철학의 출발점이라 할 고립적 자아의 입장도 그 한 예라는 것이다. 그에 의하면 이러한 개인주의가 윤리문제를 주관과 자연의 관계로 한정함으로써, 서양 근세철학에는 인식의 문제에 대립하는 의지의 문제로서의 윤리의 영역이 주어졌다. 그 결과 자연에 대한 자기의 독립이라든가, 자기의 자신에 대한 지배라든가, 자기의 욕망과 충족 같은 것이 윤리의 중심에 놓이게 되었다는 것이다.[8)]

7) 위의 논문, 위의 책, pp. 22-23.

8) 와쓰지 데쓰로, 『인간의 학으로서의 윤리학』, 최성묵 옮김(서울: 이문출판사, 1993), p. 12 참조.

오늘날 우리가 겪고 있는 갈등과 위기는 이러한 개인주의적 인간관과 그에 기초한 윤리학에 기인한다. 카프라(Fritjof Capra)는 이 시대의 중요한 문제들이 상호 연결되어 있으며, 뗄 수 없을 정도로 깊이 상호의존하고 있다고 이야기한다. 그리고 궁극적으로 이러한 문제들은 단일한 위기의 여러 다른 측면으로 파악되어야 하며, 단일한 위기란 인식의 위기라고 진단한다. 우리들 대부분은 낡고 고루한 세계관의 여러 개념들에 찬동하고 있으며, 오늘날 전지구가 하나로 상호 연결된 세계를 다루는데 실재에 대한 부적합한 인식을 받아들이고 있기 때문에, 모든 문제가 발생하고 있다는 것이다. 따라서 위기를 극복하기 위해서는 우리의 인식, 우리의 사고 그리고 우리가 갖고 있는 가치의 급격한 전환이 요구된다고 주장한다. 즉 패러다임의 전환이 요청된다는 것이다.[9)]

지난 수백 년 동안 우리 문화를 지배해왔고, 그 과정에서 현대 서구사회를 형성했으며, 서양 이외의 다른 사회에도 중요한 영향을 미친 전환해야 할 패러다임은 역학적 체계로서의 우주관, 기계로서의 인체관, 생존하기 위해 치열한 경쟁을 벌이는 장소로서의 사회관, 경제성장과 기술발전으로 무제한의 물질적 진보가 이룩될 것이라는 신념, 등으로 구성된 서양 근세의 세계관이다. 이러한 서양 근세에 형성된 패러다임은 여러 분야에서 치명적인 도전을 받아 수정되고 있으며, 새로운 패러다임으로 전환되고 있다.[10)]

---

9) 프리초프 카프라, 『생명의 그물』, 김용정 · 김동광 옮김(서울: 범양사출판부, 1998), p. 18 참조.

심층생태학, 시스템이론 등으로 알려진 새로운 패러다임은 이 세계를 서로 분리된 부분들의 집합이 아니라, 하나로 통합되어 있는 전체로 보는 전체론적 세계관이다. "과거의 낡은 패러다임이 인간 중심적인 가치들에 기반하고 있는 반면, 심층생태학은 생태 중심적인 가치들을 토대로 삼고 있다. 그것은 인간이 아닌 다른 생물의 고유한 가치를 인정하는 세계관이다. 모든 생물은 상호의존성이라는 연결망 속에 한데 얽혀있는 생태학적 공동체의 구성원인 것이다. 이러한 심층생태학적 인식이 우리의 일상적인 인식이 될 때, 혁명적으로 새로운 윤리가 출현하게 된다."[11] 이와 같이 우리 시대는 패러다임의 전환과 함께 새로운 윤리를 요청하고 있다.

패러다임의 새로운 변화를 선형인과율에서 상호인과율로의 변화로 파악한 메이시(Joanna Macy)가 지적하듯이 불교의 연기법은 현대의 시스템이론과 상호인과율이라는 패러다임을 공유하고 있다.[12] 인과관계를 선형적으로 보는 관점에서 상호적으로 보는 관점으로의 변화는 세계를 실체로 보는 관점에서 관계로 보는 관점으로의 변화이다. 카프라는 다음과 같이 이야기한다.

> 지금까지 짧게 요약한 시스템적 사고의 특성들은 모두 상호의존적인 것들이다. 여기에서 자연은 서로 연결된 관계들의 그물망으로 간주된다. 그리고 그 속에서 특정한 패턴을 '대상'으로 식별해 내는 것은 인간관찰자와 그

---

10) 위의 책, p. 21 참조.

11) 위의 책, pp. 27-28.

12) 조애너 메이시, 『불교와 일반시스템이론』, 이중표 역(서울: 불교시대사, 2004), p. 17 참조.

> 의 앎의 과정에 달려 있다. 이러한 관계의 그물망은 그에 상응하는 개념과 모형들에 의해 기술된다. 그리고 그 중 어느 것도 다른 것에 비해 더 근본적이거나 궁극적이지 않다.[13)]

이러한 시스템적 사고는 선형적 일방적 인과론을 탈피하여 인과를 상호의존적으로 본다. 그리고 사물보다는 관계를 중시하며, 부분보다는 전체를 중시한다. 시스템적 사고에 의하면 사물은 없고 상호관계만 있으며, 이 관계들의 그물망은 부분으로 분리될 수 없다는 것이다.

이러한 생각은 개체의 실체성을 부정하는 무아설(無我說)과 일치하며, 모든 존재를 상호의존관계로 보는 연기설(緣起說)과 상통한다. 시스템이론은 기존의 패러다임으로 설명되지 않는 자연현상을 설명하기 위해 나타난 과학의 새로운 패러다임이고, 불교는 붓다 당시 기존의 사상들이 인간의 바른 삶의 근거가 되지 못한 것을 비판하고 나타난 윤리의 새로운 패러다임이다. 자연을 대상으로 하는 과학의 패러다임과 인간을 대상으로 하는 불교의 패러다임이 일치한다면, 우리는 과학적 패러다임의 전환으로 새롭게 요청되는 윤리를 불교에서 찾을 수 있을 것이다.

개인주의에 입각한 개인들의 계약을 통해 구성된 사회에서 가장 중요한 가치는 '정의'다. 정의의 문제는 본질적으로 재산의 분배와 소유의 원칙에 관한 문제로서, 개인들이 계약을 통해 사회를 구성하는 까닭은 자신들이 재산을 공정하게 분배하고 소유하기 위해서다. 따라서 사회계약론에 의하면 정의가 가장 중요한 윤리적 가치를 지닌다.

---

13) 프리초프 카프라, 앞의 책, p. 64.

이와는 대조적으로 새로운 패러다임에서 가장 중요한 윤리적 가치를 지니는 것은 '자비(慈悲)'다. 불교나 시스템이론의 관점에서 세계는 서로 연결된 관계들의 그물망으로 간주된다. 그리고 그 속에서 특정한 패턴을 '대상'으로 식별해 내는 것은 인간관찰자와 그의 앎의 과정에 달려있으며, 그 중 어느 것도 다른 것에 비해 더 근본적이거나 궁극적이지 않다. 인간과 자연, 자아와 타자의 구별은 인간 인식의 산물일 뿐 본래적인 것이 아니다.

이러한 관점에서 보면, 자아와 타자, 자연과 자아는 하나다. 이러한 인식에서 자아는 개인의 한계를 벗어나 타자와 자연으로 확장된다. 불교의 무아(無我)는 개체적인 자아의 부정이면서, 동시에 자아의 무제약적 확장이다. 즉 자아와 타자를 분별하지 않는 것이 무아이다. 불교윤리의 핵심 개념인 자비는 나와 남을 분별하지 않고 모든 존재를 나와 평등하게 대하는 무아의 윤리적 실천이다. 여러 갈등과 대립을 치유해야 할 현대사회에서 요청하는 새로운 윤리는 이러한 자비의 윤리일 것이다.

3. 자비와 무아

안옥선은 자비를 의미하는 'karuṇa'가 초기불교에서 사무량심(四無量心)을 총칭한다고 이해한다. 그는 사무량심을 자애(mettā, 慈, loving-kindness), 자비(karuṇa, 悲, compassion), 공감적 기쁨(muditā, 喜, empathetic/sympathetic joy), 평정(upekkhā, 捨, equanimity)으로 번역하고, '자애'는 모

든 존재들을 이롭게 하고 행복하게 하려는 열망, '자비'는 이롭지 않은 것과 고통으로부터 존재들을 구제하고자 하는 열망, '기쁨'은 타인의 기쁨에 대해 같이 기뻐하며 타인의 행복에 대해 같이 행복해 하는 것, '평정'은 자신과 타인의 성쇠, 인생의 대소사, 그 어떤 것에 대해서도 동요되지 않는 고요한 마음으로 의미 규정한다. 그리고 'mettā(慈)'와 'karuṇa(悲)'를 핵심의미로 취하여, 자비를 '이롭지 않은 것과 괴로움을 제거하고 이로운 것과 행복을 가져오려는 의도와 행동'이라고 정의한다.[14)]

사무량심은 네 가지 덕목으로 되어있지만 사실은 동일한 마음의 다른 측면들이다. 모든 존재들을 이롭게 하고 행복하게 하려는 열망은 이롭지 않은 것과 고통으로부터 존재들을 구제하려고 하는 열망과 다를 바가 없다. 그리고 타인의 기쁨과 행복을 공감하는 것은 타인을 이롭게 하고 행복하게 하려는 열망에 따르는 당연한 귀결이다. 따라서 자비가 사무량심을 총칭한다는 안옥선의 견해는 타당하다.

그러나 평정(捨)을 자신과 타인의 성쇠, 인생의 대소사에 대하여 동요되지 않는 고요한 마음으로 의미 규정한 것은 평정의 의미를 충분히 드러내지 못한 것으로 생각된다. 초기경전에 의하면 평정(捨; upekkhā)은 사선(四禪)을 수행하여 얻게 되는 마음상태이다. 초선(初禪)에서는 애욕(kāma)과 불선법(不善法; akusala dhanmma)을 멀리함으로써 생긴 기쁨과 즐거움(pītisukha)을 느낀다. 제이선(第二禪)에서는 삼매

14) 안옥선, 『불교윤리의 현대적 이해』(서울: 불교시대사, 2002), pp. 242-244 참조. 필자도 안옥선의 번역에 따라 사무량심을 '자애', '자비', '공감적 기쁨', '평정'으로 표기한다.

(samādi)에서 생긴 기쁨과 즐거움을 느낀다. 제삼선(第三禪)에서는 평정하게(upekhaka), 마음챙기며(sata), 바르게 아는(sampajāna) 선정에 머물면서 몸으로 기쁨을 느낀다. 제사선(第四禪)에서는 즐거움을 버리고, 괴로움을 버려, 이전에 있었던 희열(somanassa)과 근심(domanassa)이 사라짐으로써, 괴로움도 없고 즐거움도 없는, 평정과 마음챙김이 청정한(捨念淸淨; upekhāsatipārisuddhaṁ) 상태가 된다.15) 초선에서 제삼선까지는 자신의 즐거움에 마음이 머문다. 그러나 제사선에 도달하면 자신의 즐거움과 괴로움에 관심이 사라지며, 이러한 마음 상태가 청정한 평정이다. 사무량심의 평정은 이와 같이 자신의 즐거움과 괴로움으로부터 초연한 마음상태를 의미한다.

제사선에 도달하기 이전의 제삼선도 평정의 상태이다. 그렇다면 제삼선의 평정과 제사선의 평정에는 어떤 차이가 있는 것일까? 초선에서는 애욕과 악행을 멀리함으로써 생긴 즐거움이 있고, 제이선에서는 삼매를 통해 얻은 즐거움이 있다. 제삼선에서는 이런 즐거움으로부터 초연함으로써 평정한 마음상태가 된다. 그러나 수행자는 평정에 의해 생긴 새로운 즐거움을 스스로 즐긴다. 제삼선의 평정은 아직 자신의 즐거움이 남아있기 때문에는 순수한 평정이 아니다. 따라서 평정으로부터 오는 희열이 있는가 하면, 다른 한편으로는 이 희열이 사라지지 않을까 하는 근심이 있다. 제사선에서는 자신의 즐거움과 괴로움에 대한 관심을 버림으로써 삼선의 희열과 근심이 사라진다. 즉 제삼선

---

15) *Anupadasuttaṁ, Majjhiṃa Nikāya*, ed. Robert Chalmers, vol. 3(London: P.T.S., 1977), pp. 25-27 참조.

까지는 자아의식이 존재하지만 제사선에서는 자아의식에서 벗어나게 되는 것이다.

이와 같이 자비의 토대가 되는 제사선의 평정은 자아의식에서 벗어남으로써 얻게 되는 평정이라고 할 수 있다. 이것은 자비가 무아와 깊은 연관이 있음을 시사한다. 『디가 니까야』의 *Mahā-Nidāna Suttanta*에 의하면, 우리가 자아로 간주하는 것은 고락의 감정이다.

> 아만(我慢)을 가진 사람(samanupassamāno)은 어떤 것들을 자아로 간주하는가? 아난다여, "감정(受; Vedanā)이 나의 자아다"라는 견해를 가진 사람은, 감정(受)을 자아로 간주한다. 아난다여, "감정(受)은 나의 자아가 아니다. 나의 자아는 느낄 수 없는 것(appaṭisaṃvedano)이다"라는 견해를 가진 사람은 느낄 수 없는 것을 자아로 간주한다. 아난다여, "감정(受)도 나의 자아가 아니고, 느낄 수 없는 것(appaṭisaṃvedano)도 나의 자아가 아니다. 나의 자아가 느낀다. 느끼는 것(vedanā-dhamma)이 나의 자아다"라는 견해를 가진 사람은 느끼는 것을 자아로 간주한다.16)

이 경은 우리의 자아의식이 고락의 감정을 중심으로 형성된 것임을 이야기하고 있다. 따라서 자아의 허구성을 자각하기 위해서는 감정을 관찰하여 그것이 우리의 자아일 수 없음을 깨달아야 한다고 이야기한다.

> 아난다여, 즐거운 감정은 무상하고, 有爲이고(saṃkhatā), 緣起한(paṭiccasa-muppannā) 소멸하는 현상들(khaya-dhammā)이며, 쇠멸하는 현상들(vaya-dhammā)

---

16) *The Dīgha Nikāya*, ed. T. W Rhys Davis, J. Estlin Carpenter, vol 3(London: P.T.S., 1976), p. 66의 필자 번역.

이며, 변화하는 현상들(virāga-dhammā)이며, 멸진(滅盡)하는 현상들(nirodha-dhammā)이다. 아난다여, 괴로운 감정은 … 괴롭지도 즐겁지도 않은 감정은 … 멸진(滅盡)하는 현상들(nirodha-dhammā)이다. 만약 즐거운 감정을 느낄 때, "이것이 나의 자아다"라고 생각한다면, 즐거운 감정이 멸진(滅盡)하면, "나의 자아는 사라졌다"고 생각해야 할 것이다. …

이와 같이 "감정이 나의 자아다"라고 말하는 사람은 현세(現世)에서(diṭṭhe dhamme) 무상하고, 즐거움과 괴로움이 가득 찬, 생멸하는 현상(uppāda-vaya dhamma)을 자아로 간주하는 사람이다. 아난다여, 그러므로 "감정이 나의 자아다"라고 간주해서는 안 된다.

(중략)

아난다여, 그러므로 감정을 자아로 간주하지도 않고, "나의 자아가 느낀다. 느끼는 것이 나의 자아다"라고 간주하지도 않는 비구는, 이와 같이 간주하지 않는 비구는 어떤 세간에 대해서도(loke) 집착하지 않으며, 집착하지 않음으로써 걱정하지 않으며, 걱정하지 않음으로써 스스로(paccattaṃ) 열반에 든다.[17)]

즐거움을 버리고, 괴로움을 버려, 이전에 있었던 희열(somanassa)과 근심(domanassa)이 사라짐으로써 얻게 되는 제사선의 청정한 평정은 감정을 중심으로 형성된 자아의식에서 벗어남으로써 얻게된 것임을 이 경은 시사하고 있다. 따라서 평정을 '자신과 타인의 성쇠, 인생의 대소사에 대하여 동요되지 않는 고요한 마음'이라고 하기보다는, '감정을 중심으로 형성된 자아의식에서 벗어나, 자신의 고락에 동요되지 않는 마음', 즉 '무아의 자각에서 오는 평정'이라고 할 수 있다.

평정이 무아의 자각에 의한 것이라면, 사무량심도 무아의 자각과

---

17) 위의 책, pp. 66-68의 필자 번역.

깊은 관계가 있다고 할 수 있다. 『잡아함경』에서는 비구의 수행 단계를 초선(初禪), 제이선(第二禪), 제삼선(第三禪), 제사선(第四禪), 자비희사(慈悲喜捨), 공입처(空入處), 식입처(識入處), 무소유처(無所有處), 비상비비상처(非想非非想處)로 이야기한다.18) 색계(色界) 사선(四禪)을 수행한 다음에 무색정(無色定)을 닦기 전에 사무량심을 닦도록 이야기하고 있는 것이다. 그리고 자애로운 마음(慈心)의 수습(修習)은 제사선(第四禪)의 상태에서 가장 수승하고, 자비로운 마음(悲心)의 수습은 공입처에서 가장 수승하며, 공감적 기쁨(喜心)의 수습은 식입처에서 가장 수승하고, 평정한 마음(捨心)의 수습은 무소유처에서 가장 수승하다고 이야기한다.19)

이들 경을 통해 근본불교의 단계적 선정은 사무량심을 수습하면서 무아를 체득하는 과정임을 알 수 있다. 사무량심, 즉 자비로운 마음은 단순히 모든 존재들을 행복하게 하려는 마음이 아니라, 무아의 체득과 불가분의 관계에 있는 것이다. 사무량심이 무아의 체득과 연관되어 있다는 것은, 무아의 체득이 단순히 관념적으로 자아를 부정함으로써 이루어지는 것이 아니라, 사무량심을 수습함으로써 이루어진다는 것을 의미한다. 따라서 무아의 실현, 즉 열반은 자아의 부정이 아니라 사무량심의 완성, 즉 자비로운 삶의 실현이라고 할 수 있다.

---

18) 『雜阿含經』 권 29(『大正新脩大藏經』 2. 209c), "今此衆中 諸長老比丘 有得初禪 第二禪 第三禪 第四禪 慈悲喜捨 空入處, 識入處 無所有處 非想非非想處具足住"

19) 『雜阿含經』 권 27(『大正新脩大藏經』 2. 197c), "比丘 心與慈俱多修習 於淨最勝 悲心修習多修習 空入處最勝 喜心修習多修習 識入處最勝 捨心修習多修習 無所有處最勝"

4. 자비의 윤리의 규범성

불교윤리의 규범성은 붓다가 깨달은 진리, 즉 연기법에 근거를 둔다. 붓다는 당시의 형이상학적인 문제들, 즉 세계의 유한성과 무한성, 육신과 영혼의 관계, 여래의 사후 문제 등에 침묵한다. 『전유경(箭喩經)』에서 붓다는 이들 모순 대립하는 명제들은 의(義)에 상응하지 않고, 법(法)에 상응하지 않고, 도덕적인 삶(梵行)의 근본이 되지 못하여, 올바른 인식과 깨달음과 열반에 도움이 되지 않기 때문에 침묵한다고 이야기한다.[20] 이 말은 철학이란 세계와 자아, 그리고 해탈에 대한 올바른 인식과 깨달음을 이야기해야 하며, 도덕적 삶의 근본이 되어 우리를 행복한 삶, 즉 열반으로 인도해야한다는 의미이다.

붓다는 당시에 상호 대립하던 사상들이 세계와 인간에 대한 올바른 인식과 깨달음에 이르지 못한 사견이라고 비판한 것이지, 결코 세계와 인간에 대한 이해를 도외시했던 것은 아니다. 따라서 "붓다는 근본적으로 형이상학자가 아니라 윤리적 교사였다."[21]는 평가는 옳지 않다. 붓다는 괴로움을 벗어나 열반을 얻기 위해서 세계와 인간에 대한 올바른 이해가 선행되어야 한다고 생각했을 뿐, 이들 문제를 도외시했던 것은 아니다. 같은 경에서 붓다가 한결같이 이야기하는 사성제(四聖諦)는 의에 상응하고, 법에 상응하고 범행의 근본이 되어, 올바른 인식과 깨달음과 열반으로 우리를 인도한다고 이야기하는 것은 이를

---

20) 『中阿含經』 권 60(『大正新脩大藏經』 1. 805b), "以何等故 我不一向說此 此非義相應 非法相應 非梵行本 不趣智 不趣覺 不趣涅槃 是故我不一向說此"

21) R. 뿔리간들라, 이지수 옮김, 『인도철학』(서울: 민족사, 1991), p. 54.

입증한다. 붓다는 당시의 여러 사상이 윤리적 토대가 되지 못함을 비판하고, 자신이 깨달은 연기법은 윤리적 규범성의 근거가 된다고 생각했던 것이다.

주지하듯이 붓다 당시의 인도 사상계는 브라만(Brahman)을 창조신으로 생각한 바라문교(Brahmanism)의 전변설(轉變說)과 사대(四大)와 같은 요소들의 이합집산으로 세계를 설명한 자유사상가(śrāmaṇa; 沙門)들의 적취설(積聚說)이 대립하고 있었다. 붓다는 이들의 사상적 대립에 대하여 '시작과 끝에 관한 견해에 의존하는(pubbanta-sahagatā diṭṭhi-nissayā; aparanta-sahagatā diṭṭhi-nissayā)'것으로서, 모두가 사견(邪見)이며, 희론(戱論)이라고 비판한다.[22] 붓다에 의하면 자아와 세계가 시간적으로나 공간적으로 유한한가 무한한가를 거론하는 것, 영혼과 육신은 동일한 것인가 별개의 것인가를 거론하는 것, 열반을 성취한 여래는 영원히 존재하는가 그렇지 않은가를 거론하는 것, 자아의 본질은 물질적인 것인가 정신적인 것인가를 거론하는 것, 자아와 세계는 스스로 생긴 것인가 다른 것이 만든 것인가를 거론하는 것 등은 모두가 시작과 끝에 관계되는 논의로서 사견(邪見)이다.

시작과 끝은 실체적 개념에서 비롯된 것이다. 강과 바다는 명확한 경계선이 없다. 그러나 우리는 흐르는 물을 바다와 강이라는 개념으로 구분하여 실체시한다. 이러한 개념적 분별을 통해 강의 끝과 바다의 시작이 나타난다.

이와 같이 시작과 끝은 개념으로 사물을 분별할 때 나타난다. 즉

---

22) *The Dīgha Nikāya*, vol 3, pp. 137-141 참조.

개념을 실체화할 때 시작과 끝이 문제되는 것이다. 붓다가 시작과 끝에 관계되는 논의를 사견이라고 비판한 것은 개념을 실체화 한 실체론을 비판한 것이다.

붓다는 실체적 개념을 놓고 대립하는 견해들은 결코 윤리의 근거가 될 수 없다고 비판한다.

> 영혼(命)이 곧 육신(身)이라고 주장하기도 하고, 영혼과 육신은 서로 다르다고 주장하기도 하지만 이들 주장의 의미는 한 가지인데 갖가지로 다르게 주장될 뿐이다. 만약 영혼이 곧 육신이라고 한다면 거기에는 범행(梵行; 윤리적 실천)이 있을 수 없으며, 영혼과 육신이 다르다고 해도 범행은 있을 수 없다. 그러므로 이들 이변(二邊)을 따르지 말고 마음을 바르게 하여 중도(中道)로 향할지니, …… 소위 무명(無明)을 연하여 행(行)이 있고, ……[23]

메이시(Joanna Macy)는 "이러한 대립적인 비불교적 견해들은 그 견해들을 규정하고 분류하는 도식이 제아무리 다를지라도 선형적(線形的)이다. 베다의 관점에서 변화는 그것을 진실된 것으로 보든 거짓된 것으로 보든, 영원불변하는 실체로부터 비롯되거나 만들어진 것으로 간주된다. 비(非)베다적 논법에 의하면 이러한 인과관계는 철저히 부정되거나 철저한 결정론으로 변형된다. 인과율을 긍정했든 공격했든, 이들은 인과관계를 단일 방향적인 것으로 인식했다."[24]고 지적한다. 인과관계를 단일 방향적으로 인식하면, 결과는 원인에 의해 결정된 것이 된다. 이미 이전에 존재한 원인에 의해 우리의 삶이 결정되어

23) 『雜阿含經』 卷 12(『大正新脩大藏經』 2, 84c)의 필자 번역.
24) 조애너 메이시, 앞의 책, p. 66.

있다면, 우리는 해야 할 일과 해서는 안될 일을 선택할 수가 없기 때문에 자유의지를 인정할 수가 없다. 붓다는 이러한 자유의지를 부정할 수밖에 없는 선형인과율적 사고를 비판했던 것이다.

붓다의 연기설은 인과관계를 선형적 일방적 관계로 보지 않고 상호관계로 본다. 붓다의 연기설은 다음과 같이 설명된다,

> 이것이 있는 곳에 저것이 있고(imasmiṃ sati idaṃ hoti),
> 이것이 나타나면 저것이 나타난다(imassuppādā idaṃ uppajjati).
> 이것이 없는 곳에 저것이 없고(imasmiṃ asati idaṃ na hoti)
> 이것이 사라지면 저것이 사라진다(imassa nirodhā idaṃ nirujjati).[25]

이것과 저것은 상호의존하면서 나타나고 있는 것이지, 이것이라는 존재가 저것이라는 존재의 원인이 아니다. 즉 이것과 저것은 시간적으로 선후관계에 있는 실체로서 선형적 인과관계를 맺고 있는 것이 아니라, 상호인과관계에 의해 함께 나타난 현상이다. 따라서 연기설 의하면 근본 실체나 제일 원인[시작]은 없다. 붓다는 이러한 상호인과관계에 있는 현상을 법(法; dharma)이라고 부른다.

법은 상호관계에서 나타난 현상이기 때문에 실체성이 없다. 즉 공(空)이다. 이러한 법은 문법적으로 명사적이라기보다는 동사적이다. 붓다에 의하면 명사적 의미의 존재는 진리에 무지한 중생들이 개념을 조작하여 실체화한 것이다. 붓다는 『잡아함경』에서 다음과 같이 이야기한다.

---

25) *Saṃyutta Nikāya*, vol 2, ed. M. Léon Feer(London: P.T.S., 1970), p. 65의 필자 번역.

> 비구들이여, 보는 자아(眼)는 생길 때 오는 곳이 없고, 사라질 때 가는 곳이 없다. 이와 같이 보는 자아는 부실하게 생기며, 생기면 남음 없이 사라지나니 **業報는 있으나 作者는 없다.**[26)]

우리는 행위의 주체, 즉 작자가 행위를 일으킨다고 생각한다. 그리고 이러한 행위의 주체를 자아라고 생각한다. 그러나 붓다는 이러한 행위 주체의 존재를 부정한다. 눈이 보는 것이 아니라 보는 것을 눈이라고 부른다는 것이다. 인지하는 자아, 행위하는 자아는 실체로서 존재하는 것이 아니라, 조건에 의해 나타났다가 사라지는 무상한 것이다. 따라서 행위하는 실체는 없고, 오직 행위를 통해 상호 영향을 받는 관계, 즉 업보만 있다는 것이다. 이와 같이 불교에서는 연기설이라는 상호인과율에 의해 자아와 세계, 인간과 자연, 정신과 물질을 이원화된 실체로 보지 않고, 행위를 통해 서로 영향을 주고받는 상호관계에 있는 현상으로 이해한다.

이러한 붓다의 무아설은 자아를 전적으로 부정하는 것이 아니다. '업보는 있으나 작자는 없다'는 것은 불변하는 실체로서의 자아는 존재하지 않으나 행위를 통해 변화해 가는 과정, 즉 업보로서의 자아는 있다는 것이다. 착한 사람[作者]이 착한 일을 하는 것이 아니라 착한 일[業]을 하면 착한 사람[報]이다. 이것이 무아설의 근본취지이다. 인간의 본질은 영혼도 정신도 물질도 아니다. 모든 인간에게 공통된 인간의 본질이 존재하는 것은 아니다. 모든 인간은 자신이 선택한 삶에 의해 스스로를 이룬다. 즉 인간의 본질은 업이다.

---

26) 『雜阿含經』 권 13(『大正新脩大藏經』 2, 92c)의 필자 번역.

행위의 주체를 자아로 보는 생각에서 우리는 세계를 주체와 객체로 나눈다. 이러한 세계관에서는 주체와 객체가 근본적으로 분리되어 대립한다. 주체는 객체가 될 수 없고, 객체는 주체가 될 수 없다. 주체는 행위를 통해 객체와 관계한다. 그러나 여전히 주체와 객체는 별개의 사물이다.

그러나 우리는 현실에서 행위를 통해 주체와 객체가 서로 영향을 주며 변해간다는 것을 알 수 있다. 신체적으로는 대사작용을 통해 끊임없이 외부의 사물이 내 몸으로 들어오고 나간다. 내 몸은 이렇게 외부의 물, 공기, 음식 등이 들어가고 나가는 가운데 유지되고 있기 때문에, 외부의 사물을 차단하면 몸은 존재하지 못하고 사라진다. 정신도 외부와의 접촉을 통해 변화하며 유지된다. 외부와의 접촉이 완전히 단절된 상태에서는 어떤 정신적 작용도 나타날 수 없다. 몸도 마음도 행위를 통해 나타나고 유지된다.

따라서 업보를 자아로 보는 세계관에서는 주체와 객체가 서로 인연이 되어 존재한다. 주체가 없으면 객체가 없고, 객체가 없으면 주체도 없다. 이와 같이 무아설에 의하면 주객의 분별, 시작과 끝의 분별은 무의미한 것이 된다.

이러한 연기설과 무아설이 불교윤리의 규범적 근거가 된다. 우리의 삶은 업을 통해 모든 존재와 연결되어 있다. 함께 연기하고 있는 것이다. 다양한 관계 속에서 존재하는 우리는 그 관계를 어떻게 맺을 것인가가 항상 문제된다. 내가 지금 상대하고 있는 사람과 친구가 될 것인가, 원수가 될 것인가는 내가 선택하는 것이지 결정되어 있지 않다. 지난날의 원수를 친구로 만들 수도 있고, 지난날의 친구를 원수로 만들 수도 있다. 자연과 환경을 훼손하고 더럽히면 우리는 훼손되고 오염된 자연과 환경 속에서 살게 된다. 자연과 환경을 보호하고 가꾸면 우리는 아름답고 쾌적한 환경 속에서 살게 된다. 내가 그 사람의 친구가 되느냐 원수가 되느냐, 쾌적한 환경 속에서 살 것인가 오염된 환경 속에서 살 것인가는 나의 선택과 행위, 즉 업에 의해 결정된다. 이와 같이 업은 자유의지에 의한 선택과 행위를 의미한다. 여기에서 우리에게 해야 할 일과 해서는 안될 일, 즉 규범성이 주어진다.

연기를 깨닫지 못하고 나와 남을 분별하고, 인간과 자연을 분리하면, 나와 남이 대립하고, 인간과 자연이 대립한다. 우리의 모든 고통과 문제는 이러한 무지에서 비롯된다는 것이 붓다의 판단이다. 따라서 붓다는 괴로움을 벗어나 열반에 이르기 위해서 무명을 벗어나 연기를 깨달아야 한다고 강조한다.

연기의 자각은 우리에게 '나와 남', '인간과 자연'은 분리될 수 없다는 '자타불이(自他不二)'의 의식을 갖게 한다. 즉 업보로서의 자아는 자신의 신체나 자신의 정신이라는 좁은 자아의 틀에서 벗어나 모든 존재로 확장된다. 이러한 자아의 확장 속에서 자리(自利)와 이타(利他)는 대립하지 않고 합일된다. 남을 사랑하고 자연을 사랑하는 것이 곧 자신에 대한 진정한 사랑이 된다. 모든 것을 내 몸과 평등하게 대하는 '동체자비(同體慈悲)'의 실현이 우리가 실천해야 할 당위가 된다. 이와 같이 불교의 자비는 타자에 대한 동정심이 아니라, 상호인과관계로 존재하는 인간의 삶에 고유(固有)하는 당위(當爲)이다.

5. 결어

사회갈등, 환경오염, 생태파괴와 같은 인류의 행복과 존속을 위협하는 현대사회의 제반 문제는 서양 근세의 세계관에 뿌리를 두고 있다. 기계론적이고 원자론적인 서양 근세의 자연관은 인간관으로 이어져 인간을 자기 보존의 본능을 지닌 이기적 개인으로 보았다. 이러한 인간관에서는 개개인이 생존하고 행복을 누리기 위해 투쟁과 경쟁, 지배와 착취가 당연시되며, 이것을 적절하게 조정할 수 있는 것은 평등한 개인들 사이의 계약뿐이다. 즉 계약이 모든 윤리적인 규범성의 근거가 된다.

계약을 위반하지 않는 지배와 착취는 능력과 권력으로 권장되거나 선망의 대상이 된다. 이러한 윤리가 지배하는 사회에서 사회갈등과 자연파괴는 피할 수 없다. 아무리 만인은 평등하다고 이야기해도 현실적으로 모든 인간은 평등하지 않고, 계약도 평등한 관계에서 이루어지지 않는다. 게다가 인간 이외의 모든 존재는 계약 당사자로서의 자격도 주어지지 않기 때문에, 사회갈등과 자연파괴를 막을 윤리적 근거가 없다.

현대사회를 형성한 서양 근세의 세계관은 최근 여러 분야에서 도전을 받아 수정되고 있으며, 새로운 패러다임으로 전환하고 있다. 세계를 분리된 부분들의 집합으로 보는 원자론적 세계관에서 상호의존 관계를 통해 통합된 전체로 보는 전체론적 세계관으로 변화하고 있는 것이다. 세계관의 변화는 인간관의 변화로 이어지고 있으며, 새로운 윤리의 출현을 요청하고 있다. 우리는 근본적으로 전환된 새로운 세계관에 기초하여 현대사회의 문제들을 해결 할 수 있는 윤리를 확립해야 할 시점에 있는 것이다.

필자는 심층생태학, 시스템이론 등으로 알려진 새로운 세계관이 불교의 연기설과 일치한다는 판단 아래, 불교의 인간관과 윤리 속에서 이 시대가 요청하는 새로운 윤리를 모색하였다. 인간을 개인으로 이해한 윤리에서 가장 중요한 가치는 개인들 사이의 공정한 분배와 소유를 의미하는 '정의'이다. 그러나 현대사회의 여러 문제들은 '정의'를 추구하여 해결 할 수 있는 성질의 것이 아니다. 인간에 대한 근본적인 이해의 변화에 기초한 새로운 윤리가 필요한 것이다.

불교의 무아는 개체적 실체로서의 자아를 부정하면서, 동시에 삶을 통해 타자와 자연환경으로 확장된 자아를 의미한다. 이렇게 인간을 자타불이(自他不二)의 관계로 보는 불교의 윤리는 모든 존재를 자신과 평등하게 대하는 '자비'의 마음을 가장 중요한 가치로 본다. 자비는 무아의 실현임과 동시에 무아의 체득이다. 즉 자비로운 행위를 통해 우리는 무아의 삶을 실천하면서 무아가 되는 것이다.

이것이 자비의 윤리이다. 자비의 윤리는 인간을 어떤 본질로 규정하지 않고, 삶을 통해 스스로를 형성하는 존재로 이해하며, 인간이 이루어야 할 가장 가치 있는 삶을 자비로운 삶으로 보고, 그 당위성을 연기설에서 찾는다. 그리고 자비로운 삶을 통해 성취하는 무아를 인간이 추구해야 할 가장 이상적인 인간상으로 제시한다.

IX

현대인의 삶과 선(禪)

1. 선(禪)이란 무엇인가?

선은 마음을 닦는 수행법이다. 그렇다면 마음은 왜 닦아야 하는가? 선을 수행해야 하는 이유와 선이라는 수행법을 통해 얻게 되는 결과를 분명하게 알아야 선을 바르게 수행할 수가 있다.

우리의 삶 속에는 많은 괴로움이 있다. 마음에 들지 않는 일이 우리의 주변에 가득 차 있다. 아마 모든 것을 정리하고 편안하게 살았으면 하는 생각을 해보지 않은 사람은 없을 것이다. 이렇게 마음이 산란하고 온갖 번뇌가 들끓어 괴로운 것이 우리의 현실이다.

우리는 이런 여러 가지 괴로움을 극복하고, 행복한 삶을 살기 위해 노력한다. 삶의 궁극적인 목적은 행복인 것이다. 그렇다면 어떻게 해야 괴로움을 극복하고 행복을 얻을 수 있을까? 괴로움을 극복하기 위해서는 괴로움의 실상과 그 원인을 바르게 알아야 한다. 무엇이 괴로움이고, 그 괴로움의 원인은 무엇인가를 바르게 알아서, 그 원인을 없애면, 우리는 행복할 수가 있을 것이다.

우리의 삶 속에는 불만스러운 것이 너무 많다. 부모형제도 만족스럽지 못하고, 가진 재산도 만족스럽지 못하다. 뿐만 아니라, 태어나서, 늙고, 병들어 죽어가는 자기 자신도 만족스럽지 못하다. 우리에게는 생로병사의 괴로움, 사랑하는 것과 이별하는 괴로움, 싫어하는 것과 만나는 괴로움, 원하는 것을 얻지 못하는 괴로움이 누구에게나 있는 것이다.

대부분의 사람들은 이들 괴로움의 원인이 밖에 있다고 생각한다. 사랑하는 사람이 떠나지 않으면 행복할 텐데, 미운 사람이 없어지면 행복할 텐데, 원하는 것이 있으면 행복할 텐데, 늙지 않고 병 없이 오래 산다면 행복할 텐데, 그 모든 것이 내 마음대로 되어주지 않기 때문에 불행하다고 생각한다. 따라서 행복해지기 위해서 밖에 있는 원인을 없애는데 몰두한다. 사랑하는 사람을 붙잡기 위해서 힘쓰고, 미운 사람을 제거하기 위해서 애쓰고, 원하는 것을 소유하기 위해서 노력한다. 그리고 건강하게 살기 위해서 모든 것을 아낌없이 바친다.

그런데 이렇게 행복을 얻기 위해서 노력하는 데에는 많은 괴로움이 따를 뿐만 아니라, 결과도 만족스럽지 못하다. 붙잡아놓은 사랑하는 사람이 항상 나에게 사랑스럽지만은 않고, 미운사람을 제거하고 나면 더욱 미운 사람이 나타난다. 원하는 것을 가져서 행복하다고 느끼는 순간 또 다른 것이 갖고 싶어진다. 아무리 좋은 약을 먹어도 늙지 않고, 병들지 않고, 죽지 않을 수는 없다. 이렇게 우리는 괴로움에서 벗어나기 위해 새로운 괴로움을 만드는 어리석은 삶을 살아가고 있다.

부처님께서는 괴로움의 원인이 밖에 있지 않음을 깨달았다. 괴로움은 실체가 있는 것이 아니라 우리의 어리석은 마음에서 연기한 것임을 깨달은 것이다. 이른바 부처님께서 깨달았다고 하는 십이연기(十二緣起)는 우리의 괴로움이 어떻게 해서 생기고, 어떻게 하면 없어지는가를 밝힌 것이다. 『잡아함경』에서 부처님께서는 다음과 같이 말씀하셨다.

> 세상 사람들은 바깥의 경계를 취하여 마음으로 헤아리고 집착한다. 가전연이여, 만약 경계를 취하지 않고, 경계에 머물지 않고, (경계를 상대해서) '나(我)'라는 생각을 꾸며내지 않으면, 괴로움이 생길 때 생기는 것에 대하여, 괴로움이 없어질 때 없어지는 것에 대하여 의혹이 없이 다른 사람에 의지하지 않고도 능히 알 수가 있다. 이것이 바른 견해이며 여래가 설하는 것은 이것이니라. …… 여래는 중도(中道)에서 법을 설하나니 소위 이것이 있기 때문에 저것이 있고, …. 무명(無明)을 연하여 행(行)이 있고, ……[1)]

바깥세계에 마음을 두고 사는 우리의 태도를 바꾸어서, 마음을 잘 살피면, 괴로움이 생기고 없어지는 것을 스스로 보고 알 수 있다는 것이다. 괴로움은 우리의 마음에서 생겨 마음에서 사라진다. 이것이 부처님의 가르침이다. 사랑하는 사람이 밖에 있는 것은 아니다. 내가 사랑하면, 그 사람이 사랑하는 사람이 된다. 아무리 사랑하는 사람도 내가 미워하면, 미운 사람이 된다. 미운 사람을 없애는 것보다는, 사

---

1) 『雜阿含經』 권 12(『大正新脩大藏經』 2, pp. 85c-86a)의 필자 번역.

람을 미워하지 않는 것이 미운 사람과 만나는 괴로움에서 벗어나는 바른 길이다. 사랑하는 사람을 붙잡는 것보다는, 어떤 사람을 사랑이라는 이름으로 독점하려는 생각을 버리는 것이 헤어지는 괴로움을 벗어나는 바른 길이다. 욕심을 일으켜 그 욕심을 바깥에서 충족시키는 것보다는, 욕심을 줄여 만족을 아는 것이 얻지 못하는 괴로움을 벗어나는 바른 길이다. 이 육신을 '나'라고 고집하면서 죽지 않고 오래 살기를 바라기보다는, 생사(生死)를 떠나 본래 청정한 나의 참모습을 깨닫는 것이 생로병사의 괴로움을 벗어나는 바른 길이다.

이렇게 괴로움을 벗어나는 길이 우리의 마음속에 있기 때문에, 우리는 괴로움에서 벗어나기 위해 마음을 닦아야 한다. 그리고 선은 마음을 닦아 괴로움에서 벗어나는 바른 길이다. 흔히 선을 화두를 들고 앉아서 하는 것으로 생각하지만, 그것은 선의 한 가지 방법일 뿐이다.

마음을 닦는 것이 선이라면, 선은 결코 간화선(看話禪)에 국한될 수 없다. 간화선은 A.D. 7세기 경에 중국에서 시작된 것이며, 지역적으로도 우리나라와 중국, 일본에 한정되어 있다. 따라서 선을 이야기하면서 간화선만을 이야기하는 것은 결코 바람직한 일이 아니다.

중요한 것은 우리가 어떻게 해야 괴로움에서 벗어날 수 있는가 하는 점이다. 그리고 마음을 닦아 구경에 성취해야 할 목표가 무엇인가를 바르게 아는 일이다. 즉 마음을 닦는 바른 방법과 수행을 통해 나아가야 할 바른 방향을 잡아야만 바른 선 수행을 할 수 있는 것이다.

2. 선을 통해 우리는 무엇을 얻는가?

선은 괴로움에서 벗어나기 위해서 한다. 따라서 선의 목적은 괴로움을 떠나 즐거움을 얻는데[離苦得樂] 있다고 할 수 있다. 다시 말해서 선을 통해 우리가 얻는 것은 즐거움, 즉 행복한 삶이다.

즐거움에는 여러 가지가 있다. 사랑하는 사람과 만나는 즐거움, 미운 사람과 헤어지는 즐거움, 원하는 것을 얻는 즐거움. 이런 것을 얻는 것이 선의 목적인가? 이런 즐거움은 결코 지속될 수가 없다. 사랑하는 사람과는 이별하지 않을 수 없고, 미운 사람을 만나지 않을 수 없고, 원하는 것을 다 얻을 수는 없다. 선의 목적은 이러한 일시적이고, 상대적이며, 유한한 즐거움을 얻는데 있는 것이 아니다. 선을 통해 얻게 되는 즐거움은 모든 괴로움의 근원을 멸하여 얻게 되는 영원하고, 절대적이며, 무한한 즐거움이다. 그 내용은 『반야심경』에 잘 나타나 있다.

『반야심경』의 서두를 보면, 관자재보살은 깊은 반야바라밀다의 경지에 이르러, 오온(五蘊)이 모두 공(空)함을 관조하고, 일체의 괴로움에서 벗어났다고 한다. 불교에서 선을 통하여 얻고자 하는 것은 바로 일체의 괴로움에서 벗어나는 것이다. 그런데 『반야심경』에서는 일체의 괴로움에서 벗어나기 위해서는 오온(五蘊)이 공(空)함을 관조해야 한다고 하고 있다. 오온이 무엇이기에 오온이 공함을 관조하면 일체의 괴로움이 없어지는 것일까?

오온은 우리가 자아(自我)와 세계(世界)라고 생각하는 다섯 가지 존재이다.

우리가 '나'라고 할 때에는, 우선 몸을 '나'라고 한다. 우리의 몸과 이 몸이 대상으로 하는 외부의 존재가 색온(色蘊)이다. 눈과 눈에 보이는 빛, 코와 냄새, 귀와 소리, 혀와 맛, 몸과 몸에 부딪히는 것, 이 모든 것을 색온(色蘊)이라고 하는 것이다.

다음에 우리는 느끼는 감정을 '나'라고 한다. 나는 기분이 좋다거나, 나는 기분이 나쁘다거나 할 때의 나는 '느끼는 나'인 것이다. 이 '느끼는 나'와 그 대상이 되는 고락의 감정을 수온(受蘊)이라 한다.

한편 우리는 생각하는 이성(理性)을 '나'라고 한다. '나는 이렇게 생각한다'고 할 때의 나는 '생각하는 나'인 것이다. 이 '생각하는 나'와 그 대상이 되는 관념을 상온(想蘊)이라고 한다.

우리는 행위를 하고자 하는 의지(意志)을 '나'라고 한다. '나는 이렇게 하겠다'고 할 때의 나는 '행위하는 나'인 것이다. 이 '행위하는 나'와 그 대상이 되는 행위가 행온(行蘊)이다.

우리는 인식하는 의식(意識)을 '나'라고 한다. 이 '인식하는 나'와 그 대상이 되는 모든 것을 식온(識蘊)이라고 한다.

우리는 이와 같은 오온(五蘊)이 자아와 세계를 이루고 있다고 생각한다. 나의 몸에는 눈이 있고, 세계에는 그 눈에 보이는 빛이 있으며, 나에게는 감정이 있고, 세계에는 감정에 느껴지는 고락(苦樂)이 있으며, 나에게는 생각하는 이성이 있고, 세계에는 이성에 의해 생각되어지는 관념이 있으며, 나에게는 행위를 결정하는 의지가 있고, 세계에는 의지에 의해 선택되어지는 행위의 대상이 있으며, 나에게는 사물을 인식하는 의식이 있고, 세계에는 의식에 의해 인식되는 사물들이 있다고 생각한다. 이것이 우리가 생각하는 세계와 자아의 모든 것이다.

우리는 이와 같은 세계 속에 태어나 살면서 병들고 늙고 죽어간다. 미운 사람과 만나고, 사랑하는 사람과 헤어지고, 구하는 것을 얻지 못하는 것도 내가 이 세계 속에 태어나 살아가기 때문이다. 부처님께서는 이와 같이 태어나서 죽어가는 우리의 현실에 만족할 수 없었다. 부처님께서는 인간의 실존 그 자체를 괴로움이라고 보신 것이다. 우리는 어떻게 하면 이와 같은 괴로움에서 벗어날 수 있을까?

부처님께서는 십이연기(十二緣起)를 깨닫고서 이 문제를 해결했다고 한다. 십이연기는 노사(老死)의 근원을 찾아가는 과정을 보여주고 있다. 늙어 죽는다는 것(老死)은 괴로움의 상징이다. 따라서 십이연기는 괴로움을 해결하기 위하여 그 근원을 찾아가는 길이다. 부처님께서 괴로움의 근원을 찾아가 보니, 그것은 무명(無明)이었다. 우리가 겪는 모든 괴로움은 무명이 그 원인이라는 것이다. 따라서 무명이 사라지면 괴로움도 사라진다.

부처님께서 발견하신 괴로움의 원인이 되는 무명은 무엇인가? 그것은 사물의 참모습[實相]에 대한 무지(無知)다. '나'와 '세계'의 참모습을 모르는 것이 모든 괴로움의 원인이라는 것이다.

우리는 이미 '나'와 '세계'에 대하여 그것이 오온임을 살펴보았다. 부처님의 깨달음에 의하면 오온의 실상은 무상(無常)하고, 무아(無我)이며, 공(空)이다. 이러한 오온에 대하여 우리는 그것이 상주(常住)한다고 생각하고, 그것을 자아라고 생각한다. 생로병사는 이러한 우리의 착각, 즉 무명에서 비롯된 것이다. 오온이 실체가 없는 것이라면, 생로병사는 있을 수 없다. 태어나는 놈이 없고, 늙고 병들고 죽는 놈이 없는데, 어떻게 생로병사가 있을 수 있겠는가? 따라서 오온의 실체가 공(空)하다는 사실을 분명히 깨닫는다면, 모든 괴로움은 한낱 꿈과 같은 것이 되고 말 것이다.

우리는 불경이나 설법을 통해서 오온이 공(空)하다는 사실을 잘 알고 있다. 그런데 왜 우리는 생사윤회(生死輪廻)에서 벗어나지 못하고 괴로움 속에 있는 것일까?

아는 것과 깨닫는 것은 서로 다르다. 문자나 언어로 알 수는 있지만, 깨달을 수는 없다. 깨달음은 실천을 통해 이루어진다. 오온이 공(空)하다는 지식은 언어나 문자를 통해 알 수 있지만, 오온이 공하다는 사실에 대한 깨달음은 수행을 통해 이루어진다.

오온이 공하다는 지식이 곧 깨달음은 아니라 할지라도, 깨달음을 얻기 위해서는 지식이 필요하다. 왜냐하면 알아야 수행할 수 있기 때문이다. 서울에 가기 위해서는 서울이 어떤 곳인지를 먼저 알아야 한다. 서울이 어떤 곳인지를 모르고서는, 서울에 가도 서울인줄을 알 수 없기 때문이다. 다만 경계해야 할 것은, 지식의 세계에 머물러서는 안 된다는 것이다. 서울을 아는 것과 서울에 가는 것은 분명히 다르기 때문이다.

오온이 공하다는 것을 알아도 생사의 고뇌가 그치지 않는 것은 우리의 오온이 공(空)해지지 않았기 때문이다. 선을 통해서 우리는 오온을 멸진(滅盡)해야 한다. 오온이 멸하면 오온이 본래 공(空)하다는 사실을 분명히 깨닫게 된다. 이 경지가 반야바라밀의 경지이다. 『반야심경』에서 관자재보살이 반야바라밀다의 경지에 이르러 깨달았다는 내용은 바로 이와 같은 것이다.

3. 망념(妄念)을 멸하고 실상(實相)을 관(觀)하는 구차제정(九次第定)

불교의 수행을 통해 우리는 무엇을 깨닫게 되는가? 오온이 공함을 깨닫게 된다. 오온이 공함을 깨닫는 것은 오온이 공함을 아는 것과는 다르다. 오온이 공하다는 것에 대한 지식은 남의 이야기를 통해서도 알 수 있지만, 깨달음은 오온이 멸할 때 비로소 자신의 내면에서 일어난다.

오온은 나와 세계를 구성하는 모든 존재를 의미한다. 그런데 이것이 멸한다면 나와 온 세상이 없어져 버린다는 말인가? 그리고 선의 수행을 통해 어떻게 나와 세상이 사라질 수 있다는 말인가? 부처님이나 여러 조사스님들이 이미 오온을 남김없이 멸했을 터인데, 어찌하여 지금 이 세상이 이렇게 변함없이 존재하고 있는가?

오온이란 우리의 마음에 생긴 허망한 생각이다. 이 허망한 생각에 가려 우리의 참된 성품이 드러나지 못하고 있다. 따라서 오온을 멸한다는 것은 우리의 마음에서 헛된 망상을 없앤다는 것을 의미한다. 오온을 멸하면 허망한 생각만 사라질 뿐, 온 세상이 없어져 버리거나

하는 일은 일어나지 않는다. 오히려 세상의 참모습을 보게 된다. 헛된 망상을 없애고 제법(諸法)의 실상(實相)을 깨닫는 수행법으로 부처님께서는 구차제정(九次第定)이라는 수행법을 가르치셨다. 중국에서 선불교(禪佛教)가 발생하기 이전에는 불교의 선정(禪定)은 바로 이 구차제정을 의미했다. 선을 바르게 이해하기 위해서는 이와 같은 구차제정에 대하여 살펴보지 않을 수 없다.

구차제정은 색계(色界) 사선(四禪)과 무색계(無色界) 사선(四禪) 그리고 멸진정(滅盡定)을 차례대로 수행하는 것을 의미하는데, 구마라집(鳩摩羅什) 삼장 등이 한역한 『선법요해(禪法要解)』에 그 내용이 잘 설명되어 있다. 다음은 필자가 『선법요해』를 간추려 번역한 것이다.[2)]

(1) 색계(色界) 사선(四禪)에 들어가기 위한 예비적 수행

중생에게는 여섯 가지의 욕망이 있다. 첫째는 물질에 대한 집착이요, 둘째는 용모에 대한 집착이며, 셋째는 권위(威儀)에 대한 집착이요, 넷째는 명예에 대한 집착이며, 다섯째는 색욕에 대한 집착이요, 여섯째는 사람의 모습[人相]에 대한 집착이다. 다섯 가지 욕구에 집착하고 있는 사람은 그것을 싫어해야 할 더러움으로 관하도록 하고[부정관(不淨觀)], 사람이라는 분별상[人相]에 집착하고 있는 사람은 백골로 된 사람의 모습을 관하도록 해야 한다.[白骨觀] 그리고 죽어서 시체가 되어 썩어 문드러진 모습이나 문드러지지 않은 모습을 관하되, 문드러지지 않은 모습을 관하여 권위(威儀)와 명예에 대한 두 가지 욕망을

2) 『大正新脩大藏經』 15, pp. 285-297 참조.

끊고, 썩어 문드러진 모습을 관하여 여섯 가지 욕망을 모두 끊는다.

부정관(不淨觀)을 익히는 데는 두 가지가 있다.

첫째는, 죽어 시체가 되어, 냄새나고, 문드러진 더러움을 관하는 것이다. '내 몸은 죽은 시체와 조금도 다름이 없이 더럽다.' 이와 같이 관하면 마음에 싫어하는 생각이 나온다. 이 모습을 취하여 나무 아래나 빈 집과 같은 조용한 곳에 가서 자신이 취한 상을 더럽다고 관하되, 마음이 밖으로 나가지 못하게 잘 살펴서 몸속에 묶어두어야 한다. 만약에 마음이 흩어져 산란해지면, 다시 더러운 모습을 관하도록 다잡아야 한다.

둘째는, 비록 눈으로 직접 보지는 않아도, 스승으로부터 가르침을 받아 잊지 않고, 기억하면서, 생각으로 분별하는 것이다. 몸 가운데는 36 가지의 더러운 물건이 가득 차 있음을 스스로 관한다. 머리털, 손톱, 치아, 눈물, 콧물, 침, 땀, 때, 비계, 살가죽, 살, 근육, 골수, 뇌, 염통, 간, 쓸개, 콩팥, 허파, 밥통, 창자, 피, 고름, 똥, 오줌, 여러 버러지, 이와 같은 갖가지 더러운 것이 모인 것을 짐짓 몸이라고 부른다. 스스로 이와 같이 관하되, 집착하고 있는 다른 사람의 몸도 이와 같이 관한다.

이렇게 하여 만약 마음이 음욕을 싫어하게 되면, 마음이 쉬게 된다. 만약 마음이 쉬지 않으면, 그 마음을 이렇게 꾸짖어야 한다. '늙고 병들어 죽는 괴로움이 가까이 와있고, 수명은 번개같이 가버린다. 사람의 몸은 얻기 어렵고, 선지식은 만나기 어렵다. 불법이 사라지려 함이 새벽의 등불과 같아서, 선정법(禪定法)은 부서지고, 갖가지 재앙이 심히 많도다. 안에는 번뇌가 들끓고, 밖에는 마귀 같은 사람이 많다. 이와 같을 진데, 나는 어찌하여 이 똥자루 같은 몸에 집착하여, 게으른 생각을 일으켜서, 그 마음을 부지런히 다스려 항복받지 못하는가. 이와 같은 몹쓸 몸은 현성이 꾸짖는 바이다. 아홉 구멍에서는 더러운 것이 흘러나오는데도 이 몸을 집착한다면, 축생과 다름없이 죽어갈 것이다.' 이와 같이 마음을 채찍질하여, 스스로를 꾸짖고, 다잡아서 다시 부정관으로 돌아가야 한다.

그리고 때에 따라서는 이와 같이 생각하여 마음을 기쁘게 해야 한다. '부처님은 일체지(一切智)를 성취하신 분이다. 숨김없이 길을 말씀하시어서 가르치기 쉽고 이해하기 쉽다. 이분이 나의 거룩한 스승이시다.' 이와 같이 생각하여, 대왕에게 의지하고 있듯이, 걱정하거나 두려워하지 않아야한다. '해야 할 일을 마친 모든 아라한은 나의 동반자이다. 마음을 주인에게 성실한 종처럼 항복받고, 마음을 다스려서 갖가지 과보를 얻고, 여섯 가지 신통[六通[3]]에 자재하다. 나 역시 그 마음을 항복받으리라. 여섯 가지 신통에 자재를 얻는 길은 오직 이 길뿐 다른 길은 없다.'

이와 같이 사유하여 부정관으로 돌아왔으면, 스스로 기뻐하면서 이와 같이 생각해야 한다. '처음 도를 익힐 때는 여러 번뇌의 바람이 불어와 나의 마음을 깨부수지만, 내가 도를 얻으면, 아무리 좋은 다섯 가지 감각적 쾌락[五欲]도 나의 마음을 무너뜨릴 수가 없을 것이다.'

수행자는 이와 같이 사유하여 마음을 굳게 결정하고, 마음을 부정

---

3) 六通 : 六神通 ; 天眼通, 天耳通, 他心通, 宿命通, 神足通, 漏盡通

관에 두고서, 오욕을 두려워해서는 안 된다. 뛰어난 사람[利根]은 일심으로 정근하면 멀어도 7일이 되면 마음이 정(定)을 얻어 머문다. 보통사람[中根]은 삼칠일[21일]이 걸리며, 부족한 사람[鈍根]은 꾸준히 오래하면 이윽고 정(定)을 얻게 되나니, 요구르트[酪]를 모아 발효시키면 치즈가 되듯이, 누구나 반드시 얻을 수 있다.

참회할 수 없는 금계(禁戒)를 범하거나, 사견(邪見)을 버리지 않거나, 선근(善根)을 끊어서 번뇌가 두터운 사람, 오무간죄(五無間罪)[4]를 지어 삼악도(三惡道)의 보를 받을 사람, 이와 같은 사람은 익혀 행할 수 없다.

이상은 색계 초선(初禪)에 들어가기 위해서 먼저 행해야 할 수행법으로 부정관을 들어서 구체적으로 설명한 내용이다.

(2) 색계(色界) 사선(四禪)

[초선(初禪)]

문 일심(一心; 마음이 하나로 모아짐)을 얻은 것을 어떻게 알 수 있는가?

마음이 머물면 몸은 부드럽고, 가볍고, 즐거우며, 분노나 걱정과 같이 마음을 어지럽히는 법이 모두 멈추고 쉬어서, 마음은 오욕(五欲)보다 수승한, 전에 느껴보지 못한 쾌락을 얻는다. 마음이 흐리지 않고 맑으며, 몸에 광명이 있어서 청정한 거울처럼 빛이 밖으로 나타난다.

---

4) 부처님과 아라한을 상해하고, 부모를 죽이고, 승단의 화합을 깨는 다섯 가지 큰 죄악.

수행자가 이 모습을 보면 마음이 편안하고 기쁨이 넘친다. 그리하여 머지않아 선정을 얻으리라는 것을 스스로 알게 된다.

즐겁게 부지런히 마음을 추스르면 차츰 깊은 정(定)에 들게 되리라고 일심으로 믿는다. 이렇게 생각하고서는 오욕(五欲)을 구하는 것은 매우 좋지 못한 것이라고 생각한다. 수행자는 항상 밤낮으로 정진하여 선정을 이루는데 도움을 주는 여러 선법(善法)을 모아 가고, 선정을 장애하는 법을 마음으로 하여금 멀어지게 해야 한다.

여러 선법을 모은 사람은 욕계(欲界)는 무상(無常)하고, 고(苦)이고, 공(空)이고 무아(無我)임을 관하게 된다. 그리하여 '탐(貪), 진(瞋), 치(癡) 삼독(三毒)의 불길은 모든 투쟁과 질투를 일으키므로 매우 좋지 못하니 싫다'고 관하면 이것을 처음 익히는 선법(禪法)[初禪]이라고 부른다.

초선을 익힐 때 중간에 다섯 가지 마음의 번뇌[五蓋][5]가 마음을 뒤덮으면, 곧 없애야한다. 수행자는 이와 같이 오개(五蓋)를 없애고, 여러 선법(善法)을 모아서, 일심(一心)에 깊이 들어가 첫 번째 선정(初禪定)을 얻는다. 불경에서 '행자(行者)는 탐욕과 같은 악하여 착하지 않은 법을 여의어, 희락(喜樂)이 생김을 느끼고 관하여 초선(初禪)에 들어간다.'(離欲惡不善法 有覺有觀離生喜樂)고 하는 것은 이것이다.

문 초선을 얻으면 그 상태는 어떠한가?

초선을 얻기 전에 오욕(五欲)을 없앰으로써, 부드럽고, 가볍고, 즐겁

5) 마음을 덮어 착한 일을 방해하는 다섯 가지 번뇌. 1. 貪慾蓋; 욕심내는 일 , 2. 瞋恚蓋; 성내는 일, 3. 睡眠蓋; 마음이 흐릿하고 멍한 상태, 4. 掉擧蓋; 걱정과 근심 등으로 들뜬 마음 5. 疑法蓋; 부처님의 가르침을 의심하는 일

게 된 몸과 마음의 쾌락이 더욱 늘어나고 훌륭해진다. 색계(色界)의 사대(四大)가 몸을 두루 채우기 때문에, 몸은 부드럽고, 온화하고, 가볍다. 탐욕과 악하고 착하지 않은 법을 떠나, 일심(一心)의 정(定)에 이르렀기 때문에 마음을 즐겁게 할 수 있다. 색계를 이루는 물질(色界造色)은 광명이 있는 모습이다. 그러므로 수행자는 미묘한 광명이 몸의 안과 밖을 비추는 것을 보게 된다.

행자가 이와 같이 마음과 뜻이 변화하면, 성을 낼 곳에서도 성내지 않고, 기뻐할 곳에서도 기뻐하지 않아서, 세간(世間)의 팔법(八法)[6]에 움직이지 않는다. 믿음, 공경, 뉘우침, 부끄러움은 점점 늘어나고, 의복이나 음식 등에 마음이 탐착하지 않는다. 모든 선공덕(善功德)을 귀하게 여기고, 다른 것은 천하게 여긴다. 하늘의 오욕(五欲)에도 마음이 묶이지 않거늘 하물며 세간의 부정한 오욕이리요. 초선을 얻은 사람은 이와 같은 모습을 지닌다.

그리고 초선을 얻을 때는 마음이 놀랄 만큼 크게 기쁘다. 기쁜 마음으로 이렇게 생각한다. '부지런히 애써서 초선(初禪)의 도를 익혀, 이제 여실하여 허망하지 않은 과보를 얻었도다. 미묘한 즐거움이 이와 같거늘, 중생들은 미치고, 미혹하고, 고집 세고, 어리석어 부정하고, 즐거움이 아닌 오욕에 빠져 있으니, 참으로 가련하고 불쌍하다.'

초선의 쾌락은 안팎으로 온몸에 두루 미친다. 욕계의 몸은 즐거움을 부분적으로 받을 뿐, 두루 빠짐없이 받지는 못한다. 욕계의 음욕과 분노의 불길에 휩싸인 뜨거운 몸이 초선의 못에 들어가면, 뜨거운 번

6) 八法 : 이익, 명예, 칭찬, 즐거움 (四順) 손해, 비난, 책망, 괴로움 (四違)

뇌를 없애주는 시원한 즐거움이 제일이다.

초선을 얻었으면, 본래 익히던 수행(修行) 도문(道門)을 생각해야 한다. 혹은 다른 인연을 지을 수도 있으니, 염불삼매(念佛三昧)나 부정관(不淨觀)이나 자심관(慈心觀) 등이 그것이다. 왜냐하면 이와 같은 수행을 통해 생긴 생각하는 힘이 선정에 보다 깊이 들어가 본래의 관을 더욱 청정하고 명료하게 하기 때문이다.

[이선(二禪)]

수행자는 초선을 얻은 다음에는 이선(二禪)을 구해 나아가야 한다.

유루도(有漏道)[7]에 있는 사람은 이선(二禪)의 변지(邊地; 二禪에 들기 전의 경지)에서 각관(覺觀; 탐욕을 여의어 생긴 희락을 느끼고, 그것을 관하는 일)을 싫어해야 한다. 욕계의 오욕(五欲)과 오개(五蓋)가 마음을 산란하게 하듯이, 초선의 각관(覺觀)도 마찬가지로 정심(定心)을 뇌란(惱亂)시킨다.

무루도(無漏道)[8]에 있는 사람은 초선의 욕망을 여읜 무루(無漏)의 초선을 써서 각관(覺觀)을 가책(呵責)한다. 각관(覺觀)은 초선에 있는 결사(結使)[9]이다. 좋은 것을 느끼고, 그것을 관하면(善覺觀), 그것으로 인하여 애착이 생긴다. 그러므로 각관(覺觀)도 결사(結使)이다. 처음 초선을

7) 有漏道 : 有漏의 修道. 下地를 싫어하고 上地를 좋아하는 觀法(六行觀)을 닦아서 三界 九地 가운데 非想非非想處를 제외한 다른 8地의 修惑을 끊는 행.

8) 無漏道 : 出世間道. 모든 번뇌의 허물을 여읜 無漏智로써 닦는 觀行. 이 도로써 見惑과 修惑을 모두 끊어 없앤다.(근본이치, 즉 실상을 관하는 수행)

9) 마음을 구속하는 번뇌.

얻을 때는 다른 집착이 없었다가, 전에 얻지 못했던 큰 기쁨을 느끼고 관(覺觀)하게 되면, 큰 기쁨 때문에 정심(定心)을 무너뜨리게 된다. 정(定)을 깨기 때문에 각관을 없애야 한다. 그리고 더욱 깊은 이선정(二禪定)에 들어가기 위해서 각관을 없애야 한다. 큰 이익을 위해서 작은 이익을 버려야 하는 것이다.

나쁜 각관(惡覺觀)은 이선도(二禪道)를 장애하기 때문에 마땅히 없애야 하지만, 좋은 각관(覺觀)도 수행자의 마음을 즐거움에 머물게 하므로 모두 멸해야 한다. 깊이 생각해 보면, 나쁜 각관은 진짜 도적이고, 좋은 각관은, 비록 좋은 친구 같지만, 역시 도적이다. 우리의 큰 이익을 빼앗아가므로, 두 가지 각관(覺觀)을 없애도록 해야 한다. 각관이 우리를 어지럽히는 것은, 마치 피곤한 사람이 잠을 자려고 할 때, 여러 소리가 어지럽히는 것과 같다. 그러므로 수행자는 이 각관을 멸하고 이선(二禪)을 구해야 한다. 비유하면 바람과 흙이 맑은 물을 요동시키고 흐려놓으면, 얼굴 모습을 비쳐볼 수 없는 것과 같다. 욕계의 오욕이 마음을 흐려놓는 것은 흙이 물을 흐려놓는 것과 같고, 각관이 마음을 어지럽히는 것은 바람이 물을 동요하는 것과 같다. 각관이 멸하기 때문에 마음이 청정해지고, 각관이 없는 정(定)에서 희락(喜樂)이 생겨 이선(二禪)에 들어간다.

문 이선(二禪)은 어떤 상태인가?

경전에 말씀하시기를 선(善)이든, 선도 악도 아닌 무기(無記)이든, 모든 각관(覺觀)을 멸하면, 각관의 동요가 없기 때문에 내심(內心)이 청정해진다. 물이 맑고 조용하며, 풍파가 없으면, 별도, 달도, 산도, 모두 비추어내는 것과 같다. 이와 같이 내심(內心)이 청정하기 때문에, 현성의 말없는 경지(賢聖默然)라고 부른다. 삼선(三禪)과 사선(四禪)도 말없는 경지이나, 이선(二禪)에서 처음 얻기 때문에 그 이름을 얻게 된 것이다. 각관(覺觀)은 언어(言語)의 인연이다. 언어의 인연이 처음 멸하는 경지이므로 말없는 경지[默然]라는 이름을 얻게 된 것이다. 정(定)에서 생긴 희락은 초선의 희락보다 훨씬 미묘하고 뛰어나다. 초선의 희락은 탐욕을 여임으로써 생긴 것이지만, 이선(二禪) 속의 희락은 초선정(初禪定)을 여임으로써 생긴 것이다.

[삼선(三禪)]

수행자는 이선(二禪)을 얻으면 다시 더욱 깊은 선정(禪定)을 구해야 한다.

이선정(二禪定)에는 마음을 덮고 있는 번뇌가 있다. 애(愛), 만(慢), 사견(邪見), 의(疑) 등이 정심(定心)을 깨트린다. 이것이 삼선(三禪)으로 가는 문을 가로막고 있는, 이선(二禪)에 있는 도적이다. 그러므로 이 애물을 끊어 없애고 삼선(三禪)을 구해야 한다.

문 부처님께서 희심(喜心)을 여의고, 평정심[捨心]을 행하여 삼선(三禪)에 들어간다고 하신 것은 무슨 뜻인가?.

이선(二禪)에서 큰 기쁨을 얻으면, 희심이라는 허물이 마음을 집착하게 한다. 희심에서 모든 결사(結使)가 생긴다. 그러므로 희심은 번뇌의 근본이다. 그리고 모든 결사는 이익이 없기 때문에 집착을 일으켜서는 안 되지만, 희심은 큰 기쁨으로서 대단히 이익된 것이므로, 머물러서 집착하여 버리기 어렵다. 그러므로 부처님께서 희심을 버려야 삼선(三禪)에 들어가게 된다고 하신 것이다.

문 오욕(五欲)은 더러운 죄이기 때문에 오욕에서 생긴 희심은 마땅히 버려야하겠지만, 이선(二禪)에서 생긴 희심은 청정하고, 미묘하여, 중생들이 즐겨야 할 것인데, 어찌하여 버리라고 하는가?

집착이 생기게 하는 인연은 곧 죄의 문(門)이다. 그리고 만약 희심을 버리지 못하면, 보다 높은 미묘한 공덕을 얻을 수 없다. 그러므로 작은 것을 버리고, 큰 것을 얻는 것이다. 삼선(三禪)을 구해 나아가는 수행자는 희심을 관하여 재앙과 근심과 괴로움의 인연임을 알아야 한다. 기쁘고 즐거워할 수 있는 것이라 해도, 무상한 일은 변하면 곧 근심과 괴로움을 낳는다. 그리고 희심은 거친 즐거움이다. 이제는 거친 즐거움을 버리고 미세한 즐거움을 구하려고 하는 것이다. 그러므로 희심을 여의고 다시 깊은 정(定)에 들어가 다른 정(定)의 즐거움을 구하는 것이다.

문 희심이 멸한 삼선(三禪)의 상태는 어떠한가?

이 미묘한 희심을 버리고 미련을 두지 않으며, 희심이 해가 되는 것임을 안다. 제삼선(第三禪)의 몸이 받는 즐거움은 세간에서 가장 좋은 즐거움으로서, 이보다 더 나은 즐거움은 없다. 성자들이 거쳐 간 바로서, (희심을) 능히 버리는 무희(無喜)의 즐거움을 느낄 수 있다. 이렇게 지혜로운 생각을 함으로써, 온몸에 두루 즐거움을 느끼고, 삼선

(三禪)에 들어간다.

문 여기에서 이야기하는 '일심으로 하는 지혜로운 생각'을 초선과 이선에서는 어찌하여 설하지 않는가?

제삼선(第三禪)은 몸으로는 두루 즐거움을 느끼고, 마음으로는 평정한 마음[捨法][10]을 행하여, 마음이 고운 것과 미운 것을 분별하여 집착하지 않도록 하는 것이다. 그러므로 일심으로 지혜롭게 생각한다고 한다.

삼선(三禪) 가운데는 세 가지 허물이 있다. 첫째는, 마음이 섬세해져 가라앉는 것이고, 둘째는, 마음이 크게 발동(發動)하는 것이고, 셋째는, 마음이 혼란하여 걱정되는 것이다. 수행자는 항상 일심으로 이 세 가지 허물을 생각해야 한다. 만약 마음이 가라앉을 때는 정진과 지혜의 힘을 가지고 마음이 다시 일어나도록 해야 하고, 크게 발동할 때에는 다잡아서 멈추어야 하고, 혼란하여 걱정될 때는 부처님의 묘법을 생각하여 마음을 다시 기쁘게 해야 한다. 항상 이 세 가지 마음을 수호(守護)하여 다스리는 것을 '일심으로 즐거움을 행하여 제삼선(第三禪)에 들어간다.'고 한다.

문 경(經)에서 설하기를 삼선(三禪) 가운데는 두 차례의 즐거움이 있다고 하는데, 어떤 것이 두 가지 즐거움인가?

먼저 설하는 것은 수락(受樂)[11]이고, 다음에 설하는 것은 쾌락(快樂)이다.

---

10) 捨法 : 苦와 樂에 동요되지 않는 평정한 마음(捨心)

11) 受樂 : 捨心을 얻어 無喜의 즐거움을 느끼는 것.

문 수락(受樂), 쾌락(快樂), 무뇌락(無惱樂)의 세 가지 즐거움이 있는데, 어떤 즐거움 때문에 삼선(三禪)을 제일가는 즐거움이라고 하는가?

세 가지 즐거움은 뛰어나고 미묘하여 모두 초선과 이선의 즐거움보다 수승하지만, 수락(受樂)을 제일로 삼아 즐거운 경지라고 부른다. 다른 두 가지 즐거움은 상지(上地; 四禪 이상의 경지)에도 있지만, 수락(受樂)은 삼선을 마지막으로 없어지기 때문에 삼선을 대표하는 이름이 된다.

문 희락(喜樂)과 무희락(無喜樂)은 어떤 차별이 있는가?

즐거움을 느끼는 것은 두 가지가 있다. 하나는 희근(喜根)이고, 다른 하나는 낙근(樂根)이다. 희근이 느끼는 희락은 초선과 이선의 희락에 포섭되고, 낙근이 느끼는 무희락(無喜樂)은 삼선(三禪)에 포섭된다. 그리고 욕계(欲界)와 초선의 즐거움을 느끼는 것은 거친 것을 낙근이라 하고, 섬세한 것을 희근이라 하는데, 이선과 삼선의 즐거움을 느끼는 것은, 거친 것을 희근이라 하고, 섬세한 것을 낙근이라고 한다. 비유하면, 극도로 열이 있을 때, 맑고, 서늘한 물을 떠다가 손과 얼굴을 씻으면, 이것을 기쁨(喜)라 하고, 크고 서늘한 못에 들어가서 온 몸을 목욕하면, 이것을 수락(受樂)이라고 한다. 수행자도 이와 같아서 초선은 각관(覺觀)이 있기 때문에, 즐거움이 온 몸에 두루 하지 못하고, 이선은 대희(大喜)에 놀라기 때문에, 온 몸에 두루 할 수 없으나, 삼선은 장애가 없기 때문에, 즐거움이 온 몸에 두루 한다. 이것이 차별이다.

즐거움을 느끼는 데는 네 가지가 있다.

욕계(欲界)에서는 육식(六識)에 상응하는 즐거움을 느낀다. 이것을 희근(喜根)이라고 하고, 또 낙근(樂根)이라고도 한다.

초선에서는 사식(四識)에 상응하는 즐거움을 느낀다. 이것을 낙근(樂根)이라고 하고, 또 희근(喜根)이라고도 한다.

이선에서는 의식(意識)에 상응하는 즐거움을 느낀다. 이것을 희근(喜根)이라고 한다.

삼선에서는 희(喜)를 여의기[離喜] 때문에, 의식에 상응하는 즐거움을 느낀다. 이것을 낙근(樂根)이라고 한다.

수행자가 삼선을 얻어서 뛰어난 세 가지 즐거움(三樂; 受樂 · 快樂 · 無惱樂)을 알고 일심으로 그 즐거움을 수호(守護)하면서, 망실할 것을 걱정하고 두려워한다면, 곧 이것이 번뇌가 되어, 즐거움은 다시 애물이 된다. 그러므로 즐거움을 여의려고 해야 한다. 초선의 즐거움은 각관이 마음을 어지럽히기 때문에 버리고, 이선의 큰 기쁨은 마음을 동요하기 때문에 버리고, 삼선에서는 즐거움은 무상하여 지키기 어렵다는 것을 알기 때문에 버린다. 그러므로 이 즐거움을 버리고 사선(四禪)의 안전한 피난처[四禪安隱之地]를 구해야 한다.

문 수행자는 선정의 즐거움에 의지해서 탐욕의 즐거움을 버리는데, 이제는 무엇에 의지해서 선정(禪定)의 즐거움을 버리며, 선정의 즐거움을 버리면 어떤 이익이 있는가?

수행자는 열반락(涅槃樂)에 의지하여 선정의 즐거움을 버리며, 아라한, 벽지불, 불도(佛道)의 세 가지 이익이 있다. 사선의 평온한 쾌락을 행하면, 삼승(三乘)의 도(道)로써 뜻에 따라 열반에 들어간다.

[사선(四禪)]

문 사선(四禪)의 상태는 어떻게 알 수 있는가?

부처님께서는 사선(四禪)의 상태를 "비구가 즐거움을 끊고[斷樂] 괴로움을 끊어[斷苦] 먼저 걱정과 기쁨을 멸하고[先滅憂喜] 평정한 마음을 청정하게 호념(護念)하면 사선에 들어간다."고 하시었다.

문 삼선의 즐거움은 사선에서 마땅히 끊어야 하겠지만, 초선에서 욕탐을 여의었을 때 이미 괴로움(苦)이 끊어졌는데, 사선에서 다시 괴로움을 끊는다고 하는 것은 무슨 까닭인가?

사선에서 끊는 괴로움은 욕계의 괴로움이 아니다. 삼선의 즐거움은 무상하기 때문에 곧 괴로움이 생긴다. 그러므로 괴로움을 끊으라고 하신 것이다. 또 부처님께서 말씀하시기를 "즐거움을 느낄 때 이것을 괴로움으로 관(觀)해야 한다. 삼선에서 즐거움이 생길 때와 머물 때는 즐거움이 되지만, 사라질 때는 괴로움이 된다."고 하셨다. 그러므로 즐거움을 끊고, 괴로움을 끊는다고 말하는 것이다. 먼저 멸해야 한다고 하는 걱정과 기쁨은 욕계(欲界) 가운데의 걱정과 초선과 이선의 기쁨을 말한다.

문 욕계 가운데 있는 괴로움과 걱정은 욕탐을 여일 때[離欲時;初禪] 모두 멸하는데, 왜 걱정을 끊는다고만 말하고, 괴로움을 끊는다고는 하지 않는가?

욕탐을 여일 때 비록 괴로움과 걱정 두 가지를 끊어도, 걱정의 뿌리[憂根]는 다시 생길 수 없지만, 괴로움의 뿌리[苦根]는 남는다. 괴로움의 뿌리는 남아있기 때문에 괴로움을 멸했다고 할 수는 없다.

문 삼선 가운데서, 즐거움이 생기고 머물 때는 즐겁지만, 멸할 때는 괴로움이 된다면, 초선과 이선 가운데의 기쁨[喜]은 어찌하여 멸할 때 걱정이 되지 않는가?

부처님께서 말씀하시기를 "삼선을 여읠 때 즐거움을 끊고, 괴로움을 끊고, 먼저 걱정과 기쁨을 멸하라고 하시었지, 초선과 이선을 떠날 때는 이런 말씀을 하지 않으셨다. 그 까닭은 무엇인가? 삼선 가운데서 받는 즐거움은 삼계 가운데서 받는 즐거움 중에서 가장 미묘한 것이다. 그러므로 마음이 집착하는 곳이 된다. 집착하기 때문에 즐거움의 무상함에서 괴로움이 생긴다. 희심은 거칠어서 온 몸에 두루 미치지 못하므로, 비록 잃는다 해도 걱정이 생기지 않는다. 그래서 불경에서 설하지 않았다.

불고불락(不苦不樂)이란 제사선(第四禪) 속에는 오직 불고불락(不苦不樂)의 수(受)만 있는데, 그것을 의미한다.

사(捨)란 삼선의 즐거움을 버리고 불고불락(不苦不樂)의 수(受)를 행함에 미련이나 후회가 없는 것을 뜻한다.

염청정(念清淨)이란 걱정, 기쁨, 괴로움, 즐거움 등의 네 가지 일을 멸한 것을 뜻한다. 초선에는 각관이 있어 어지럽고, 이선에는 비록 하나의 의식(一識)으로 모아졌지만 희심이 크게 발동하므로 정심(定心)이 산란하고, 삼선에는 즐거움에 집착한 마음이 자주 선정을 어지럽히기 때문에 념(念)이 청정(清淨)하다고 하지 않으나, 사선에는 이런 일이 전혀 없으므로 염청정(念清淨)이라고 한다. 그리고 삼선 이하의 하지(下地)에서는 비록 정심(定心)이 있으나 출입식(出入息) 때문에 마음을 모으기 어렵지만, 사선 가운데는 출입식이 없으므로 마음을 모으기가 쉽다. 그래서 염청정이라 한다.

제사선(第四禪)은 참된 선(禪)이고, 다른 삼선은 방편이 되는 사다리이다. 제사선이 산꼭대기와 같다면, 나머지 삼선은 산에 오르는 길과 같다.

제사선을 부처님께서는 정심(定心)에 움직이는 것이 없으므로 부동처(不動處)라고 하시었다. 또 편안한 잘 길들여진 곳(安隱調順之處)이라고도 하시었다. 이것이 제사선의 모습이다.

말을 잘 길들여 놓으면 마음대로 타고 갈 수 있듯이, 수행자는 이 제사선을 얻어서 사무량심(四無量心)을 행하고자 하면, 뜻대로 쉽게 얻을 수 있고, 사념처(四念處)를 닦고자 하면 쉽게 닦을 수 있고, 사제(四諦)를 얻고자 하면 어려움 없이 빨리 얻을 수 있고, 사무색정(四無色定)에 들고자 하면 쉽게 들어갈 수 있고, 육통(六通)을 얻고자 하면 쉽게 구할 수 있다. 왜냐하면 제사선 속의 불고불락(不苦不樂), 사(捨), 염청정(念淸淨)한 마음은 부드럽게 길들여져 있기 때문이다.

(3) 사무량심(四無量心)

[자심(慈心); 인자한 마음]

문 수행자는 어떻게 하여 자심(慈心)을 무량하게 하는가?

수행자는 제사선(第四禪)에 의지해서 중생들을 생각하되, 모두 즐거움을 얻게 하기를 원해야 한다. 이와 같은 생각을 처음에는 자신의 주변에서 시작하여 무량(無量) 무변(無邊)한 중생에게 그 생각이 미치도록 해야 한다. 행자는 이와 같이 큰 자심(慈心)의 물로 자심(慈心)을 태우는 분노[瞋恚]의 불길을 멸해야 한다. 큰비가 빠짐없이 널리 내리듯이, 수행자는 자심으로 중생을 생각하여 세간의 청정한 즐거움을 얻도록 해야 하며, 또한 자신이 얻은 선정의 쾌락을 중생들에게 주어야 한다. 나아가 괴로움이 다한 열반의 즐거움 내지 모든 부처님의 제일가는 참된 즐거움을 중생들에게 주리라 원해야 한다. 그러면 자력(慈力)으로 인해 온 세상의 육도중생(六道衆生)이 모두 즐거움을 받게 된다. 마치 나무를 문질러 불을 내면, 처음에는 가늘고 부드러운 마른 풀만을 태우지만, 불길이 커지면 습한 나무나 산림까지 일시에 함께 태우게 되는 것과 같다. 처음 자심관(慈心觀)에 들어갈 때, 괴로운 사람에게 즐거움을 주기를 원하는 사람은, 자력(慈力)이 이루어지면, 모든 중생이 즐거움을 받게 할 수 있다.

문 중생이란 실제로는 있다고 할 수 없는데 '모든 중생들이 즐거움을 얻게 한다'는 생각은 전도(顚倒)된 생각이 아닌가?

선정(禪定)에는 두 가지가 있다. 하나는 제법(諸法)의 실상(實相)을 관하는 것이고, 다른 하나는 법(法)의 이용(利用)을 관하는 것이다. 비유하면, 진주를 다루는 기술자가, 첫째는, 진주의 귀천과 호추(好醜)를 잘 구별할 줄 알아야 하고, 둘째는, 구슬을 잘 이용할 줄 알아야 하는 것과 같다. 구슬의 모습을 잘 분별할 줄은 알지만 적절하게 사용할 줄은 모르는 사람도 있고, 사용할 줄은 알지만 분별할 줄은 모르는 사람도 있고, 분별할 줄도 알고 사용할 줄도 아는 사람도 있다. 수행자도 이와 같다. 탐욕을 여의지 못한 현성(賢聖)은 법상(法相)과 사진제

(四眞諦; 사성제) 등을 능히 관하여도 사용을 할 수 없나니, 사무량심(四無量心)을 행하지 않기 때문이다. 탐욕을 여의고, 여러 공덕을 행하는 범부는 능히 이용하여 사무량심(四無量心)을 일으키나 실상(實相)을 관하지는 못한다. 구해탈(俱解脫)[12]을 성취한 아라한 등은 능히 실상을 관하고 선정을 구족하였기 때문에 사무량심을 일으킨다. 사무량심은 해탈을 얻는 법이다. 이 법을 이용하는 것이기 때문에 전도(顚倒)가 아니다.

그리고 실로 중생은 있지 않다는 것이 불법(佛法)의 진실이다. 그런데 어떻게 중생을 괴로운 것으로 보는 것은 진실이고, 즐거운 것으로 보는 것은 전도이겠는가. 전도란 중생이 없는데 아상(我相)을 집착하여 상(常)이라 하거나 무상(無常)이라 하고, 유변(有邊)이라 하거나 무변(無邊)이라고 하는 것 등을 말한다. 자심(慈心)을 행하는 사람은 마치 바퀴 등이 화합된 것을 수레라고 하듯이, 중생이 가명(假名)임을 안다. 그러므로 수행자가 자심이 청정하면 전도가 아니다. 또 중생이 없는 것이 진실인데, 중생이 즐거움을 받는다고 한다면, 이는 마땅히 전도라 할 수 있다. 그러나 중생이 '있다는 생각'이나 '없다는 생각'이 모두 변견(邊見; 중도를 떠난 치우친 邪見)이다.

문 자심을 행하는 사람은 어떤 공덕을 얻는가?

자심을 행하는 사람은 허공이 가해를 받지 않듯이 모든 악이 가해하지 못하며, 마음은 따뜻하고 하늘의 옷처럼 부드러워진다. 수행자가 자심삼매에 들어가면, 호랑이 같은 맹수나 독사 같은 독충도 가해

12) 心解脫과 慧解脫을 모두 갖춘 해탈.

하지 못한다. 험한 곳에 들어가도 상해를 입지 않나니, 이와 같은 공덕이 있다.

자법(慈法)이란 중생들을 사랑하여 모두 즐거움을 받게 하려는 마음에 상응하는 법으로서, 행온(行蘊)에 속하는 것을 자법(慈法)이라고 부른다.

사무량심은 무량(無量) 중생(衆生)을 인연으로 하기 때문에 무량(無量)이라고 한다. 청정하고, 인자한 생각이며, 중생을 연민하고 이익을 주려 하기 때문에 범행(梵行), 범승(梵乘)이라고 부르고, 능히 범천(梵天)의 세계에 갈 수 있기 때문에 범도(梵道)라고도 부른다. 이는 과거의 모든 부처님이 항상 행하셨던 도이다.

자심은 우리에게 이익을 준다. 범부가 자심을 행하면 모든 분노[瞋恚]를 없애고, 무량한 복을 얻어, 청정한 과보가 생긴다. 세간의 복덕 가운데 이보다 더 나은 것은 없다. 성문이나 벽지불을 원하는 사람은 욕계의 많은 분노를 자력(慈力)이 능히 부수고, 다른 번뇌도 곧 따라서 멸한다. 그리하여 욕계를 여의게 되고, 점차로 삼계를 벗어나게 된다. 부처님의 말씀과 같이, 자심을 가지고 칠각지(七覺支)를 닦는다. 대승의 수행자가 중생을 제도하리라 발심하는 것은 자심이 근본이 된다.

다음과 같은 십육행(十六行)이 자심을 속히 얻게 하고, 견고하게 하고, 항상 수행하게 한다.

(1) 계율을 청정하게 지키는 일.

(2) 마음이 후회하지 않는 일.

(3) 착한 일(善法) 하기를 기뻐함.

(4) 쾌락을 느낌.

(5) 감각적인 다섯 가지 감정(五情)을 다잡아 지키는 일.

(6) 적절한 방편과 지혜를 생각하는 일.

(7) 몸도 떠나고 마음도 떠나는 일.

(8) 같은 일을 하면서 함께 사는 일.

(9) 자법(慈法)에 수순하여 법을 듣거나 설하는 일.

(10) 다른 사람을 괴롭히거나 어지럽히지 않는 일.

(11) 스스로의 양을 알아 음식을 절도 있게 먹는 일.

(12) 잠을 적게 자는 일.

(13) 잘 살펴서 말을 하는 일.

(14) 가거나, 머물거나, 앉거나, 눕거나,[身四威儀] 몸가짐이 편안하고, 뜻에 맞게 위의를 갖추는 일.

(15) 필요한 물건을 뜻에 따라 부족함이 없이 베푸는 일.

(16) 희론(戱論)을 행하지 않는 일.

이상의 16법(法)이 자심삼매(慈心三昧)를 돕는다.

[비심(悲心); 측은해하는 마음]

비심(悲心)이란 중생의 괴로움을 관하여, 그 괴로운 모습을 취함으로써, 비심을 점차로 늘려, 즐거운 사람에게서도 괴로움을 보는 것이다. 즐거움이란 무상하고, 만족이 없으며, 인연 따라 생긴 것이고, 순간순간 생멸하는 것이어서, 머무는 때가 없다. 그러므로 즐거움은 사실은 괴로움이다. 욕계천(欲界天)에서 받는 즐거움이란, 미치고, 취했을 때, 괴로움을 망각하고 있는 것과 같아서, 죽을 때에 비로소 그것을 깨닫는다. 색계와 무색계의 중생은, 깊은 선정(禪定)에서 받는 맛에 마음이 집착하기 때문에, 수명을 마칠 때 업의 인연에 따라 다시 보(報)를 받는다. 그러므로 괴롭지 않은 중생은 아무도 없다. 이와 같이 자신의 괴로움을 알지 못하는 중생은 가련하다. 전도(顚倒) 몽상(夢想) 가운데서 즐거운 생각을 일으켜, 금세와 후세에 갖가지 걱정과 고뇌를 느끼면서도, 싫어하는 마음이 없다. 비록 잠시 괴로움을 여읠지라도, 다시 즐거움을 구하여 여러 괴로운 일을 만든다. 이와 같이 사유하여 모든 중생이 다 괴로움을 받는 것을 보는 것이 비심(悲心)이다.

[희심(喜心); 기뻐하는 마음]

수행하는 사람은 제법의 실상을 안다. 괴로운 중생은 모두 즐겁게 되고, 즐거운 중생은 모두 괴롭게 되는 것을 관하여, 이와 같이 모든 법(法)은 고정된 모습[定相]이 없이 마음의 힘에 따라 바뀐다는 것을 아는 것이다. 고정된 모습을 가진 법이 하나도 없다면, 아누다라삼먁삼보리를 이루는 것도 어렵지 않거늘 하물며 다른 도(道)이리요. 마음대로 얻을 수 있기 때문에 마음에 환희가 생긴다.

또 수행자는 이렇게 생각한다. '나는 조그만 지계(持戒)와 정진(精進) 등으로 인하여 곧 탐욕을 여의고, 여러 선정의 무량한 공덕을 얻었다.' 이렇게 여러 좋은 공덕을 생각하기 때문에 마음에 환희가 생긴다.

마음이 크게 환희로워지면, 다시 이렇게 생각한다. '이와 같은 법(法)의 이익은 모두 부처님의 은혜이다. 부처님께서는 몸소 얻으신 도(道)를 사람들에게 펼쳐 말씀하셨다. 가르침에 따라 수행하여 이와 같은 이익을 얻었다.' 이 때 마음은 금색상호로 장엄하신 시방제불(十方諸佛)의 몸과 십력(十力) 등 무량공덕을 갖춘 법신(法身)을 생각한다. 이러한 염불(念佛)을 인연으로 하여 마음에 환희가 생긴다.

또 세 가지 불법(佛法)을 생각한다. 첫째는, 열반으로서 무량하고 항상 하는 것이다. 이것은 결코 파괴되지 않는 법이다. 둘째는, 열반에 이르는 방편인 팔성도(八聖道)이다. 셋째는, 팔정도(八正道)를 보여준 모든 불경(佛經)이다. 이렇게 법을 생각하면, 마음에 환희가 생긴다.

이러한 실상을 알아, 바른 길(正道)을 가면서, 삿된 길을 여읜, 이런 사람이 바른 사람이다. 소위 불제자의 무리가 일체의 무리 가운데서 제일이다. 나는 이미 이 무리 가운데 있다. 이들은 나의 참된 도반(道伴)이요 나를 이롭게 한다. 이러한 인연으로 마음에 환희가 생긴다.

이렇게 하여 생긴 환희를 일체중생에게 베풀어 모든 중생이 환희하게 하리라고 발원하면 선정의 힘[定力]이 생겨서 중생들이 이 기쁨을 얻는 것을 다 보게 된다.

[사심(捨心); 평정한 마음]

도(道)에 들어 선정의 맛을 얻은 수행자가 중생의 호추(好醜)를 분별하여, 착한 사람은 공경하고, 사랑스럽게 생각하고, 착하지 않은 사람은 깔보고, 교만한 생각을 일으키는, 이 두 가지 모습(二相; 差別相)을 파괴하여 사심(捨心)을 행한다. 경 가운데서 설하기를, "자심(慈心)을 수행하여 진애(瞋恚)를 없애고, 비심(悲心)을 수행하여 중생을 괴롭히는 마음을 없애며, 희심(喜心)을 수행하여 근심과 걱정을 없애고, 사심(捨心)을 수행하여 미움과 사랑을 없앤다. 단지 중생들을 해탈케 하고자 마음대로 지어갈 뿐이다."라고 하신 것과 같다. 필요한 것을 얻으면, 이것이 즐거움이요, 권력이나 재물을 얻거나, 노래하고 춤추며, 웃고 노는 것, 이것이 기쁨이다. 만약 이러한 기쁨과 즐거움을 상실하면, 이것이 걱정이요, 괴로움이다. 이러한 세 가지 일이 없는 것, 이것이 사심(捨心)이다.

(4) 무색계(無色界) 사선(四禪)

[공처정(空處定)]

공처(空處)를 구하는 수행자는 이렇게 생각해야 한다. '몸[色]은 갖가지 괴로움을 일으키는 것이다. 매 맞고, 살해되고, 춥고, 배고프고, 늙고, 병드는 괴로움은 모두 몸 때문이다.' 이와 같이 사유하면 곧 몸[色]을 버리고 떠나 공처(空處)를 얻는다.

문 수행자는 색(色)으로 몸을 삼고 있는데 어떻게 색(色)을 버리고 떠날 수 있는가?

모든 번뇌는 색을 인연으로 하고, 또 색에 묶인 것이다. 이 번뇌를 멸하는 것을 색을 떠난다고 한다. 그리고 색을 파괴하는 허공관법(虛空觀法)을 익혀 행하면, 색을 떠나게 된다. 부처님의 말씀과 같이 제사선(第四禪)의 오온(五蘊)을 관하되 병처럼, 종기처럼 관하면서, 무상하고, 고(苦)이고, 공(空)이고, 무아(無我)라고 관하면, 곧 사선(四禪)의 오온(五蘊)을 떠난다. 다른 온(蘊)은 색(色)을 따르는 것이기 때문에, 색을 떠나는 것만을 말했다. 또 수행자는 색을 관하여 조각조각 나누면 색이 없어진다. 부처님의 말씀과 같이 여러 가지 일이 화합하여 색을 보는 것의 가명(假名)이 안(眼)이다. 따라서 안(眼)은 고정된 실체가 없다. 이(耳), 비(鼻), 설(舌), 신(身)도 이와 같이 파괴한다. 이것이 내신상(內身相; 자신의 몸이라고 생각하는 몸)을 파괴하는 것이다. 재물이나 처자와 같은 외색(外色; 다른 사람의 몸이라고 생각하는 몸)도 이와 같이 분별하여 파괴한다. 이렇게 모든 색상(色想)을 멸하여, 내외(內外)의 허공이 하나의 허공이 되면, 이때 마음은 허공을 연하여 무량무변해지고, 색상을 떠나 편안하고 즐거워진다. 마치 병속의 새가 병을 깨고 나오는 것과 같이, 거리낌 없이 허공을 날아다닌다. 이것이 첫 번째 무색정(無色定)이다.

[식처정(識處定)]

수행자는 다시 미묘한 선정을 구하여 허공이라는 인연[空緣]을 떠나야 한다. 왜냐하면 이 마음이 생각한 허공은 거짓되고, 허망한 것임을 알기 때문이다. 이 허공은 식(識)으로 말미암아 있는 것이다. 그러므로 식(識)이 참된 것이다. 이렇게 허공이라는 인연을 버리고, 식(識)만을 관하는 식관(識觀)을 익힐 때, 차츰 흐르는 물이나 등불처럼 상속하면서 생기는 식의 모습(識相)을 보게 된다. 미래, 현재, 과거의 식은 무량무변하게 상속한다. 이것을 무변식처(無邊識處)라고 한다. 식처정(識處

定)을 닦는 수행자는 그 마음이 유연하기 때문에 식을 키워 가없이 하므로 무변식처(無邊識處)라고 한다.

문 이 식처(識處)는 사온(四蘊)을 갖추고 있는데, 왜 식처(識處)만을 설하는가?

일체의 내법(內法)은 식(識)이 주가 된다. 모든 마음에 수반하는 법[心數法]은 식(識)에 속한다. 그러므로 식을 이야기하면, 곧 다른 것도 이야기한 것이 된다. 그리고 욕계에서는 색온(色蘊)이 주가 되고, 색계에서는 수온(受蘊)이 주가 되며, 공처(空處)와 식처(識處)에서는 식온(識蘊)이 주가 된다. 무소유처(無所有處)에서는 상온(想蘊)이 주가 되고, 비상비비상처(非想非非想處)에서는 행온(行蘊)이 주가 된다.

또 신(身), 심(心), 심수법(心數法), 이들 세 가지를 가지고 이야기한다면, 욕계와 색계는 신(身)이 주가 된다. 마음이 몸을 따르기 때문이다. 만약 몸이 없으면 마음이 홀로 작용할 것이다.

마음에는 두 부분이 있다. 한 부분은 허공을 인연으로 하고[空緣], 한 부분은 스스로를 인연한다[自緣]. 그러므로 공처(空處)와 식처(識處) 이처(二處)가 있다. 다만 처음에는 색을 파괴했기 때문에 허공이 이름이 되고, 허공을 파괴했기 때문에 식(識) 홀로 이름이 된 것이다.

심수법(心數法)에도 역시 두 부분이 있다. 한 부분은 상(想)이고, 다른 한 부분은 행(行)이다. 그러므로 역시 이처(二處)가 있다. 상(想)은 무소유처이고, 행(行)은 비상비비상처이다. 그리고 식을 인연하여 허공처를 떠나므로, 비록 다른 온(蘊)이 있어도 식(識)만이 이름이 된다.

[무소유처정(無所有處定)]

식처를 얻은 수행자는 다시 미묘한 정을 구하여 식(識)을 애물[患]이라고 관하여야 한다. 그리고 식을 관하되 허깨비처럼 허망하고, 거짓된 것이며, 여러 인연에 따르기 때문에 자재하지 못한 것이라고 관한다. 식은 연(緣)이 있으면 생기고, 연(緣)이 없으면 멸한다. 식(識)은 정(情; 안,이,비,설,신,의)에도 머물지 않고, 연(緣; 색,성,향,미,촉,법)에도 머물지 않으며, 중간에도 머물지 않는다. 머무는 곳이 있지도 않고, 없지도 않다. 식의 모습은 이와 같다.

세존께서 말씀하시기를 식은 허깨비와 같다고 하셨나니, 수행자는 이와 같이 사유하여 식처(識處)를 떠나도록 해야 한다. 그리고 수행자는 이렇게 생각해야 한다. 오욕(五欲)이 허망한 거짓이듯이, 색(色)도, 허공(虛空)도, 식상(識相)도 마찬가지다. 이 모든 것은 허망한 거짓인데, 미혹한 중생들이 집착하여 여러 가지 법(諸法)이라고 부른다. 텅 비어 아무것도 없는 것이 안은처(安隱處)이다. 이렇게 생각하고서 곧 무소유처(無所有處)에 들어간다.

문 공처(空處)와 무소유처(無所有處)는 어떤 차별이 있는가?

전자는 심상(心想)이 허공을 연으로 하는데, 여기에서는 무소유를 연으로 한다. 이것이 차별이다.

[비상비비상처정(非想非非想處定)]

수행자가 무소유처에 들어가면, 뛰어난 사람은 이 무소유처 가운데도 아직 수(受), 상(想), 행(行), 식(識)이 있음을 깨닫고, 싫증을 내고, 애물로 생각한다. 그러나 우둔한 사람은 깨닫지 못한다.

무소유처를 떠나는 인연으로 세 가지 견(見)이 있다. 유견(有見)과 무견(無見)과 비유비무견(非有非無見)이 그것이다. 유견(有見)은 욕계에서 식처(識處)까지고, 무견(無見)은 무소유처이며, 비유비무견(非有非無見)은 비상비비상처이다. 이 무견(無見)은 마땅히 버리고 떠나야 한다. 왜냐하면 비상비비상(非想非非想)은 비록 섬세한 의식이지만, 오히려 버리고 떠나야 하거늘, 하물며 무소유처이겠는가. 이렇게 생각하고서 무소유처를 떠난다.

문 불법 가운데에도 공(空)과 무소유(無所有)가 있다. 만약 공(空)과 무소유(無所有)가 실재하는 것이라면 왜 사견(邪見)이라 하면서 버리고 떠나라고 하는가?

불법 가운데서는 집착을 깨기 위해서 설한 것이지, 실재해서 설한 것은 아니다. 무소유처를 실재하는 것이라 한다면, 이는 사견(邪見)으로 애착하는 것이기 때문에, 이 가운데 있는 중생은 과보(果報)가 정해지면, 업인연(業因緣)에 따라 다시 여러 과보를 받는다. 그러므로 버려야한다. 이름은 비록 비슷하지만 그 실은 다르다.

그리고 수행자는 이렇게 생각해야 한다. 일체의 상지(想地)[13]는 모두 거친 의식으로서 재앙이 된다. 무상지(無想地)는 어리석은 곳(癡處)이다. 이제 무상지(無想地)가 적멸(寂滅)하면, 비상비비상처(非想非非想處)라고 하는 미묘한 제일처(第一處)가 될 것이다. 이와 같이 관하면, 무소유처상지(無所有處想地)를 떠나 곧 비유상비무상처(非有想非無想處)에

13) 想地 ; 空處와 識處

들어가게 된다.

우둔한 사람은 이 속에 사온(四蘊)이 있다는 것을 깨닫지 못하고, 편안하고, 안전한 열반의 경지라고 하면서 증상만(增上慢)을 일으킨다. 이 속에 있는 사온(四蘊)은 비록 미세하고, 깊고, 미묘하지만, 뛰어난 사람은 깨달아 알 수 있다. 깨달아 안 후에는, 싫어하면서 이렇게 생각한다. 이 또한 화합하여 만든 법(法)이다. 인연 따라 생긴 법이며, 허망한 거짓이요 부실한 것이다. 병과 같고, 종기와 같고, 독화살과 같다. 무상하고 고(苦)이며 공(空)이고 무아(無我)이다. 이 역시 후생(後生)의 인연이니 마땅히 버리고 떠나야 한다. 그 재앙 때문에 마땅히 사제(四諦)를 배워야 한다.

문 다른 경지를 버리라고 할 때는 왜 사제(四諦)를 배우라고 말하지 않는가?

전에도 병 같고, 종기 같고, 독화살 같고, 무상(無常), 고(苦), 공(空), 무아(無我)라고 말했다. 이것은 사제(四諦)를 간략히 설한 것이다. 다만 자세히 설하지 않았을 뿐이다. 그리고 다른 경지는 막는 것도 없고, 어려움도 없다. 범부의 유루도(有漏道)로도 능히 넘어갈 수 있다. 그러나 세간의 정상인 비상비비상처(非想非非想處)는 무루도(無漏道)를 공부한 성인(聖人)만이 넘어갈 수 있다. 그러므로 다른 경지에서는 사성제(四聖諦)를 설하지 않았다. 유정지(有頂地; 非想非非想處)는 삼계(三界)의 요문(要門)이다. 요문을 벗어나려면 사성제(四聖諦)를 배워야 한다.

(5) 사성제(四聖諦)

사성제는 고제(苦諦), 집제(集諦), 멸제(滅諦), 도제(道諦)이다.

고(苦)에는 두 가지가 있다. 하나는 몸의 괴로움[身苦]이고, 다른 하나는 마음의 괴로움[心苦]이다.

집(集)도 두 가지이다. 하나는 사(使)이고, 다른 하나는 뇌전(惱纏)이다.

멸(滅)도 두 가지이다. 하나는 유여열반(有餘涅槃)이고, 다른 하나는 무여열반(無餘涅槃)이다.

도(道)도 두 가지이다. 하나는 정(定)이고, 다른 하나는 혜(慧)이다.

사제(四諦)에는 총상(總相)과 별상(別相)이 있다. 총상으로서의 고(苦)는 오취온(五取蘊)이고, 별상으로서의 고(苦)는 색온(色蘊)과 수(受), 상(想), 행(行), 식온(識蘊)을 자세히 분별한 것이다. 총상으로서의 집(集)은 후신(後身; 後生의 몸)을 생기게 하는 애(愛)이고, 별상으로서의 집(集)은 애(愛) 등의 여러 번뇌와 유루업(有漏業) 그리고 오취온(五取蘊)의 인연을 자세히 분별한 것이다. 총상으로서의 멸(滅)은 후생(後生)의 몸이 생기게 하는 애(愛)의 멸이고, 별상으로서의 멸(滅)은 89종의 번뇌가 멸진(滅盡)하는 것을 자세히 분별하는 것이다. 총상으로서의 도(道)는 팔성도(八聖道)이고, 별상으로서의 도(道)는 고법인(苦法忍) 내지 무학도(無學道)를 자세히 분별한 것이다.

사성제를 통달하지 못하면 오도(五道)를 윤회하면서 생사(生死)를 오감에 쉴 틈이 없다. 그러므로 수행자는 늙고 병들어 죽는 일체의 고뇌가 몸이 있기 때문임을 잊지 말아야 한다. 시방세계(十方世界)의 모든 중생은 몸이 있기 때문에 고(苦)를 받아 태어난다. 만약 몸과 마음이 없으면, 늙고, 병들어, 죽는 괴로움이 붙어있을 곳이 없게 된다. 이와 같이 몸과 마음이 괴로움을 받는 근본이다. 현재의 몸이 괴로움이듯이, 과거의 몸과 미래의 몸도 괴로움이다. 삼세(三世)의 고통이 모두 몸과 마음에 따라 있게 된 것인 줄을 알아야한다.

그러므로 고제(苦諦)를 관해야 하며, 이렇게 하면, 마음에 싫어하는 생각이 생긴다. 이 고인연(苦因緣)은 하늘에서 생기거나, 시간에서 생기거나, 자연에서 생기거나, 인연 없이 생기는 것이 아니라, 오직 애(愛) 등의 여러 번뇌로부터 생긴다. 그러므로 번뇌를 여이면 생기지 않는다. 세간은 모두 번뇌로부터 생긴 것인 줄을 알아야 한다.

과거의 인연이 각기 다르므로 내세에 번뇌에 따라 받는 몸도 차별이 있나니, 업에 따라 몸을 받는다. 그러므로 애(愛) 등 모든 번뇌가 모든 고(苦)의 인연임을 알아야 한다. 고(苦)의 인연이 다하면, 고(苦)가 다한 열반이다. 열반을 이욕(離欲)이라고 부른다. 모든 번뇌를 끊어 항상 변이(變異)하지 않는다.

열반 가운데는 생로병사 등의 모든 괴로움이 없다. 항상 즐겁고, 물러섬이 없다. 수행자가 열반을 얻어 멸도(滅度)할 때, 아무 곳에도 가는 곳이 없다. 그것을 적멸(寂滅)이라고 부른다. 비유하면 타는 등불이 기름이 다하면 멸하지만, 등불은 어느 곳에도 간 곳이 없는 것과 같다. 이것을 멸제(滅諦)라고 부른다.

열반을 얻는 방편도(方便道)의 선정(禪定) 부분에 세 가지가 있고, 지혜(智慧)의 부분에 두 가지가 있고, 계(戒)의 부분에 세 가지가 있다.

이 계(戒)에 머물면서 선정(禪定)과 지혜(智慧)를 수행한다.

소위 사제(四諦) 가운데서 확실하게 지혜로운 생각을 결정하는 것, 이것이 정견(正見)이다. 정견(正見)에 따라 각법(覺法)을 일으키는 것, 이것이 정사유(正思惟)다. 이것이 지혜의 두 가지 부분이다.

정정(正定), 정념(正念), 정정진(正精進)이 선정(禪定)의 세 가지 부분이다.

정어(正語), 정업(正業), 정명(正命)이 계(戒)의 세 가지 부분이다.

청정한 계율에 머물기 때문에 모든 번뇌의 싹이 자라지 못하고 세력은 쇠약해진다. 모든 번뇌의 힘이 몰려온다고 해도 선정의 부분이 이를 능히 차단한다. 지혜는 모든 번뇌의 근본을 뽑아버린다. 이 계(戒), 정(定), 혜(慧) 세 가지의 참되고 바르고 곧은 길인 팔정도(八正道)를 수행하면, 고(苦)의 원인을 멸하고, 필경에 안온하고 항상 즐거운 무위(無爲)가 될 것이다.

참고문헌

『清淨經』, 『佛說長阿含經』 권 12, 『大正新脩大藏經』 1.

『梵動經』, 『佛說長阿含經』 권 14, 『大正新脩大藏經』 1.

『世記經』, 『佛說長阿含經』 권 18-22, 『大正新脩大藏經』 1.

『鹽喩經』, 『中阿含經』 권 3, 『大正新脩大藏經』 1.

『度經』, 『中阿含經』 권 3, 『大正新脩大藏經』 1.

『優婆離經』, 『中阿含經』 권 32, 『大正新脩大藏經』 1.

『嗏帝經』, 『中阿含經』 권 54, 『大正新脩大藏經』 1.

『箭喩經』, 『中阿含經』 권 60, 『大正新脩大藏經』 1.

『雜阿含經』 권 11, 『大正新脩大藏經』 2.

『雜阿含經』 권 12, 『大正新脩大藏經』 2.

『雜阿含經』 권 13, 『大正新脩大藏經』 2.

『增壹阿含經』 권 51, 『大正新脩大藏經』 2.

『別譯雜阿含經』 권 11, 『大正新脩大藏經』 2.

『佛說譬喩經』, 『大正新脩大藏經』 4.

『小品般若波羅密經』 권 10, 『大正新脩大藏經』 8.

『大方廣佛華嚴經』 권 13, 『大正新脩大藏經』 10.

鳩摩羅什 譯, 『禪法要解』, 『大正新脩大藏經』 15.

『本事經』, 권 1, 『大正新脩大藏經』 17.

龍樹菩薩 造, 鳩摩羅什 譯, 『中論』 권 4, 『大正新脩大藏經』 30.

無著菩薩 造, 玄奘 譯, 『攝大乘論本』, 권 下, 『大正新脩大藏經』 31.

護法等菩薩 造, 玄奘 譯, 『成唯識論』 권 2, 『大正新脩大藏經』 31.

天親菩薩 造, 眞諦 譯,『佛性論』,『大正新脩大藏經』31.

馬鳴菩薩 造, 眞諦 譯,『大乘起信論』,『大正新脩大藏經』32.

Aṅguttara Nikāya, ed. E. Hardy, vol. 4, London: P.T.S., 1958.

Anupadasuttaṁ, Majjhiṃa Nikāya, ed. Robert Chalmers, vol. 3, London: P.T.S., 1977.

Brahmajāla Sutta, The Dīgha Nikāya, ed. T. W. Rhys Davids, J. Estlin Carpenter, vol. 1, London: P.T.S., 1975.

Cakkavatti-sīhanāda-suttanta, The Dīgha Nikāya, ed. J. Estlin, vol 3. London: P.T.S., 1976.

Cūḷakammavībhaṅgasuttaṁ, Majjhima Nikāya, ed. Robert Chalmers, vol. 3, London: P.T.S., 1977.

Pāsādika-Suttanta, The Dīgha Nikāya, ed. J. Estlin, vol. 3. London: P.T.S., 1976.

Saṃyutta Nikāya, ed. M. Leon Feer, vol. 2, London: P.T.S., 1970.

Saṃyutta Nikāya, ed. M. Leon Feer, vol. 4, London: P.T.S., 1973.

Saṃyutta Nikāya, ed. M. Leon Feer, vol. 3, London: P.T.S., 1975.

김동화,『俱舍學』, 서울: 문조사, 1971.

______,『唯識哲學』, 서울: 보련각, 1973.

김성철 역주,『중론』, 서울: 경서원, 1993.

김준섭,『논리학』, 서울: 정음사, 1988.

김형효,『데리다의 해체철학』, 서울: 민음사, 1993.

길희성,『인도철학사』, 서울: 민음사, 1984.

박건주 역주,『如來心地의 要門』, 능가산방, 1997.

박구용, 『우리 안의 타자』, 서울: 철학과현실사, 2003.

안옥선, 『불교윤리의 현대적 이해』, 서울: 불교시대사, 2002.

장회익, 『삶과 온생명』, 서울: 솔, 1998.

와쓰지 데쓰로, 『인간의 학으로서의 윤리학』, 최성묵 옮김, 서울: 이문출판사, 1993.

松本史朗, 『연기와 공』, 慧源 譯, 서울: 운주사, 1994.

린 마굴리스 · 도리언 세이건, 『생명이란 무엇인가』, 황현숙 역, 서울: 지호, 1999.

바렐라 · 톰슨 · 로쉬, 『인지과학의 철학적 이해』, 석봉래 옮김, 서울: 옥토, 1997.

앨런 월리스, 『과학과 불교의 실재인식』, 홍동선 옮김, 서울: 범양사출판부, 1991.

에리히 프롬, 『소유냐 삶이냐』, 김제 옮김, 서울: 두풍, 1995.

장 프랑수아 리오타르, 『포스트모던의 조건』, 유정완 · 이삼출 · 민승기 옮김, 서울: 민음사, 1992.

제레미 리프킨, 『엔트로피』, 김명자 · 김건 옮김, 서울: 동아출판사, 1995.

____________, 『엔트로피 Ⅱ』, 김용정 역, 서울: 원음사, 1984.

____________, 『바이오테크 시대』, 전영택 · 전병기 역, 서울: 민음사, 1999.

조애너 메이시, 『불교와 일반시스템이론』, 이중표 역, 서울: 불교시대사, 2004.

퀜틴 스키너 편, 『현대사상의 대이동』, 이광래 · 신중섭 · 이종흡 역, 강원대학교 출판부, 1987.

프리초프 카프라, 『생명의 그물』, 김용정 · 김동광 옮김, 서울: 범양사출판부, 1998.

하이젠베르크, 『부분과 전체』, 김용준 옮김, 서울: 지식산업사, 1995.

E. 슈뢰딩거, 『생명이란 무엇인가』, 서인석 · 황상익 옮김, 서울: 한울, 1992.

E. F. 슈마허, 『작은 것이 아름답다』, 김진욱 옮김, 서울: 범우사, 1995.

R. 뿔리간들라, 이지수 옮김, 『인도철학』, 서울: 민족사, 1991.

이중표, 「六入處와 六根은 동일한가?」, 『범한철학』 제17집, 범한철학회, 1998.

_____, 「불교의 인간관」, 『철학연구』 제68집, 대한철학회, 1998.

_____, 「불교의 생명관」, 『범한철학』 제20집, 범한철학회, 1999.

_____, 「불교에서 보는 인간과 자연」, 『불교학연구』 제2호, 불교학연구회, 2001.

_____, 「자비의 윤리」, 『불교학연구』 제12호, 불교학연구회, 2005.

김용환, 「흄의 규약론에서 본 정의론과 정부론」, 한국사회 · 윤리연구회편, 『사회계약론연구』, 서울: 철학과현실사, 1993.

한자경, 「홉스의 인간이해와 국가」, 한국사회 · 윤리연구회편, 『사회계약론연구』, 서울: 철학과현실사, 1993.

윌 킴릭카, 「사회계약론의 전통」, 박정순 옮김, 한국사회 · 윤리연구회편, 『사회계약론연구』, 서울: 철학과현실사, 1993.

찾아보기

ㅂ

ㅅ

ㅈ

저자약력

이중표

전남대학교 문리과대학 철학과 졸업
동국대학교 대학원 불교학과 졸업, 철학박사
불교학연구회장 역임
전남대학교 인문대학 철학과 교수
전남대학교 호남불교문화연구소장

현대와 불교사상

불교에서 본 인간·자연·생명

인쇄 | 2010년 11월 25일
발행 | 2010년 11월 30일

저자 | 이중표
발행 | 김윤수
발행처 | 전남대학교출판부

등록 | 1981. 5. 21. 제53호
주소 | 500-757 광주광역시 북구 용봉로 77
전화 | (062) 530-0571~3
팩스 | (062) 530-0579
홈페이지 | http://altair.chonnam.ac.kr/~cnup

값 12,000원

ISBN 978-89-7598-869-1 (93220)

이 도서의 국립중앙도서관 출판시도서목록(CIP)은 e-CIP홈페이지
(http://www.nl.go.kr/ecip)에서 이용하실 수 있습니다.
(CIP제어번호 : CIP2010004287)